日本料理史

原田信男

講談社学術文庫

はじめに――和食という料理

二〇一三年十二月、和食がユネスコ無形文化遺産として登録された。そして現在、和食が世界的なブームとなっている。肉や脂を多用する西洋料理に較べて、米と魚類や野菜を中心とした和食はヘルシーで、美容や健康に良く、理想的な食生活のスタイルとして、世界的に注目を集めている。かつて欧米など海外の日本料理店は、一部の愛好家か、日本からの旅行客や滞在者を主な客層としていたが、近年では地元の人々も通うようになった。

二十一世紀に入った段階で、世界の日本食人口（日本食を一年に一回以上食べる人）は、推定で約六億人おり、世界にある日本食レストランは二万四千店に及ぶとされている［朝日新聞：二〇〇五］。アメリカのみならずヨーロッパさらにはアジアでも、寿司バーや回転寿司が人気で、和食は着実に世界各地に浸透しつつある。しかし、この和食という概念は、なかなか厄介である。そもそも海外の日本食レストランという規定自体が問題で、この記事には、そのメニューが分析・紹介されているわけではない。

おそらく海外の日本食レストランには、例外なくトンカツ定食があるだろう。ちなみに最近トンカツは世界的に人気だそうである。テンプラならまだしも、トンカツが和食なら、カレーやラーメンも和食か、という疑問もおきてくる。これに関しては、トンカツやカレーあるいはオムライスなどを洋食と規定し、西洋料理のうちでも日本化した料理については洋食の概念に加える考え方もある。しかし「洋食」の語は、幕末・明治期に登場するもので、明らかに西洋料理を指している。

従って、それらを和風洋食とするのならまだしも、日本化した西洋料理を洋食と呼ぶのは不適切である。今日、洋食を食べに行こうといえば、フランス料理店やイタリア料理店に行くことを意味する。それが日本人向けに多少アレンジされていたとしても、基本的にはそれぞれの国々の料理原則が守られていればよい。しかし厳密には、イタリア料理がフランス料理の原型となっているように、国別の料理といっても、それぞれに影響し合うし、時代によっても変化する。

これは和食についても同様である。たとえば典型的な和定食といえば、あくまでも刺身か焼魚・煮魚に、冷や奴あるいは煮物といった組み合わせが原則となり、和食では味噌や醬油といった調味料の重視が基本となる。ところが料理体系を歴史的に考えてみれば、現在のスタイルとしては、米の飯に味噌汁と漬物があれば、おかずは何であろうと和食となっている。この組み合わせを守れば、トンカツでも焼き肉でもハンバーグでも、たちまち和定食が出来上がる。今、ここで敢えて和定食・和風料理という言葉を用いたが、これを日本食・日本料理となる。焼き肉やハンバーグでも、大根おろしを添えて醬油で食べれば、立派な和風料理という語に変えても、これらを和食と称することに大きな違和感はないだろう。

しかし和食という概念は、伝統的なようで実際には変化も大きかったことから、かなり複雑なものとなっている。たとえば外国の客人に、和食を御馳走するなら、まず何を考えるだろうか？　おそらく多くの人々の頭には、スキヤキ・テンプラ・スシといったところが思い浮かぶだろう。しかし良く考えて欲しい。スキヤキは明治になって登場した料理であるし、テンプラも南蛮由来の料理で、江戸時代の初期に始まり、徳川家康は鯛のテンプラを食べすぎたあと体調を崩して死んだという説がある。スシは確かに古いが、もともとは東南アジアの水田地帯で発達した保存調理で、その延長線上に、握り寿司が江戸後期になって生まれたのである。

和食を代表する三大チャンピオンも、中世にまで遡《さかのぼ》ることは不可能である。しかし、これらを和食の範疇《はんちゅう》に含めない日本人はいないだろう。これらの料理の詳細については、本論のコラム（一一三、一六三、二〇二頁）で扱うことにするが、実は、「和食」という用語は、明治以降に生まれたものにすぎない。明治の文明開化によって、西洋料理・中国料理などが入ってきたとき、それらと区別する意味で、「和食」という概念が成立したし、日本料理という意識も、この時に芽生えたと考えてよいだろう。

そして今や私たちは、さまざまな国々の食材や料理を、日本に居ながらにして手に入れ味わうことができる。デパートやスーパーなどには、世界中の珍しい食品や調味料なども揃えられており、さまざまなエスニック料理を、各地のレストランで食することや、それらの調理済みの料理を購入することもできる。すでに日本人が食べているものが、和食ということにはならず、和食は日本人の食生活の一部にすぎなくなっている。「和食」という概念も内容も時代によって変化することに留意すべきだろう。そもそも今日でいう和食という料理体系が成立したのは、本書で論ずるように十四、十五世紀の室町時代のことにすぎない。

もちろん、この時代に一気に和食が出現したのではなく、古くは縄文時代以降の食生活の在り方のなかで、さまざまな要素が積み重なって、和食つまり日本の料理体系が、徐々に形成されてきたことに注意する必要がある。そこで本書では、日本における料理の歴史を、それぞれの時代と社会の在り方との関係性を重視しながら、通史的に考える。あくまでも食生活という観点から、和食という料理文化の変遷を歴史的にみていきたいと思う。

目次

日本料理史

はじめに――和食という料理……3

序　章　食の意義と日本料理……15
一　人間の食と料理
二　料理と食文化・社会
三　日本の地形と気候
四　アジア的世界のなかで

第一章　日本料理の前史と文化――先史時代の食文化……29
一　旧石器時代の社会と食文化
二　縄文時代の社会と食文化
三　弥生時代の社会と食文化
四　古墳時代の社会と食文化
五　神話にみる食物の体系

第二章　古代国家と食事体系――日本料理の源流……47
一　古代における米文化と天皇
二　古代国家の米志向と肉食の排除

三　神々への料理としての神饌
四　神饌と仏供の関係
五　古代国家における料理体系
六　古代国家における味覚体系
七　膳・椀・箸と個人食器

第三章　中世料理文化の形成と展開
――大饗、精進、本膳そして懐石……………………75

一　中世における食文化の特色
二　大饗料理の成立と中国文化
三　〝切る〟〝見せる〟料理と食事作法
四　垸飯にみる公家と武家
五　精進料理の成立と仏教文化
六　庖丁人と調菜人
七　本膳料理の成立と武家文化
八　庖丁流派と料理書の成立
九　茶の湯と懐石料理の成立

第四章　近世における料理文化の爛熟
——自由な料理と庶民の楽しみ……117
一　近世における食文化の特色
二　寛永期の料理文化と『料理物語』
三　茶の湯と懐石料理の浸透
四　元禄期の料理文化と新興町人
五　享保期の料理文化と美意識
六　料理書の流れと料理論
七　宝暦〜天明期の料理文化と料理本
八　化政期の料理文化と会席料理
九　異国料理の影響
第五章　明治の開化と西洋料理——西洋料理の受容と変容……167
一　西洋料理との出会い
二　肉食解禁と西洋料理
三　西洋料理店の開業と普及
四　肉食の展開とその料理法
五　西洋料理本と折衷料理

六　折衷料理と学校教育
七　大石禄亭と村井弦斎の料理観
八　底流としての日本料理

第六章　大正・昭和の市民社会と和食
——日本料理の変容と展開……207
一　市民社会の成立と三大洋食
二　中国料理の受容と展開
三　朝鮮料理の受容と展開
四　戦前の日本料理と戦中・戦後の食生活
五　高度経済成長期の米食と魚・肉料理
六　料理の多様化と外食・中食
七　料理の国際化と海外進出

終　章　料理からみた日本文化……245
一　料理からみた北海道
二　料理からみた沖縄
三　食と文化の国際性
四　和食と日本文化

補　章　平成・令和の食――メモ風に……271
コラム1　スシ……113
コラム2　テンプラ……163
コラム3　スキヤキ……202
おわりに……275
学術文庫版あとがき……279
参考文献……282
参考史料……288
索　引……309

日本料理史

序　章　食の意義と日本料理

一　人間の食と料理

まずわれわれが何を食べているか、を押さえておこう。われわれが食べているのは、水と塩を除けば、すべて有機物つまり生命体である。地球上の生命は、おおまかに動物と植物および菌類に分類されるが、菌類を除いて動物と植物とについてみれば、興味深い事実が浮かび上がる。植物は、光合成によって有機物を作り出し、自らのエネルギーを確保する独立栄養の生活を行うが、動物はすべて従属栄養で、自然界の物質循環の消費者・分解者にすぎないという宿命を背負っている。それゆえ動物は植物を食べるしかなく、捕食動物もその大本は植物に栄養を依存して生きてきた。

しかも植物は、動物のために栄養素のみならず、生存に必要な酸素を供給してくれている。そして植物は植物で動物を利用して生きている。つまり植物には、窒素・カリウム・リンが生育に必要な三肥料となる。とくに重要な窒素は、根・茎・葉・花・実の生長に不可欠の栄養分であるが、これを提供してくれるのは動物の糞や遺体である。さらに植物は、その生育域の拡大つまり種子や花粉の移動には、動物の活動を関与させている。

すなわち動物が植物を食べ、さらにその動物を食べる動物がいるという関係にあり、地球上の生態系は、生命が生命を食べることで成り立っている。あくまでもわれわれは生命を食べて生きているのである。もちろん人間は酸素を吸い、植物や動物を食べて生きており、しかも特定の動植物を食用・観賞用として育てている。つまり人間は、こうした食物連鎖を繰り返す地球上の生態系の頂点に君臨する存在なのである。

次に、われわれは何のために食べるのか、それはもちろん生きるためである。もう少し具体的には、まず身体を維持しなければならない。そのためには何が必要か。われわれの身体は膨大な数の細胞からなっており、これらは主にタンパク質からできている。身体そのもののために、タンパク質が不可欠な栄養素となる。そしてこの細胞が活躍するためには、熱量が必要である。身体の一部の細胞を、熱で温め膨張させることで随意筋や不随意筋が動く。

したがってカロリーがなければ、われわれの身体は動かない。タンパク質とカロリーとが生命活動になくてはならないもっとも重要な要素となる。もちろんビタミンその他の栄養素も必要ではあるが、なかでも身体の維持と活動にもっとも重要な役割を果たすタンパク質と脂肪分・糖分を多く含む食物、つまり肉や魚や米を美味しく感じるように、われわれの身体は作られているのである。

以上が人間を含む動物の食の本質であるが、さらに人間の食には、他の動物にみられない特徴がある。それは共食することと料理をすることの二つとされている［石毛：一九八二］。身体的運動能力が相対的に低い人間は、集団で生きて行くという戦略を採らざるを得なかった。集団としての絆《きずな》を保つために、言語とともに共食というスタイルが不可欠とされた［原田：二〇二〇］。また二足歩行によって自由に使えるようになった手で、食べ物を食べやすくする料理という方法を生み出した。ともに人間の動物としての特性に基づくもので、その延長上に食がもたらす楽しみと美味しさという喜びがある。

おそらく人間が食べ物に手を加えた料理の第一歩は、食べ物を洗ったりゴミを取り除いたりしたことで、これは石器時代以前から行われていたとすべきだろう。やがて石器の発明によって食べやすい大きさに自由に切り分けるという料理が可能となるが、もっとも重要なエポックメイキングとなるのは火の使用である。この加熱処理によって、固い食べ物も口にしやすくなった。さらにアク抜きも容易となり、可食の対象が大幅に広がった。そして火を用いた料理は、人間の身体にも大きな影響を与えた。

つまり人間は約百八十万年前ころから、料理に火を用いるようになったが、このことは腸の消化能力を著しく向上させた。このためサルのように長かった腸の縮小化が可能となり、腸に用いられていたタンパク質の剰余分を、脳の発達に振り向けたために、ヒトは大きな進化を遂げたとする料理仮説が提起されている［ランガム：二〇一〇］。おそらく正しいだろう。われわれの脳は体重の二％の重量しかないが、全エネルギーの二〇％を消費する。きわめて複雑でかつ稠密《ちゅうみつ》なコストの高い器官であるから、その拡大には膨大なタンパク質を必要とする。ところが火を用いて料理を始めたことで、つまり肉の加熱調理が可能となって、腸における消化が容易なものとなり、タンパク質を簡単かつ大量に摂取できるようになったために、脳の拡大・充実が促されたのである。

しかしいっぽうで、柔らかいものを口にするようになったために、歯茎に食物残滓《ざんし》が残るようになった。つまり歯磨きが必要となったが、その方法が見出され普及するまでは、多くの人々が虫歯や歯周病にかかり、なかには歯を失って食事が難しくなって生存を脅かされることも少なくはなかったものと想像される。もちろん虫歯・歯周病というマイナス面よりも、火には滅菌・殺菌という効果も加わることから、はるかにメリットの方が大きく、総じて脳の発達という身体的進化の獲得には絶大な意味があった。食べやすくするための料理の技術は、まさに人を人たらしめる大変革をもたらしたのである。

二　料理と食文化・社会

ところで料理という言葉は、物事をはかり（料り）おさめる（理める）というのが原義であった。火熱を利用して食料を加工するという意味の中国語は、烹飪もしくは烹調であるが、日本的イメージとしての料理の語は、のちに見ていくように、「切る」が加わった割烹《かっぽう》の方がふさわしいように思われる。日本古代においては、料理という言葉は、養老二年（七一八）成立の『養老律令』営繕令《えいぜんりょう》に、倉庫に備えておくべき武器・武具について、「事に随いて料理せよ」とあるような形で用いられている。ここでは、それぞれの状況に応じて、武器や武具を調え収納しておけという意味になる。

その後、延暦二三年（八〇四）の『皇太神宮儀式帳』伊勢神宮内宮の供物の記事に「御膳料理し了《おわ》りて」と見える。これも基本的には、物事をはかりおさめるの意であるが、明らかに食物を調えるという意味において、今日的な料理の語の原型になっていると考えられる。そして『醍醐天皇御記』延喜八年（九〇八）五月二十八日条には「捕へ得る所の魚を捧げ覧じ奉る。則ち御前にて料理し、膳を供す」と見え、以後、日記類に同様な用法で登場するようになる。いずれにしても料理という言葉が、食品加工の意として定着するのは、平安時代以降のことであった。

言葉の問題はともかく、料理という行為の概念と実態は、何を食べるかで大きく異なる。つまり食生活の在り方によって、食べ方が違ってくるから、それぞれの人間を取り巻く環境や、彼らに蓄積された技術や道具が料理に深く関係する。それらの体系が食文化であり、それは社会の性格に規定されている。つまり採集経済社会では、先にも述べたように食べ物を洗ったりゴミを取り除いたりするのが料理であったが、狩猟・漁撈《ぎょろう》が加わった社会では、動物の肉の切り分けや加熱が重要な作業となるし、農耕を行う社会になれば、その作物ごとに調理法が異なり、食べ物の種類が増えれば増えるほど、食文化は複雑化する。それは、それぞれの社会の時間的展開に伴うものであるから、料理も食文化も時代によって変化する。すなわち技術の伝播《でんぱ》や向上、あるいは交易圏の拡大によって、同じ風土のなかで暮らしていても、料理の仕方や内容さらには味覚の体系も、時代に伴って変わることになる。

具体的には本論で詳しく触れるが、日本列島でも農耕の始まる前は、動物食が重要な位置を占めたし、水田稲作によって本格的に米を食べ始めたのは、弥生時代以降のことに過ぎない。律令国家が成立して、稲作が奨励されると、肉食に対する忌避が強まるが、これは歴史のなかで、食物の嗜好《しこう》が国家的意志によって変更させられた大きな出来事であった。

つまり人々は、社会のシステムのなかで、能動的あるいは受動的に価値観を形成させていく。さまざまな事物や現象を、自らに都合の良い形に変更したり、解釈を加えたりしながら、それなりの秩序に当てはめて生きている。それが個人や集団、あるいは社会や国家のアイデンティティとなる。個人の味覚嗜好も、家族の食卓や郷土料理の特徴、さらには和食という料理の体系も、その一部を成すものにすぎない。

そのようにして、これまで人々の歴史が動いてきた。話を料理に戻せば、大陸からもたらされた米は、弥生時代以降に、日本の食生活にほとんど欠かせない重要な要素となった。ところがもっとも日本的とも言うべき懐石料理には、米はほんのわずかしか登場しない。しかし懐石料理の味覚体系を成立させているのは、紛れもなく米の文化である。そこに用いられる調味料や、酒・菓子といった嗜好品も、米と密接不可分の関係にあることが重要だろう。

しかも本論で述べるように、懐石料理の成立には、中国から伝わった精進料理が深く関わっており、その前提となる茶の湯の源流も中国にある。歴史のなかで紡ぎ出された伝統に、変容を加えつつ、日本料理は発達してきた。その内実は、時代によって変化した。いわゆる出汁《だし》を基本とした今日の和食といわれる料理体系は、それまでの料理史のなかで萌芽的に見られるものはあるが、さまざまな条件が整って、十四〜十五世紀の室町時代に一気に完成したものにすぎない。

そしてテンプラもスシもスキヤキも、さらにウナギの蒲焼きやソバも、その後に和食の一部となった。先に述べた近年の事例でいえば、カレーやラーメンは、近代もかなり新しい時代に和食の一角に加わった。われわれが食するカレーやラーメンは、日本以外の国ではお目にかかることはない。カレーはまさに米飯料理であるし、ラーメンにも日本的な味噌・醬油あるいはカツオ出汁などが用いられ、そうした風味のものが、根強い人気を博している。

料理や食生活あるいは文化が変わるということは、社会が変わったことの現れでもある。同じ日本の歴史といっても、縄文時代と弥生時代が大きく異なるように、古代と中世、中世と近世、近世と近代でも、社会の在り方は著しく変化し、伝統自体も変容を遂げていく。つまり時代によって、社会が変化し文化が変わる。和食という料理が、長い伝統のなかで歴史的に作られたものであるように、日本文化自体も歴史的な産物と考えなければならない。それゆえ本書では、和食は日本文化の一要素であるという立場から、和食という料理の歴史を、日本の文化や社会との関連のなかで、みていくこととしたい。

三　日本の地形と気候

料理史そのものの問題に入る前に、まず日本の食生活を論ずるために必要な事項を、いくつか見ておこう。つまり時間軸の問題の前に、空間的な特質を確認しておきたい。いうまでもなく日本列島は、そのほとんどが温帯に位置するが、南北に三〇〇〇キロメートル以上に伸びるため、亜寒帯気候の北海道および亜熱帯気候の沖縄を含む。

ただし、この二つの地域は、日本のなかでも、長い間、異域・異国といった関係にあったことから、食生活においても特異な位置を占めた。しかし現在は紛れもない日本国の一部であるし、縄文時代においても、本州・四国・九州と共通する文化を有していたことを忘れてはならない。なお、この問題については、終章で改めて考えてみたい。

次に、日本は、島国であると同時に山国で、海岸線は複雑に入り組み、その総延長は三万五〇〇〇キロつまり地球の一周近くに及ぶ。内陸面積のうち、山地は七〇%を占め、平地は三〇%に過ぎない。しかし山々を覆う森林は、アジアモンスーンの影響で、しばしば風雨にさらされるが、代わりに豊富な水量を蓄え、良質な水に恵まれるという条件下にある。むしろ関東平野をはじめとする平坦地の一部には、近代まで水が溢れているという状態にあった。海と山という豊かな資源を擁する地域の恩恵を被った国であった。

しかし必ずしも日本列島の地形と気候は一定ではない。人々は、それぞれの生活圏のなかで暮らしており、そこには限られた自然環境しか存在しない。日本は米文化に異様な執着を示した国であるが、それは日本の歴史を総体として見た場合のことで、個別具体的には、水田など設定し得ないような村も決して少なくはなかったし、農耕以外の生業を重視した村も存在した。山村や漁村では、農耕も行われたが、必ずしもメインではありえず、漁業や狩猟のほか林業・鉱山業なども重要な生活手段たりえた。

さらに農耕といっても、南北に細長い日本列島では、作物による適不適も大きく、それぞれの地域性に規定されて食生活を営んできた。もちろん村々は孤立していたわけではなく、さまざまな交流を行い、一定の単位で地域文化を育んできた。地形や気候のみならず、それぞれの歴史も異なり、それが風土という生活文化の特性を作り上げた。一つの日本という錯覚は、強力な国家が成立し、その価値観が各地の村レベルに浸透させられた以降のもので、日本という国家領域のなかには、さまざまな日本・いくつもの日本が存在していたとしなければならない［赤坂・原田他編：二〇〇二・〇三］。

ところで島国であるという条件は、一見閉じられた空間のように思われるが、それは江戸時代に政治的に選択した鎖国のイメージが強いためである。たしかに島は閉じられているように見えるが、逆にどこにでも開かれた空間なのである。東南部から流れる海流は、沖縄を通って日本海流（黒潮）と対馬海流とに分かれるが、とくに後者は、日本列島とほぼ併走している。

また北からは、千島列島に沿った千島海流（親潮）が流れ込み、大河アムールがオホーツクの海を回遊して、冬には流氷を運ぶ。これらの潮の流れを利用して、人々は古い時代から、おそらくはかなりの犠牲を払いながらも、自由に海を行き来していたのである。しかも海に直結する河川は、国土を縦横に流れ、海船・川船と陸路を組み合わせて、広大な交通網が張り巡らされており、人や物が自由に往来することも可能だった。こうした流通システムの発展によって、郷土料理という特性を保ついっぽうで、和食という料理体系が整えられていったのである。

しかも先の二つの海流が、北と南の文化接触をもたらし、たとえばコンブとカツオという組み合わせを出現させたのであり、さらに西に眼を向ければ、朝鮮半島が間近にあり、その向こうには大文明を誇った中国大陸が広がる。このルートは、最も豊かな文明を日本列島にもたらした。歴史に仮定は禁物であるが、もし日本列島が、大陸や半島から、四〇〇キロも五〇〇キロも離れていたとするなら、日本の今日の繁栄はなかっただろう。さまざまな知識や技術、そして文物や制度、さらには文字や暦という文明の利器を伝えてくれたこの文化ルートは、日本列島の歴史に大きな付加価値を与えたのである。

四　アジア的世界のなかで

日本が、アジアのなかでも東南アジア・東アジアに属することは疑いないが、この地域には、米を中心とした独自の食生活上の体系がある。食生活の安定は、食料を採集や狩猟・漁撈といった受動的システムに求めるのではなく、自ら育てるという積極的な生産によってもたらされる。

それが動物であれば牧畜・遊牧となり、植物であれば農耕となる。農耕のうちでもプリミティブな根菜農耕には、熱帯アメリカのキャッサバ・西アフリカのヤマイモ類・太平洋諸島のヤムイモ・タロイモなどがあるが、これらは貯蔵性に問題がある。

　貯蔵性が高く、大きな収量が期待できるのは種子農耕で、主にユーラシア大陸で発達をみた。なかでも米と麦が二大農耕として知られているが、これには地域的な類型がある。温暖で多湿な気候を好む米と、寒冷で乾燥した気候に適した麦は、非常に対照的な分布をなす。おおまかにユーラシア大陸の北西部には、麦の文化が分布し、その東南部には米の文化が展開した。

　しかも麦の文化は、牧畜・遊牧と組んで、パンと肉とミルクの食生活を形成し、米の文化は、水田や河川における漁撈と結びついて、米と魚を基本とする食生活を発展させた。日本は、この東南アジア・東アジアに広がる米文化の一部分を占めているが、この地帯では、基本的に農耕のかたわら、乳を利用することはできないが、簡単に育てることができるブタが飼われており、魚とともに重要なタンパク源となっている。ちなみに庭先などで広くニワトリも飼われているが、東南アジア起源のニワトリは麦文化圏にも、その飼育が広がっている。

　米文化圏を形成するアジア的世界では、ほとんど乳利用が見られないが、例外もある。ヒマラヤ山脈南斜面に位置し、著しい標高差の地形を有するブータンでは、谷底盆地で稲作が行われ、高山性草原地帯では牧畜が行われているため、米とチーズなどの乳製品を組み合わせた独自の米文化が発達している。しかし、これはアジアの米文化地帯では非常に珍しい存在としなければならない。基本的に米文化圏では、調味料として漁撈と深い関係にある魚醤《ぎょしょう》

ラオス・ルアンバパン近くのメコン川沿いにある陶器作りの村で売られていた魚醤。淡水魚を使って作られている。（著者撮影）

が用いられている［石毛他：一九九〇］。魚醤とは、小魚や小エビなどを塩漬けにして、発酵させ熟成したもので、旨味調味料として広く用いられている。

日本では、秋田のショッツル・能登のイシル・香川のイカナゴ醤油として残るほか、伊豆諸島のクサヤや、全国で作られている塩辛も、同様の原理に基づいている。西洋にもアンチョビソースがあるが、基本的には、東南アジア・東アジアの稲作地帯に広く分布する。ベトナムのニョクマム、タイなどのナンプラー、インドネシアのサンバルなどがそうで、朝鮮のキムチの旨味も、魚醤であるチョッカルによるところが大きい。

この魚醤は、とくに中国・朝鮮半島・日本といった東アジアにおいては、穀醤《こくしょう》として展開を見る。魚介類の代わりに大豆などの穀類を用いたもので、いわゆる味噌・醤油の類である。まさしく日本の調味料は、この穀醤の産物で、これらの発酵を促すのに、米麴《こめこうじ》などを巧みに用いている点が重要だろう。

いずれにしても日本の食事文化は、こうした東南アジア・東アジア世界のなかで形成されたもので、そのなかで独自の伝統を培ってきた。強いて、その特徴を挙げれば、こうした世界のうちでも、とりわけ米に執着したことのほか、その体系の下で穀醬類を発展させた発酵調味料の利用、稲作社会のなかでは珍しくブタなどの食用家畜を欠落させてきた、という特色がある。

こうした伝統が、どのように形成され、どのような変容を遂げてきたのか、を和食という観点から、日本の料理史のなかで振り返り、ひいては日本文化の性格について考えてみたいと思う。

第一章　日本料理の前史と文化――先史時代の食文化

一　旧石器時代の社会と食文化

日本列島に人々が住み始めた年代については、二〇〇〇年に起きた旧石器捏造《ねつぞう》事件の問題があり、これまでの発掘成果に根本的な再検討が必要となった。ある意味で、旧石器時代をめぐる年代観は、ほとんど振り出しに戻ったことになるが、七万〜八万年前とする説はまだ有効性を持つだろう。いずれにしても前期・中期旧石器時代の出土遺物については、数が少なく、石器としての同定も難しいところから、その確定には、まだかなりの時間を要するものと思われる。

確実なところでは、後期旧石器時代つまり三万五千年ほど前ごろから、一定程度の人口を抱え始めたようで、この時期になると遺物が増加してくる。また旧石器時代人の人骨についても、明石原人をはじめとする原人の存在にも問題があり、沖縄の港川人《みなとがわじん》などを除けば、確認が難しい。約一万八千年前に存在したとされる港川人は、南方系に属するもので、中国華南の柳江人《りゅうこうじん》に形質が近く、縄文人の祖先に連なる人々と考えられている。しかし近年では、港川人はオーストラリアのアボリジニやニューギニアの人々に近く、縄文人との関係は不明という指摘がなされている［溝口：二〇二〇］。

この旧石器時代までは、更新世《こうしんせい》の最終氷河期にあたり、気温も低く、各地に氷河が存在したため、海面が現在よりもほぼ一〇〇メートル低く、日本列島は大陸とほとんど地続き状態にあった。ナウマンゾウやオオツノジカ・ヘラジカ・ヤギュウなどといった大型哺乳類《ほにゅうるい》が数多く棲息《せいそく》し、これらが旧石器時代人の重要な食料となっていた。石器類も大型の石槍や投槍用の舌状尖頭器《せんとうき》が多く出土し、狩猟が重要な食料獲得の手段であったことが窺《うかが》われる。もちろん植物や魚肉の食用も行われたであろうが、この時代には石皿や磨《す》り石類は少なく、気候上の関係から、植物食の比重が低かったことが容易に想像される。また石錘《せきすい》や土錘《どすい》類も稀《まれ》で、漁撈道具の未発達から、大がかりな漁法は難しかったものと思われる。やはり基本的には獣肉が主要な食料であったと考えられている。更新世の時代に特有な大型哺乳類は、縄文時代には絶滅に向かうが、後期旧石器時代には、イノシシやニホンジカなどの動物も出現していたようである。

いずれにしても旧石器時代には、獣肉食が主体であったと思われるが、これに関わる石器として細石刃《さいせきじん》がある。木の棒や骨などに黒曜石の破片を埋め込み、ノコギリ状のナイフとするもので、大型獣の解体に不可欠だった。それで動物の部位を選り分け、食べやすい大きさにカットして口に運んだ。火の利用が始まると、適度な大きさにして火を加えた。鋭い牙を持たない人間には、肉を切るための石器は非常に便利だった。

ホモサピエンスが日本列島にやって来た旧石器時代には当然、火の利用は行われていた。むしろ火がなければ、アフリカの熱帯付近に生まれた人類が、世界中に拡散していくことは難しかった。したがって獣肉や魚を焼くという料理は行われていたが、直火では強すぎるので、焼石を用いていたものと考えられる。さらに焼石を用いれば、煮ることも不可能ではなかった。地面に穴を掘り、内側を木の葉などで目張りし、そこに食材と水を入れて、焼石を持続的に投入すれば煮物はできることになる。ただ煮物よりも蒸物の方が簡単で、掘った穴に、葉などで包んだ獣肉や魚を入れて浅く埋め、その上で長時間焚《た》き火をしたり、焼石を次々に置き続ければよい。旧石器時代の焼石はかなりの量が確認されており、土器はなくても、そうした加熱調理による料理が行われていたと考えられる。

二　縄文時代の社会と食文化

縄文時代になると、地質時代も更新世から完新世《かんしんせい》へと変わり、氷河期が終わって、地球の温暖化が始まった。氷河が融《と》けて海面が上昇し、河川による堆積《たいせき》や浸食も進んで、次第に複雑な地形が海岸部にも形成され、日本列島は今日の形を整えてきた。とくに河海には豊富な魚介類が繁殖して、漁撈活動も活発化していった。例えば縄文時代の遺物には、錘《おもり》となる石錘や土錘も見られ、網を用いた漁法の発達により、大量の魚介類を食料とすることができるようになった。

そして海岸線の周辺には、多くの貝塚が作られ、貝類のみならず、なかにはイワシ類やアジなどの魚骨を大量に出土する例もある。これらは日干しなどの保存技術の発達によって、大量処理が行われた結果と考えられており、内陸部との交易品となった可能性が高い。旧石器時代とは異なり、水産物が重要な食料の一部となったのである。

また大洋を回遊して河川を遡上《そじょう》するサケ・マスは、栄養価が高く保存にも適した食物で、比較的捕獲が容易であったことから、河川中流域の河岸段丘などにも、集落が増えたとする説もある。サケ・マスの遡上の南限は、多摩川まで下るとされており、主に日本の東北部における卓越した縄文文化の展開に、大きな役割を果たした可能性が高い。

縄文時代に入ってからの温暖化現象は、植物相の変化を招いた。寒冷気候に適した針葉樹林が後退し、西日本では常緑のシイやカシ、東日本では落葉するブナやコナラなどの広葉樹林が広まった。これらの木になる堅果《けんか》類は、土器の使用が始まることで、食用となった。つまり土器による長時間の煮沸で、流水とは比べものにならないほど効果的に、アク抜きが可能となったためである。

縄文時代は一万数千年続いたとされるが、だいたい五千年くらい前になると、良質なクリを保護して、半栽培的にクリ林を育て始めたことなども、青森県の三内丸山《さんないまるやま》遺跡などの事例で知られている。とくに縄文中期以降になると、初期農耕が始まり、根茎植物のほか、ヒョウタン・リョクトウ・アズキ・ダイズ・シソ・エゴマ・オオムギ・アワなど種子植物の栽培も行われていた、と考えられている。

しかも岡山県総社市の南溝手《みなみみぞて》遺跡では、稲籾《いねもみ》の圧痕《あっこん》とともに、プラントオパールによって稲の葉身《ようしん》の存在が確認された。これまで縄文の米については、外部から運んだとする縄文農耕論批判も強かったが、稲の葉まで運ぶ必要はなく、その批判は成り立たなくなった。こうして縄文後期に、日本で米が栽培されていたことが明らかとなったのである［岡山県古代吉備文化財センター編：一九九五・九六］。しかし、これは水田を伴うものではなく、おそらく焼畑によるものであろうが、他の植物についても、生産力的には限界があり、縄文農耕をどう評価するかは難しい問題として残らざるを得ないだろう。

もちろん縄文時代においても、狩猟も重要な食料獲得手段で、大型哺乳類絶滅の後、イノシシやニホンジカなどが食用の対象とされた。しかし、これまで見てきたように、半栽培・農耕の問題も含めて、植物性食料に依拠する割合が高くなった。縄文中期の滋賀県の粟津湖《あわづこ》底《てい》遺跡の貝塚遺物のデータによれば、カロリーベースで、植物性食料五二・四%、動物性食料四七・六%という数値が得られるが、これには根茎植物や山菜・キノコ類が含まれておらず、実際には、植物性食料の割合はもっと高くなるとされている［滋賀県文化財保護協会編：一九九七］。

旧石器時代の狩猟を主体とした段階から進んで、水産物や植物性食料の確保により、かなり安定的な食生活が営めるようになった。食料獲得に費やす時間が少なくなれば、人間は精神的な活動、すなわち知識の収集や技術の習練および道具の改良・製作に、その余裕を当てることが可能となる。それはますます社会の発展に拍車をかけ、より豊かな生活が保証されるようになる。

土器も、はじめは尖底《せんてい》土器を煮炊きと貯蔵に用いていたが、貯蔵専用に平底土器を作り、やがて用途別に、さまざまな土器を製作するようになる。そして縄文中期には、食器を登場させるなど、食生活の内実を向上させていった。しかし縄文文化といっても、石器や土器は一様ではなく、地域的にさまざまな特色がある。それぞれの地域で入手できる食料に差があり、幅広い交易が行われたとしても、その土地土地の特性に合わせた食生活や料理の仕方があり、またそれは季節によっても異なった、と考えるべきだろう。

しかも縄文時代は、大陸との交渉が比較的少なかった時代で、日本列島のなかで独自の文化を長期にわたって育んだ。その後に、弥生の水田稲作をはじめ、時代を追ってさまざまな栽培植物が食膳に上るようになった。しかし基本的に農作物はほとんどが外来種で、古くはサトイモ、やがてダイコン・ウリ・ナスなどがかなり早い時代に、やや遅れてニンジンも渡来しているが、ウド・セリ・ジネンジョ・ミツバ・ワサビなどは数少ない日本原産の野菜である。これらも含めて、今日的な列島の地形的・気候的環境が生まれた縄文時代に、自生動植物の生存環境が安定し、現代に繋がる食材が整ったことになる。したがって日本料理で用いられるさまざまな自然界の恵みが出そろったという意味で、この時代に和食の源流が形成されたといっても過言ではない。

三　弥生時代の社会と食文化

縄文中期に稲つまり米が日本に伝えられていたことは、先に述べたとおりであるが、縄文晩期頃から、朝鮮半島を経由して、水田稲作が日本列島にもたらされるようになる。すべての地域ではないが、半島に近い北九州を中心に、縄文晩期の水田址が確認されている。やがて弥生時代になると、この水田稲作が日本列島に本格的に展開するところとなる。

なお弥生時代は、これまで西暦紀元をはさむ四百〜五百年間と考えられてきたが、近年、微量の試料で測定が可能となるＡＭＳ（加速器質量分析法）が開発された。これによって、放射性炭素（C14）の年代測定法の精度が上がり、さらに五百年ほど遡るという学説が発表されている。年代幅はおくとしても、弥生が古くなることはほぼ間違いなく、あるいは地域的に縄文と弥生が一時期並行した可能性も考えられる。

これについては、縄文時代や古墳時代の年代観の修正も必要となろう。また最近、中国でもＡＭＳによる研究が始まったばかりなので、中国大陸との比較も含めて、全体的な見通しが立ち、定説が出るまでは、従来の説に拠《よ》ることにしたい。

いずれにしても一万数千年続いた縄文時代から見れば、かなり短い期間で、一気に次の時代へと進んだのである。これは水田稲作という非常に高度な農耕を採り入れたためで、この弥生時代に、日本列島の社会構造は、著しい発展を遂げたのである。今日のレベルで、一粒の種籾から約二千粒にも及ぶ米を生ずる水田稲作という一大技術は、日本社会の発達に大きく貢献した。縄文時代以上に、安定的な食料の確保が実現したためである。

　これによって食料の余剰が生じたことから、それを他の労働に回すことで、社会的分業が展開し、さまざまな技術が向上をみた。加えて米とともに、弥生文化を大きく特徴づける金属器の利用は、農耕具の発達を助けて、さらなる生産力の発展を生み出した。金属器のうちでも、軟らかな青銅は、稲作の豊穣を祈る祭祀具《さいしぐ》に用いられたが、硬い鉄は、農耕具とともに武器としても使用された。

　農耕という事業は、自然条件の変化によって大きな影響をうけ、時には凶作に陥ることもある。そうした場合に食料の余剰を奪い合うという事態が起こり、やがて大が小を呑《の》み込むための戦争が恒常化していった。弥生時代の日本の様子を記録した中国史書に、〝倭国《わこく》乱れて百余国をなす〟などと記されたことは、そうした戦争状況を示している。こうした地域ごとの戦争の結果、各地にいくつかの小さなクニが成立を見たのである。

　縄文文化が日本の東北部に優勢であったのに対して、弥生文化は西南部により密集した分布を示す。これは稲が暖かい地方を好むためであるが、すでに弥生中期には、本州最北部の青森県にまで、水田稲作が到達していた。

　しかし東北地方や関東地方には、弥生遺跡が極端に少ない地域も珍しくない。たしかに青森県には、垂柳《たれやなぎ》遺跡や砂沢《すなざわ》遺跡といった弥生前中期の遺跡があるが、これらは最近では、日本海経由、つまり海上交通によってもたらされたとも考えられており、必ずしも日本列島を徐々に覆い尽くしていくような形で、弥生文化が広まっていったわけではない。

　しかも優秀な水田址をもつ著名な静岡県の登呂《とろ》遺跡でも、一年中米ばかり食べていては、米が不足するというデータが示されている［寺沢：一九八一、乙益：一九七八］。確かに弥生時代に水田稲作が始まり、米が重要な食料となったことに疑いはないが、米一色の食生活が一気に成立したわけではない。

　地域によっては、米に頼らず畑作や採集および狩猟・漁撈といった生産活動が営まれ続けたところもあり、優れた水田を抱えた集落でも、米以外の穀類や根菜、あるいは狩猟・漁撈による食料が、一定の比重を占めていたと考えるべきだろう。

　また水田稲作に付随して、東南アジアなどに広く見られるブタの飼育も行われるようになった。さらに水田や用水路あるいは溜池などでは、小規模な淡水漁業が広く行われる。こうした水田漁業も、稲作に伴って日本列島に入ってきた可能性が高い。

　すなわち淡水魚を米に漬け込んで発酵・保存させ、米よりもむしろ魚を食べるナレズシの製法も、稲作と共に行われる水田漁業とセットになったものである。

その名残は、現在も琵琶湖の鮒鮓《ふなずし》にあり、また生熟《なまな》

ラオスの水田漁業。水田で稲を育てながら大きな網で魚を捕る。（ラオスで購入した絵葉書）

れ系の鮓が各地に伝わるが、これらの鮓は弥生時代に遡るものと考えられる。いずれにしても弥生時代に、米を中心とする食生活の原像が形成されたことは間違いない。しかし、これまで述べた理由から、今日の和食のイメージで、弥生時代の食生活を考えることは、全く不可能であるだろう。

こうした水田稲作を主体とする弥生文化は、中国大陸から朝鮮半島経由でもたらされた。これに関しては、いくつかの説があり、東シナ海経由・南方経由なども考えられるが、考古学的なデータは、古いものほど北九州に集中しており、朝鮮半島経由説が最も確実であることを物語っている。しかも弥生文化は、ヒトの移動を伴っていた。

古モンゴロイド系である縄文人に対して、弥生人は新モンゴロイド系の形質をもち、朝鮮半島に住む人々とよく似ている。縄文人と弥生人との混血によって、今日の日本人の源流が形作られたが、北のアイヌ民族や南の琉球人のように、古モンゴロイド系の形質を強く残す人々もいる。ちなみに縄文文化は、今日の日本の国家領域をほぼ覆うものであったが、弥生文化は、北海道には及ばず、沖縄にも達していないと判断される。

いずれにしても弥生文化は、中国大陸および朝鮮半島の影響を、非常に強く受けた文化であった。水田稲作やこれに伴う技術や道具も、朝鮮半島から伝えられたもので、これを抜きにしては、米を主体とした今日の日本の食生活や日本文化を語ることはできない。むしろ、その後の歴史展開のなかで、日本社会は異様に米に執着していくことになる。

それから二千年以上経った近代の入口、つまり李朝末期には、水田稲作を伝えた朝鮮の水田面積と稲作技術は日本には及ばず、例えば種籾の播種《はしゅ》量は日本の二倍を要したという［李：一九八九］。弥生からほぼ二千年の間に、日本社会は米を中心とした食生活と料理の文化を形成した。そうした歴史の流れにこそ、日本文化の特性があり、米を本格的に採り入れたという意味で、弥生時代は日本歴史の大きな曲がり角となったのである。

四　古墳時代の社会と食文化

先に弥生時代に、いくつものクニが各地に成立したことを述べたが、これに拍車をかけたのが古墳時代であった。むしろ近年では、考古学的見地から、『三国志』の『魏志』倭人伝に記された卑弥呼《ひみこ》や邪馬台国《やまたいこく》の時代は、弥生時代の末期ではなく、古墳時代の始まりと見なされつつある。なお地域的には、古墳は岩手から鹿児島に及ぶが、北海道・沖縄と東北北部には存在しない。

古墳時代を象徴する大型の前方後円墳の成立は、ほぼ三世紀中ごろと考えられるようになった。その後、前方後円墳は六世紀末から七世紀はじめごろまで造られるが、しばらくは小さな群集墳の造営が続くことから、三世紀中期から七世紀までを、考古学的に古墳時代と呼んでいる。しかし古墳時代以降においては、政権の拠点を重視する文献史学の区分により、六世紀末から飛鳥時代が始まることから、ここでは前方後円墳の時代を古墳時代と見なしておきたい。

いうまでもなく古墳自体は、それぞれの地域の権力者の墓であり、その造営の背後には、膨大な組織的労働力の存在が不可欠である。先にも述べた余剰食料を大量に必要とするため、弥生時代に比べて、農業生産力が格段に発展した社会であったことになる。すなわち水田稲作が、質量ともに向上したと考えられるが、その要因は、中国大陸および朝鮮半島との交流が盛んになったことに求められる。

移動式竈（甑を載せたところ。大野城心のふるさと館蔵）

まず何よりも古墳の造営は、周囲に濠《ほり》をめぐらせたように、水田土木技術と深い関係にある。組織的労働力の存在は、大規模な水田開発に連なるもので、地域権力者の出現は、大陸や半島の文化の移入にも役立った。こうした地域権力者の上に、倭国《わこく》の王つまりヤマト政権が位置したが、彼らは大陸との交易を一手に握って、鏡などの文物やさまざまな知識・技術を地方に分け与えた。全国に同じようなスタイルの古墳が存在するのは、このためであり、古墳自体も大陸・半島との交流の結果として出現をみたに過ぎない。

古墳時代における最大の移入品は、ウシとウマであった。これらは軍事のほか運搬や交通にも利用されたが、基本的には農耕に重要な役割を果たした。さらにウシやウマの肉や内臓は、食用や薬用とされており、弥生以来のブタとともに、動物食が一般的に行われていたと考えられている。ただ全般に、食物残滓の報告例は、古墳時代に入ると減少し、具体的には不明な点も多い。

やはり古墳時代においては、組織的労働力や水田土木技術、さらには牛馬の利用などによって、水田農耕への傾斜が著しく強まったことは事実だろう。古墳時代から奈良時代にかけて、かなりまとまった焼米の出土例が増加するが、これは権力者たちによって米が集中的に管理されたことを意味している。弥生時代に比べて、米の比重がよりいっそう高まり、水田稲作に多大な労働力が投入されたことから、狩猟・漁撈の役割は、相対的に低下したものと思われる。また朝鮮半島からは、硬質陶器である須恵器《すえき》の技術が伝わって、日本各地で生産が始まった。須恵器は、弥生土器の系譜を引く土師器《はじき》とともに、調理具・食器として利用され、食生活の内実を向上させた。とくに土師器は煮炊き用の鍋釜《なべかま》に利用されたが、この時代の住居には竈《かまど》が設置されるようになり、高い熱効率による調理が可能となった。

基本的に米は、弥生時代以来、甕《かめ》を用いて煮て食されていた。しかし竈の登場によって、これとセットになった土師器や須恵器の専用の甑《こしき》が、五世紀ごろに出現する。これによって米は、煮ることに加えて蒸すという調理法がとくに発達をみた［佐原：一九八七］。おそらく日常的には煮て、祭りや特別なときなどに蒸して食していたものと思われる。

竈は炉が発展したものとする説もあるが、朝鮮半島から伝播したものと考えられている。また甑の源流も朝鮮半島に求められるが、いずれにしても竈と甑の登場は、一種の調理革命でもあり、古墳時代における炉から竈への変化は、日本の食生活史上で注目すべき出来事だったといえよう［外山：一九九二］。

こうして古墳時代に、日本社会は大きな発展を遂げたが、その背景には、中国大陸や朝鮮半島の文化的影響があった。そして五～六世紀を通じて、文物や技術のみならず、多くの渡来人が移り住み、日本の文明化に大きな貢献をなしたのである。

五　神話にみる食物の体系

日本の神話は、『古事記』『日本書紀』あるいは『風土記』『古語拾遺』といった書物を通して知ることができるが、そこには日本の歴史の源流が、極めて混沌とした状態で詰まっている。しかし『日本書紀』に最も典型的に示されるように、王権あるいは政権や実権を握った人々によって書かれたため、立場的にも極めて偏ったものとなり、その底流には国家的な価値観が浸透している。

また歴史の源流といっても、そうした社会を築いた人々の〝始まり〟を記したものに過ぎず、自らの起源に整合性をもたせようとする恣意《しい》が秘められている。そのため過去を踏まえつつも、必ずしも時間軸に忠実ではなく、象徴的な逸話が重層的に組み合わされている。日本の神話が文字として書き残されるのは、七～八世紀のことで、古代律令国家の編纂《へんさん》事業によるものであった。

それゆえ神話には、その前代の古墳時代、さらには弥生時代や縄文時代の社会の在り方が、かなりミックスされた状態で映し出されていると考えてよいだろう。逆に言えば、そこには古代国家の形成過程における価値観の体系が、巧みに組み込まれていることになる。この問題は、食物の体系についてもあてはまる。

神話には、人々の食物を司《つかさど》る神々が数多く登場するが、ここでは『日本書紀』によって、保食神《うけもちのかみ》の問題を見ておきたい。月夜見尊《つくよみのみこと》が、天照大神《あまてらすおおみかみ》の命で、葦原中国《あしはらのなかつくに》にいる保食神に会いに行くと、保食神は、国の方を向いて飯を、また海の方を向いて「鰭《はた》の広《ひろもの》・鰭の狭《さもの》」を、そして山の方を向いて「毛の麁《あらもの》・毛の柔《にこもの》」を、それぞれ口から出して、それらを供えて饗宴《きょうえん》を催した。

月夜見尊は、口から出した穢《けが》らわしいものでもてなされたと思い、剣を抜いて保食神を殺して、高天原《たかまがはら》に帰ってしまった。そこで天照大神が、天熊人《あまのくまひと》を再び遣わすと、保食神の死体の頭からウシ・ウマ、額から粟《あわ》、眉《まゆ》からカイコ、眼から稗《ひえ》、腹から稲、陰部から麦や大豆と小豆が生えていた。

これを天熊人が持ち帰ると、天照大神は大いに喜び、これらを青人草《あおひとくさ》の食べ物とし、粟・稗・麦・豆を陸田種子《はたけつもの》、稲を水田種子《たなつもの》とした。そして稲種《いなだね》を天狭田《あまのさなだ》と長田《ながた》に植えたところ、秋には見事な実りをみせたという。この話は『古事記』にもあり、微妙に異なるが、基本的には『日本書紀』の方が、古代国家の意図を明確に伝えるメッセージとなっている。

まずここでは、保食神が管轄する国・海・山という三つの区域が示されている。海と山は、漁撈と狩猟による生産活動の場として、大小の魚・大小の獣を生む場とされているが、これに対して、国は飯《いい》つまり穀物を産する地区、すなわち農業の場と考えられている。何よりも五穀の生産の場として、最初に国が登場してきている点に注目すべきだろう。

さらに海と山に関しては、『古事記』『日本書紀』に、海幸・山幸の話がある。有名な話なのであらすじは省くが、ここで海幸は「鰭の広・鰭の狭」を、そして山幸は「毛の麁・毛の柔」を意味する。また『祝詞《のりと》』には、これらの魚と獣に加えて、「大野の原の甘菜・辛菜」「青海の原の奥つ藻菜・辺つ藻菜」が登場するが、こうした山海の幸が、古代の食生活を構成していたことが窺《うかが》われる。

もともと伊奘諾尊《いざなぎのみこと》、伊奘冉尊《いざなみのみこと》は、倉稲魂命《うかのみたまのみこと》と海神《わたつみのかみ》・山神《やまのかみ》の三神を産んだが、これらは稲作をはじめとする農耕・漁撈・狩猟を司るもので、海神と山神が、それぞれ海幸・山幸を意味する。しかも、この神話には、ヤマト政権つまり天照大神の系譜が、海人集団を服属させる過程が象徴的に示される、と考えられている。

さらに保食神の神話は、ハイヌウェレ型神話として知られ、インドネシアをはじめ東南アジアの焼畑耕作民の間に、広く分布する。また海幸・山幸の神話も、インドネシア付近に源流をもつ釣針《つりばり》型神話で、海洋民の世界に伝承されている。これらの神話からは、漁撈による海の幸と、狩猟による山の幸にも、かなりの重みがあったことが窺われる。

そうしたなかで、農耕による国の幸、とりわけ米に最も重要な役割が与えられている点に留意すべきだろう。『日本書紀』の保食神の神話で、農耕の場である国が最初に登場することや、粟・稗・麦・豆と稲を区別して、稲種を特別視していることが明確である。しかも、これを管理させたのは皇祖神・天照大神で、天界に持ち帰った天熊人のクマの意は、神に奉る米にちなむものだとされている。

そもそも神々が人民を指して呼ぶ青人草は、農耕の民をイメージするもので、日本神話が宇宙の初源の形だとする葦《あしかび》や、豊葦原《とよあしはらの》瑞穂国《みずほのくに》という日本の美称も、水生植物＝稲を連想させる。遊牧の民が、その経典『聖書』のなかで、しばしば人民を指して仔羊と称することと極めて明快な対照をなしている。

『古事記』『日本書紀』といった日本神話は、天皇の権力が最も強力で、律令国家が明確な体系を整えつつあり、天皇号が成立した直後の八世紀前半に、文字としての定着を見た。この神話要素のなかには、縄文や弥生時代のものも含まれるが、中心をなすのは古墳時代、つまりヤマト政権の成立過程に関わるもので、古代国家の論理や価値観と深く関わっている。それゆえ米に重要な位置が与えられたのであるが、次章で述べるように、やがて山の幸である動物の肉が、食物の体系から欠落していくことになる。

第二章　古代国家と食事体系——日本料理の源流

一　古代における米文化と天皇

すでに古墳時代には、それぞれの地域を統轄する王がいたが、彼らはいつまでも抗争を繰り返していたわけではない。むしろ、ゆるやかな連合を組み、その頂点に大王をいだいて、倭《わ》の国を形成していた。一部に、これに従わない集団や地域もあったが、やがて統一化が徐々に進行していった。そして倭国《わこく》連合内部での主導権争いも、大化の改新のクーデターで決着がつくと、内部改革が必要となった。その結果として登場したのが、中国に範をとった古代律令国家だったのである。

大王つまりオオキミは、聖性を意識してスメラミコトと名乗ったが、これを中国文字で表記する際に、皇帝ならぬ天皇をあてた。そして、その聖性の意味するところは、いわゆる斎《ゆ》庭《にわ》稲穂の神勅《しんちょく》で、天照大神が高天原から伝えたという稲種を、その子孫にあたる天皇が、稲作祭祀を司る者だとする点にある。天皇と古代律令国家の特性は、水田稲作という問題に、最も端的に示されており、米を中心とする食生活の在り方と密接不可分な関係にある。

毎年、五月と九月のある日、定期的に新聞の片隅を占め、テレビなどでも何気なく報道される行事がある。それは天皇が皇居の水田で、田植えをした日と刈り入れをする日だ。これは必ずしも古代以来継承され続けてきた行事ではないが、ここに天皇の役割が明確に示される。歴史的に見て、天皇の最も重要な役割は、ほかならぬ稲作祭祀にあった。

日本における国家儀礼のうち、最大のものは大嘗祭《だいじょうさい》で、これは新しい天皇が初めて行う新《にい》嘗祭《なめさい》にあたるが、規模は著しく異なる。十一月二十三日の勤労感謝の日は、実は毎年、新嘗祭が行われる日で、秋に天皇が刈り入れした新穀を、天神地祇《てんじんちぎ》に供えて、自らも食するという儀式を行う。

これは米の収穫祭として、豊作を感謝するとともに、神に稲種を捧げることで、稲霊《いなだま》の永続を願い、種子の豊かな再生を期待する稲作儀礼と考えられる。もちろん新嘗という儀礼は、古く民間では粟《あわ》などに対しても行われたが、宮廷儀礼のなかで米が重要視され、稲作儀礼として洗練の度合いを増していった。

また十一月二十三日という日は、もともと固定されたものではなく、十一月の二番目の卯《う》の日とされたが、明治六年（一八七三）の太陽暦採用との関係で、この日に固定されるようになった。なお日本稲作の源流とも見なされる中国南部に住む苗《ミャオ》（＝モン）族も、日本の新嘗祭と同じく、卯の日に同様の儀礼を行う［萩原：一九八七］。このほか朝鮮半島・東南アジア・南西諸島の稲作地帯などに、ほとんど同じような儀礼が存在するという報告がある。

そして新天皇が執り行う大嘗祭は、極めて大がかりで、新嘗祭の原則を保持しながらも、天皇の交代儀礼と臣下の服属儀礼とを伴っている。この儀式によって、新しい天皇に、神から稲霊を司る権限が付与されることになる。また、これに用いる米は、それぞれ東と西に悠《ゆ》紀国《きのくに》と主基国《すきのくに》を卜定《ぼくじょう》し、その斎田《いっきだ》から収穫されたものに限られる。

さらに大嘗祭本儀の翌日から節会《せちえ》が行われ、諸国からの別貢品が献ぜられて、中臣氏《なかとみ》が天《あま》神寿詞《つかみのよごと》を読む。その後、各地の芸能が演ぜられて、饗宴が催されるが、悠紀国と主基国では、それぞれ日が異なる。そして最後の豊明《とよのあかり》節会の場で、改めて官吏の叙位・宣命《せんみょう》が行われ、新たな天皇の下での秩序が確認される。ちなみに令和元年（二〇一九）の大嘗祭で、天神寿詞を読んだのは、時の内閣総理大臣・安倍晋三であった。

日本における古代律令国家の頂点に立つ天皇とは、まさしく稲作の祭祀権を握る最高の司祭者であり、米文化の象徴でもあった。前章第五節でも、日本神話のなかで、米に特別な役割が与えられたことを強調したが、実際に古代国家の形成においても、米が非常に重要な位置を占めていた。

こうして古代国家は、米に至上の価値をおいて、その生産を奨励し、それを租税として徴収することで、米を中心とした社会構造の構築をめざし、そのための国家政策を着実に遂行していったのである。ただし、このことは日本に住む人々が米を中心とした食生活を営んできたことを意味しない。米だけの飯を人々が毎日のように食するようになるのは、戦後の高度経済成長期を待たねばならず、実際には長いこと米よりも、雑穀やイモ類などを口にしながらの食生活を営んできたことに留意すべきだろう。

二　古代国家の米志向と肉食の排除

古代国家の米志向は、何よりも租《そ》という税制に示されるが、その賦課率は三％に過ぎない。しかも租は、諸国の国衙《こくが》に入るもので、中央財政としては大きな意味を持たなかった。ただ、その後、出挙《すいこ》の制が拡大されると、公《く》出挙・私《し》出挙として、主に米が国家の主要な収入源となり、各地の有力者の財源ともなった。

また日本の班田収授法《はんでんしゅうじゅほう》では、畠地《はたち》を無視して、水田のみに米を課している点が重要で、このことは極めて象徴的である。ここでは詳論は省くが、やはり古代国家を支える集団にとって、米は重要な位置を占めるものであった。

先の出挙の制とともに、八世紀に入ると、百万町歩開墾計画や三世一身《さんぜいっしん》の法あるいは墾田永世私財法など、水田の確保を目的とする政策が実施されたのも、古代国家が水田稲作を社会の生産基盤に据え、米を中心とした食生活を理想としたためである。

さらに古代国家は、米の安定的な収穫を図るため、もう一つの栄養価の高い食物である肉の排除を試みた。先にも述べたように、古墳時代までは、動物食は一般的であった。しかし『魏志』倭人伝の記述などから、もともと服喪や特別な行事の際には、肉を遠ざけるという習慣があったことも窺《うかが》える。

そうしたなかで、天武天皇四年（六七五）には、いわゆる肉食禁止令が発布される。これは確かに肉食を禁じたものであるが、その対象となるのはウシ・ウマ・イヌ・サル・ニワトリの五種であり、しかも四月朔日《さくじつ》から九月晦日《みそか》という限定が付されている。これに関しては、すでに論じたことがあるので要点のみを記しておこう［原田：一九九三］。

まずウシ・ウマは、農耕に有益な役畜《えきちく》であり、イヌ・ニワトリも生活に必要な家畜・家禽であることから、食用とすることが憚《はばか》られた。またサルは、人間に極めて近いことから、その殺生《せっしょう》と肉食は、薬用などの特殊な場合を除いて、古くから避けられてきた。ところが、ここでは、日本人が長いこと食肉としてきた、シカやイノシシが対象とはなっていない点に問題がある。つまり仏教的倫理観から、肉食を禁じたものではないことが窺われる。

また四～九月という限定は、水田稲作の期間にあたることから、これと密接な関連にあることが想像される。これについては、当時、酒を呑《の》んだり肉を食べたりすると、稲作が失敗するという信仰があった。旱魃《かんばつ》や水害などの恐れがある場合には、飲酒や肉食を禁じ、官寺の僧侶《そうりょ》による仏典の読経といった行為によって、稲の順調な生育を願うことも少なくなかった。

また律令国家は、この禁令とほぼ同時に、風害から稲を守るための龍田風神《たつたのかぜのかみ》と、農業用水を司る広瀬水神《ひろせのみずのかみ》とを祭ることを命じている。こうした点から、この肉食禁止令が水田稲作の推進を目的とするもので、米の収穫を安定させるための殺生禁断令と見なすことができる。つまり古代国家は、米を確保するために、肉を犠牲にしたのである。

こうした政策を推進したことから、やがて天皇が祭祀を司る聖なる米に対して、その生産の障害となる穢《けが》れた肉、といった価値観が社会的に浸透していった。すなわち肉食に対しては、仏教による殺生禁断の罪、神道による不浄および穢れの観念がつきまとうようになった。

もちろん、この問題は単純ではなく、古代においても『万葉集』巻十六（三八八五）に「さを鹿の……大君に、吾は仕へむ……わが皮は、み箱の皮に、わが肉は、み膾《なます》はやし、わが肝も、み鱠はやし、わがみげは、み塩のはやし」とあるように、野獣の肉食は続けられていた。肉の排除には、かなりの時間を要した。とくに狩猟は王権の象徴で、天皇や貴族はしばしば狩りを催していたが、九世紀ころから徐々に禁止へと向かい始め、社会的にも狩猟は衰退の方向にあった。食生活全体における肉食の役割が、相対的に低下したのは事実であり、実際には、後に見るように中世を通じて、肉食の忌避は社会的に進行することになる。

いずれにしても古代国家の政策によって、米が重要な食物とされ、肉を遠ざける食生活パターンの原型が形成されるようになったのである。しかし動物性タンパクの摂取は不可欠であることから、肉に代わって魚が好まれるようになっていった。こうした歴史を経て、米を中心として魚と野菜を添える、という日本的食事体系が成立をみるが、その原点は、まさしく古代国家にあったといってよいだろう。

三　神々への料理としての神饌

次に角度を変えて、これを神饌《しんせん》の問題から見てみよう。神社の祭礼には、人々の生活が象徴的に投影されている。まず神饌は神の食事であり、御幣《ごへい》は神の衣服である。そして神社は、神の住居であるが、建物がない場合には、注連縄《しめなわ》を張って結界を用意する。これが依代《よりしろ》であり、神が降臨する仮の住居となる。神事には、生活の基本である衣食住が不可欠の要素であった。

下鴨神社神饌（展示模型）。御飯を中心に、餅のほか、魚の切り身などを丁寧に積み上げる。（著者撮影）

神饌は、古語でミケといい、ミケのケは食の意味で、御食（御饌・御膳・御飯）とも書く。具体的には、神前に供える米・水・塩・酒・鳥獣・魚介・蔬《そ》菜《さい》・果実などの酒食を指す。神事の際に、神社や依代の前の机に、こうした食物を並べるのは、神に感謝の意を示して食事を捧げることを意味する。儀式の間に、神が食事を召し上がり、終わると、これを下げて、饗宴《きょうえん》が催される。

このとき、神が食べ残した下《おろ》し物を、神主や列席者が共に戴《いただ》くことになる。これが直会《なおらい》と称する宴会であり、厳密には神と人間との相嘗《あいなめ》（＝ナムリアイ）、つまり神人共食が行われる。これによって神の霊力が、神事の参列者に与えられること

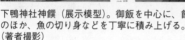

となる。宮座などの村祭りや、天皇の新嘗祭・大嘗祭も、同じ原理である。その年の新米を捧げることで、直接的にも間接的にも、これに参加した人々に、神の加護によって来年も豊作が保証されることとなる。

神饌の供え方は、散供《さんぐ》神饌と饗応神饌と供覧《きょうらん》神饌とに分かれる。散供神饌は、神秘神饌とも称し、供物《くもつ》を散らすという献供《けんぐ》方法を採る。散供とは、建前（上棟式）の投げ餅や節分の豆撒《ま》きなどのような形式をいい、地鎮祭をはじめとする鎮祭系の儀式に多く見られる。神秘的な神に対しては、古くから散供という方法で食物を捧げたものと見なされている［川出：一九七八］。

饗応神饌は、最もポピュラーなもので、神をもてなす饗応の形を採り、葉盤《ひらで》神饌や台盤《だいばん》神饌などのほか、折敷《おしき》・高坏《たかつき》などを用いた神饌がこれに当たる。葉盤神饌は木の葉を食器とした古式を伝えるが、台盤神饌は後にも述べるように、中国式の食事様式の影響を受けたものであった。これらは形式的には、人間同様の食事形式を採るもので、神人共食という原則に相応《ふさわ》しい。

供覧神饌には、庭積《にわづみ》神饌・下据神饌・丸物神饌などがあり、供物を神に見せることを意識している。庭積神饌は、箱庭に供物を積んだように見せたもので、古くは筥《はこ》もしくは葉椀《くぼて》に盛り、大嘗祭の際などに神に捧げられた。下据神饌は、本膳の下に供えられるもので、引き出物的な意味がある。丸物神饌は、魚鳥などの供物を丸のまま献ずる生饌《せいせん》の一種で、俎板《まないた》や庖丁《ほうちょう》・真菜箸《まなばし》が添えられることもある。

このように神饌には、さまざまな種類と方法とがあるが、これらはいずれも、古代からの食事品目・食事様式・調理方法・盛り付け方・飾り付け方を、形式的もしくは象徴的に反映したものであった。その時代的な確定は難しいが、なかでも葉盤神饌や庭積神饌などは、古代の料理形式を残すものと考えられる。

古代国家において行われる神饌のうち、その最も重要なものは、大嘗祭・新嘗祭における供物である。この神饌は、天皇自らが行うが、その品目と作法の順序は、水・飯・菜・果物・汁・羹《あつもの》・酒・粥《かゆ》・水となる。この順番には、おそらく古代の食事の流れや、食物に対する価値観が込められていると考えられる。このうち中心となるのは、その年に収穫した新米を蒸した強飯《こわいい》と、炊いた姫飯《ひめいい》にあたる粥で、これに白酒《しろき》と黒酒《くろき》という二種類の酒が加わる。

古代国家が、強烈な米志向を展開したことは、こうした神饌の供物内容に明快に示される。『延喜式』全五十巻には、およそ百七十七回の祭祀記事があり、四百九十九回の神饌供《ぐ》進《しん》件数が記載されているが、その品目は酒・白米・稲・糯米《もちごめ》の順となり、圧倒的に米に関わるものが大部分を占める。すなわち十世紀初頭には、米が国家の食物体系の中で、最も主要な位置を担っていたことが知られる。

また『延喜式』には、水産物が数多く神饌品目として登場し、水産神饌とでも呼ぶべき体系が存在している。その中心をなすのは塩・鮑《あわび》・鰹《かつお》・腊《きたい》（魚の丸干し）・若布《わかめ》の五種であった。これらは農産神饌より頻繁に供進されており、海産物が珍重されていたことを物語る［渋沢：一九四九］。これとは逆に、獣肉は各省祭祀にわずかに見られるのみで、国家の儀式レベルでは、肉食の否定が確実に進行している。獣肉に代わる動物性タンパク源として、特に魚介が脚光を浴びることになったのである。

さらに現在では、稲・酒・餅・海魚・川魚・野鳥・水鳥・海藻・野菜・果実・菓子・塩・水などを、順に三方《さんぼう》に盛って供える。神饌には、収穫物をそのまま捧げる生饌と、煮炊きした調理済みの熟饌とがあり、さらに素饌《そせん》と称して精進物《しょうじんもの》のみを供する場合もある。現代ではほとんどが生饌となり、素饌も見受けられるが、その本旨からすれば、かつては熟饌の占める割合の方が高かったとすべきだろう［岩井・日和：一九八一］。

また地域ごとの風土の違いにより、神饌の品目は、実にさまざまであった。今日では神饌品目に、木の実や川魚を見なくなったし、魚鳥や獣類も少なくなっている。これは肉を否定して米を尊重した古代国家に原点があるが、それが著しくなるのは、明治国家が神道を国教と定め、神祇官《じんぎ》制度の改革を行い、祭祀の均質化を図って、神饌の内容にも画一化を進めたためであった。明治の王政復古は、近代化を強力に推し進める一方で、古代律令国家が理想とした米を中心とする食物体系の維持にも、その理念に忠実だったのである。

四　神饌と仏供の関係

もともと我が国固有の土着信仰であった神道に対して、外来の宗教である仏教は、日本における統一国家の実質的な形成期に、中国・朝鮮を通じて渡って来た。思想的体系性を備えた宗教である仏教は、この時期の日本の文化形成に大きな影響を与えた。さまざまな神々が雑居する民間信仰としての神道は、その体系性を模索するにあたって、仏教の思想を最大限に採り入れた。いわゆる神仏習合で、それは古代国家に始まる。

仏教にしても、その儀式においては、食物の献供が必須とされ、仏にもこれが捧げられた。これを仏供《ぶっく》と呼ぶが、神仏習合思想ともあいまって、神饌にも大きな影響を与えており、そこに仏教的な色彩を認めることができる。

古代律令国家は、仏教を国家鎮護のための宗教として採択し、大仏を造るなど大規模な宗教的事業を推進した。当然のことながら宗教施設は、荘厳《しょうごん》に飾り付けられ、儀式は盛大に催された。神社が素木《しらき》であるのに対して、仏閣は色とりどりで、そこに供える仏供にも、見事な彩色が施されており、神饌とは比べものにならないほど華やかであった。

こうした異国の宗教の影響を受けて、神饌という儀式も変化を見せ始めた。仏教の要素を取り込んで、神饌の食物も色彩が重視されるようになり、巧みに積み上げる御染御供《おそめごく》（八四頁参照）や百味飲食《ひゃくみのおんじき》などの特殊神饌が、登場するようになった。また精進物を供える素饌は、仏教的な肉食否定の思想の影響を受けたためであり、神道における穢れや浄・不浄という観念も、実は仏教との関係で形成されたものである。

神饌における仏教の影響について、もう少し具体的に見てみよう。宮中の神饌における散《さ》飯《ば》は、左波・三把・生飯・最波・最把などともあてるが、おそらくは梵語《ぼんご》で、禅宗ではサンパンとも言う。仏教では鎮魂慰霊のための施食《せじき》を意味し、食事の一部を取り分けて、餓鬼・

畜生・無縁霊などに供養することを指す。

　史料上の初見は、平安中期ごろの成立とされる『侍中群要《じちゅうぐんよう》』で、その第三に「三把を取る事……御飯を供える時、即ち銀の御箸を以て、三把を取り、蓋《ふた》に入れ之を返す、御箸を鳴して之を置く」とある。同書は、天皇の秘書役を務めた蔵人所官人の実務書で、いち早く宮中儀式に入り込んでいることがわかるが、下鴨神社や伊勢神宮などの神饌にも散飯の存在が認められる。

　また特殊神饌のうち、奈良・春日大社の御染御供は、若宮御祭神饌に供えられるもので、供物を積み上げ、四色に染め分けるところに特色がある。この色彩を用いるという発想は、日本にはなく仏教的もしくは中国風のもので、しかも油で揚げた唐菓子《とうがし》が添えられる。これは仏教を媒介にして、中国文化の影響を強く受けた神饌ということができる。

　春日大社は神宮寺である興福寺とセットになっているが、同じく談山《だんざん》神社も妙楽寺を抱えており、やはり神仏習合の影響が強い。この神社で行われる百味飲食は、法隆寺や薬師寺をはじめとする南都の寺院などの会式《えしき》の仏供と全く同じである。

　この場合の百味とは、百種の味の意ではなく、本来は仏前に供える種々の供物を指す。仏供は、法会の際にさまざまな技巧を凝らして仏壇を厳かに飾り付け、荘厳《しょうごん》として献じられるもので、御染御供や百味飲食には、仏教の影響が色濃く認められる。

　こうした仏教の影響は、宮中や大きな神社ばかりではなく、村々の社レベルにおいても同じであった。村落の神事を執り行う宮座においても、神仏混淆《こんこう》の跡を見て取ることができる。奈良県および京都府や大阪府の神社の一部では、ショウゴンという儀式が広く行われていた。これには餅のほかさまざまな食品が用意され、当番である頭屋《とうや》が餅花などを作って神社に供え、村人が豊作を祈る。ショウゴンは、飾り付ける荘厳の意で、神事を司るはずの宮座入りの意に用いられる場合もあるが、やはり仏供を起源とするものであろう。

また滋賀県、とくに湖北の村々では、ほとんどの神社でオコナイが催される。年頭または春先に行われる豊作祈願の神事であるが、修正会《しゅしょうえ》・修二会《しゅにえ》に源流があると考えられている。やはり仏教の感化が加わって、神社行事にショウゴンのような巨大な鏡餅や掛餅・造花などが供される。さらに大阪府の和泉地方には、宮座と本質的には全く同様な寺座があり、神仏習合は村々の神饌にまで及んでいたことがわかる。

神々の食事である神饌には、古代以来の食物の体系が示されているが、そこには仏教的な要素も加わり、それぞれの時代にふさわしい変貌《へんぼう》を遂げていった。神仏習合という日本独特の現象は、中国文化の影響を日本社会に適応させながら、独自の文化を形成するのに大きな役割を果たしたが、それは食生活や食にまつわる儀式にも深く関連したのである。

五　古代国家における料理体系

古代においては、さまざまな地域集団が存在し、それぞれの状況に応じた食生活が営まれており、その落差は極めて大きかったものと考えられる。もちろん地域間の交易は盛んであったろうが、それぞれの地域の特産という風土の問題を考慮すれば、食生活においても、さまざまな味覚や嗜好《しこう》、さらには食物に対する価値観が、地域ごとに存在していたと考えるべきだろう。

ところが国家というシステムの下では、味覚体系や食生活についても、統一的な価値観の浸透が進むことになる。これに大きな役割を果たしたのは、文字という情報伝達手段で、地方行政制度の確立と密接な関係にあった。地域の特産となる食品は贄《にえ》という形で、各地域の食生活に関する情報は文字に記して、それぞれ中央に集められたが、律令国家の枠内で一様に定まった食生活が営まれていたとは思われない。

しかし古代律令国家は、政治機構の内部に、体系的な官僚組織を抱えており、料理に関するものとしては、宮内省に大膳職《だいぜんしき》と内膳司《ないぜんし》とが置かれていた。大膳職は、朝廷における行事全般の饗膳を担当する役職で、諸国から調や雑物《ぞうもつ》として上がる食品を管理した。また内膳司は、天皇の食事を司るところで、奉膳《ぶぜん》と典膳《てんぜん》および伴部《ともべ》である膳部などからなる。

もともと膳部は、地方の豪族が服属の証として、その地域の特産品を贄として納め、一族から膳夫《かしわで》を使わして、食膳の調理に奉仕させたものであった。『高橋氏文《たかはしのうじぶみ》』によれば、武蔵・秩父や阿波（安房）などの国造《くにのみやつこ》の祖が、膳部として御食の調理に従ったという伝承が記されている。それゆえ朝廷には、全国各地の優れた料理が集まっていた。

そうした膳夫を膳大伴部《かしわでのおおともべ》と称するが、それらを大化前代に統轄したのが、中央膳氏つまり膳臣《かしわでのおみ》であった。その後、律令国家の下では奉膳が、その任にあたり、これを高橋氏と阿曇《あずみ》氏が務めた。このうち高橋氏は、膳臣が八色《やくさ》の姓《かばね》制定時に名を改めた豪族で、古くから天皇の食膳を担当し、日本料理の祖と伝えられる磐鹿六鴈命《いわかむつかりのみこと》の流れを汲《く》むという。また阿曇氏は、海人を統轄する伴造《とものみやつこ》氏族で、海神《わたつみ》を始祖として、筑前国糟屋《かすや》郡志賀島や阿曇郷一帯を本拠とし、南方海洋民的な要素を持つ集団とされている。つまり阿曇氏は、海の幸を中心とした料理人の象徴で、八世紀に高橋氏と肩を並べる存在となり、両氏は拮抗《きっこう》する関係にあった。高橋氏は、始祖とされる磐鹿六鴈の名に示されるように、もともと鳥獣の肉を調理しており、山の幸を代表する存在であったことが想像される。

大化前代すなわち律令国家成立以前に、鳥獣の肉を調理する職務にあったのは、宍人部《ししひとべ》であったが、これは律令官制には受け継がれなかった。古くは天皇が、獣肉を食したという記事は、『古事記』『日本書紀』の随所に見られ、一般に宮廷の食膳にも上っていたが、先の殺生禁断令と前後する時期から、次第に遠ざけられるようになった。

さらに律令制下では、高橋氏は、御食国《みけつくに》である志摩国の守にも任じられている。志摩は古くから海産物を貢納する国であり、その長官を奉膳である高橋氏が兼ねたことは、八世紀ごろになると、魚介類が重要な料理の素材とされていたことを意味しよう。なお内膳司内部の高橋氏と阿曇氏の争いは、最終的には高橋氏の優位という形で決着を見るが、阿曇氏が大きな勢力を有し得たこと自体、この時期の食生活に、魚介類が重要な位置を占め始めたことを物語っている。

いずれにしても古代国家の官僚機構のうちに、大膳職・内膳司といった職掌が設けられ、これを特定の氏族が担当していたという事実は、すでに一定の料理体系が確立していたことを意味する。しかも、そこでは前代から古代国家に服属した集団の料理が貢納され、高橋氏や阿曇氏の下に、膳部という料理人集団として組織されていたのである。

『日本書紀』景行天皇条五十三年十月には、高橋氏（膳臣《かしわでのおみ》）の祖とされる磐鹿六鴈命が、天皇に白蛤《うむき》を膾《なます》にして捧げたという記述がある。この話は、高橋氏が自らの由来を述べた『高橋氏文』にも見え、堅魚《かつお》と白蛤を煮たり焼いたりするなど料理したとなっている。ただし、同書は平安初期の成立で、『古事記』景行天皇条には、その記載がないことからも、こうした料理体系の在り方は、さほど古い時代にまで遡るとは思われない。

先に述べたように、古代における獣肉食の存在や宍人部の問題を考慮すれば、この話は記紀の成立期まで引き下げる必要があろう。おそらく高橋氏が宮廷の料理人として実権を握った八～九世紀までには、魚介と膾・煮物・焼物といった日本料理体系の原型が、ほぼできあがっていたと考えてよいだろう。

六　古代国家における味覚体系

古代国家の下で、八～九世紀には、米を中心として主に魚介を用いた料理体系が成立していたことになるが、次に味覚体系の問題を、調味料などから見ておこう。律令官制のうち大膳職には、本来的な四等官のほかにも、特別な職掌があり品官《ほんかん》として、主醤《ひしおのつかさ》・主菓餅《くだもののつかさ》などが置かれていた。また大膳職のほかにも、宮内省には造酒司《みきのつかさ》が設けられ、天皇用や儀式用として、酒や酢の醸造が行われていた。

このうち主醤は、醤や未醤《みしょう》などの製造・監理を行う部門で、大膳職の別院として醤院《ひしおいん》が設けられていた。また主菓餅は、菓子を扱う部門で、これは訓からも果物と考えられているが、『養老律令』によれば、これには「雑《くさぐさ》の餅《もちい》」も含まれている。つまり餅は菓子と同列のものと認識されており、その原料には米が用いられた点が注目される。

むしろ、ここで問題とすべきは、醤や未醤であろう。魚醤《ぎょしょう》と穀醤《こくしょう》の問題については、すでに序章で触れたが、こうした古代の調味料について見ておきたい。やや時代は下るが、二十巻本『倭名類聚抄《わみょうるいじゅしょう》』巻十六の「塩梅《えんばい》類」には「白塩・黒塩・酢・醤・煎汁・未醤・豉《し》」が見える。

このうち醤には、「別に唐醤有り、豆醢《とうかい》也」という注記があり、逆に日本独自のものもあったことを窺わせている。さらに未醤は醤の粉末の意味だとして、飛騨・志賀・近江のものが知られる旨を記している。なお豉も同様で、浜納豆に近いものと考えられている。

つまり醤と未醤あるいは麹は、今日の醤油や味噌の原型をなすもので、穀醤と考えて間違いない。これらは大豆に麹と塩とを加えて醸造したもので、そこに独特の旨味が生ずる。とくに『延喜式』などに見える食べ物には、魚介や獣肉あるいは野菜類を、醤漬けとしたものが数多く登場するが、ここから穀醤系の調味料によって味付けしたものが好まれていたことが窺われる。

さらに『養老律令』大膳職の規定には、このほか重要な調味料として「醢《かい》（＝シシビシオ）・葅《しょ》（＝ニラギ）」が見える。これについては『令義解《りょうのぎげ》』が、「肉醬曰レ醢、醋菜曰レ葅」と解説しているように、葅は酢漬けの野菜、醢は肉醬を意味した。先に『倭名類聚抄』が、醬をわざわざ豆醢と記したのは、それが穀醬であることを強調したためである。しかし『延喜式』大膳職の釈奠《せきてん》祭料などには、「鹿醢・魚醢・兎醢」が見え、魚介および獣肉類を塩漬けにして発酵させた魚醬や宍醬《ししびしお》も、かなり用いられていたことがわかる。このほかにも鮨や漬菜など、発酵によって独自の旨味を醸し出す技術が、古代国家の最上部に豊富に蓄えられていたことが窺われる。

こうしてみると古代においては、大膳職別院である醬院の管理下に置かれたり、『倭名類聚抄』に調味料として登場したりすることから、醬・未醬などが主な調味料であったことに疑いはない。確かに魚醬・宍醬など動物性の発酵調味料も用いられていたが、やはり穀醬系の調味料が主流となっていることが窺われる。

文献史料として確認することは不可能であるが、おそらく縄文・弥生には、日本も魚醬文化圏に属していたものと思われる。それが東アジアの農耕社会において、大豆や米などの穀類の栽培が盛んになると、魚醬・宍醬から穀醬へと発展を遂げ、穀醬文化圏が形成されたが、その一部に日本列島も組み込まれたことになろう。

とくに社会の頂点をなす国家の中枢である醬院に、穀醬文化の粋《すい》が集められたと見るべきで、魚醬はショッツル・イシル・イカナゴ醬油、あるいはクサヤや塩辛として、一部の地域や民間のレベルに残ったのだといえよう。まさしく古代国家においては、穀醤系の醤や未醤を基本とする味覚体系が形成されており、今日の和食に通ずる味覚の源流が存在していたのである。

また基本的に日本料理で重要なものは、カツオとコンブである。出汁を採る際には、この両者が不可欠であるが、今日の日本料理の味覚体系が成立をみるのは、実は中世後期を待たなければならない。これについては第三章第七節で詳しく述べるが、やはり、ここで古代におけるカツオとコンブについて見ておく必要があろう。

そこで先の『倭名類聚抄』に戻って、塩梅として用いられた「煎汁」についてみれば、『養老律令』の賦役令には、調として「堅魚煎汁《かつおいろり》」という記載がある。さらに『延喜式』によれば、実際に伊豆国・駿河国などから貢進されていたことがわかる。

その実態について、『令義解』には「堅魚煎汁　謂熟煮汁、曰レ煎也」とあり、カツオの茹《ゆ》で汁を煮詰めたものと考えられる。イロリは煎り取りの意で、鎌倉期の『厨事類記《ちゅうじるいき》』に、「イロリトハ……或鰹ヲ煎タル汁ナリ」「ダシ汁　或説、イロリニテアルベシ」「或止レ醤用二色利一」などと記されているところから、調味料であったことに疑いはない。

すでに古代国家は、カツオ出汁をベースとする味覚体系を蓄えていたことになるが、もう一つの柱となるコンブについてはどうだろう。『続日本紀《しょくにほんぎ》』霊亀元年（七一五）十月二十九日条には、「陸奥の蝦夷《えみし》……先祖より以来、昆布《ひろめ》を貢献《たてまつ》れり」といった記事がある。また『延喜式』にも、御贄として陸奥国のみからコンブを献上している旨が見える。

コンブは三陸海岸以北にしか自生せず、和名ではヒロメと称したが、蝦夷が献上したところからエビスメとも呼ばれた。しかし古代においては、出汁とすることはなく、小片を火で炙《あぶ》ったり、結びコンブにしたりして食していた。またカツオ節の登場も、さらに時代が下がってからのことで、いわゆる和風出汁の成立は、中世後期を待たなければならない。

しかし古代国家が穀醤類の醬・未醤を珍重し、カツオやコンブについても、これらを特定の海産国から、調あるいは御贄として貢進させていたことは重要だろう。また麴を操り発酵によって保存と旨味を確保することも知っていた。そして酒のみならず酢や鮨、あるいは漬物といった調味料についても、その知識と技術を大膳職や内膳司といった機構に蓄えていた。

こうした意味において、古代国家は、徐々に日本独自の味覚体系を整えつつあったが、その背景には、東南アジア・東アジアの魚醬・穀醤といった調味料や、蝦夷のコンブが示すように、まだ国家そのものの管理下には置き得なかった北東北・北海道との交流があったことを忘れてはなるまい。

七　膳・椀・箸と個人食器

膳・椀・箸という食器については、それぞれが自らの専用器を持つという個人意識の強さが挙げられる。かつては銘々膳が一般的であり、今日でも家庭では、自分の椀と箸を持つことが当たり前であるが、ここでは食器について見てみよう。

まず膳であるが、これも源流は中国にあり、後漢の画像石《がぞうせき》に描かれた卓状の「案」が、それにあたると考えられている。しかし銘々膳は、後に椅子と卓を採り入れた中国では普及せず、代わりに床面での生活が続いた朝鮮半島と日本で、独自の発達を見るようになった。なお終章で触れるが、沖縄も膳の文化圏に入る。

ただ食用の台としては、古代律令国家の下で中国文化の影響を受けて、共用の食卓である台盤が用いられるようになった。この台盤については、平安末期の『年中行事絵巻』に描かれているほか、鎌倉期の飲食故実書『厨事類記』や『世俗立要集』にも、その使用法が詳しく記されている。

これらの史料から、台盤は次章で見る大饗料理などに用いられるもので、儀式用であったことが窺われる。ただ『宇津保物語』吹上・上には、長者の政所《まんどころ》に家司《けいし》たちが集まった際の記述として、「男ども五十人ばかり並み居て、台盤立てて物食ふ」とある。都市の貴族や地方のかなりの豪族などの間では、食事の台として台盤が用いられた可能性が高いが、一般に普及したとは考えがたい。

むしろ一般的に用いられたのが銘々膳である。これには、三方のほか高坏（食台）や懸盤《かけばん》のように脚のついた豪華なものや、折敷《おしき》のように簡単なものもある。前者は『伴大納言絵詞《ばんだいなごんえことば》』、後者は『病草紙《やまいのそうし》』などの絵巻物に見え、銘々膳は遅くとも平安期には普及していたものと思われる。

山東沂南画像石墓：宴飲図。後漢末期。方形の案に耳杯が並べられ、円形の案に食品をのせた皿、２匹の魚が置かれている。

『年中行事絵巻』巻六：内宴。紫宸殿北戸の格子戸前の左端に見える台盤の上には料理が盛られている。

しかし古い時代の文献では、「御膳」は食事そのものを指し、食台を意味する膳の語は見あたらない。ただ折敷については、平安期に入ると、さまざまな文献に登場するようになり、平城宮址からは、檜《ひのき》など木製の簡単なものも出土している。すでに奈良期には、銘々器である折敷の利用が始まっていたと考えられる。また『西宮記《せいきゅうき》』巻八に、天暦三年（九四九）の藤花宴の「御膳具」として「御折敷四枚立脚机上」とあり、台盤や机と併用されていたものと思われる。

一般に折敷には脚はないが、足打折敷と呼ばれる形式もあり、さまざまな種類があった。

延喜二年（九〇二）の『京極御息所《きょうごくのみやすんどころ》褒子歌合《ほうしうたあわせ》』に「沈《ヂン》（香木）折敷四つして銀の土器」とあり、『宇津保物語』にも「紫檀の折敷」が見える。おそらく脚付きの膳が登場する以前においては、折敷が正式な銘々膳であったと考えてよいだろう。

次に食事専用の土器については、縄文中期に登場することを指摘したが、文献上の徴証としては、『魏志』倭人伝に「食飲には籩豆《へんとう》を用い手食す」と見える。また『後漢書』東夷伝

『伴大納言絵詞』下巻。伴大納言が放火の疑いで連行され、女房たちが悲しみにくれる場面。高坏に盛られた朝食には手がつけられていない。

『病草紙』食事を前にする歯痛の男。折敷板には漆塗り蒔絵の食器に魚、汁などのおかずと箸が立てられた山盛りの飯。

にもほぼ同様の記述があり、『隋書』倭国伝には「俗、盤俎《ばんそ》なく、藉《し》くに槲《かしわ》の葉を以てし、食するに手を用ってこれを餔《くら》う」とある。

これについて都出《つで》比呂志は、竹という籩豆の材質にとらわれずに、これを広く高坏（食器）一般の意味に理解すれば、『魏志』の記事は、西日本から多量に出土する三世紀の土製の高坏に一致するとしている。さらに弥生中期以前には、木製の鉢や高坏が個人食器の主流であったが、後期になって土製に変わり、古代・中世の小型の土器による銘々の食器という源流が、この時期にあったと指摘している［都出・一九八九］。なお椀については、『古事記』『日本書紀』神代部に、それぞれ玉器・玉鋺《たまのまり》が登場し、これで水を汲んだ旨が記されている。また『日本書紀』武烈天皇条にも「玉笥《たまけ》には飯さへ盛り、玉盌《たまもい》には水さへ盛り」とあり、笥が飯器、椀が液状用の器であったことが窺える。その後『延喜式』大炊寮《おおいりょう》には、明らかに飯器としての、陶椀・土椀・漆椀・葉椀《くぼて》などが見えるが、このうち陶椀の利用が多かったものと思われる。また佐原真によれば、古墳時代に入ると、須恵器さらには土師器によって、銘々器が全国的に広がりをみせる。その後の律令体制の展開は、食器の様相を一変させ、国衙・郡衙という政治機構のもとでの画一化が進んだ。そのため他に類例を見ない墨書土器《ぼくしょどき》が出現し、墨書によって個人所有の強調が行われたという［佐原：一九九一］。

さらに奈良期には、一方で食器の機能分化も進み、その組み合わせに法則性が見られるようになる。『正倉院文書』と平城宮跡からの出土遺物を突き合わせた西弘海は、東大寺写経

正倉院御物の銀に鍍金の箸。両端を細く丸棒状にしてある。中間の太さは4～5㎜、端は約2㎜。鍛造品であることが確認されている。

所で使用された食器について検討を加えた［西：一九七九］。

その結果、天平宝字年間（七五七〜七六五）には最少の場合で、飯器としての「片椀」・彙物《いぶつ》もしくは饗物《きょうぶつ》の器である「杯」・調味料用の器の「塩杯」の三種、また漬物等の器としての「陶佳良《とうかりょう》」が加わることもあった、としている。いずれにしても奈良期には、食器の機能分化と個人化が進んで、いわゆる日本的な食器利用の原型が整ったと考えられる。

箸については、『古事記』須佐之男命《すさのおのみこと》の「八岐《やまた》の大蛇《おろち》」の項に、出雲国の肥《ひ》の河《かわ》で、流れて来た箸を手がかりに、川を遡って櫛名田比売《くしなだひめ》に出会う話がある。また『日本書紀』では、箸が人の泣き声となっているが、代わりに崇神天皇十年条には、箸で陰部を突かれたという倭迹迹日百襲姫命《やまとととひももそひめのみこと》の箸墓の伝承が見える。

ただ、この箸は、いずれも大便を処理する籌木《ちゅうぎ》を連想させるもので、必ずしも食事用具としての箸、とすべきではないかもしれない。むしろ、先の『魏志』倭人伝をはじめとする一連の中国史料からも明らかなように、古くは手食であった。しかし、やはり八世紀の段階で、箸の字が用いられていることは注目に値しよう。箸の伝世品としては正倉院御物に銀製のものがあるが、都市部における木製箸については、それなりの出土遺物がある。ただし佐原真によれば、箸の遺物は、藤原宮跡にはまれで、平城宮跡にはあるが数は少なく、長岡宮跡・平安宮跡では多くなるとされている［佐原：一九九一］。

なお大嘗祭などで用いられる鉗形《かんけい》の箸、つまりピンセット状の箸は、弥生・古墳時代に確実なものは出土しておらず、二本箸の前身とは認めにくいという。おそらく箸の使用は七世紀ころから始まり、はじめは役人層が主であったが、八世紀末ごろになって、都の庶民にも普及が進んだと考えられている。

また匙《かい》は、箸とともに中国から朝鮮半島を経由して伝わったが、日本では定着を見なかった。確かに史料的には、箸と匙がセットとなっており、台盤とともに大饗《だいきょう》などの儀式に用いられていた。しかし日常的には、米を重要な食物として、やや堅めで粘り気のある飯を好んだことから、日本では椀を持って食するという風習が根付いた。このため、中国や朝鮮とは異なって匙を脱落させ、箸のみを用いるというスタイルが、古代国家の上層部で定着したものと思われる。

こうしてみると食器具についても、中国・朝鮮の影響を強く受けていたことがわかる。ただ古代国家の形成期に、今日の原型ができあがったが、日本では料理を取り分けるという習慣が根付かなかった。これには、次章の大饗料理で見るように、身分による食事内容の相違、という問題もあったが、さらには料理の大きさが関係したものと思われる。大型獣を共に食するのではなく、米を中心として、魚や野菜の醬漬けなどが珍重されたため、小型の食器を銘々が用いるというスタイルが定着したのだといえよう。

このため銘々膳を利用して、墨書土器に象徴的に示されるように、個人別の食器を用いるようになったと考えられる。おそらく箸も同様で、本節冒頭に述べたような食器の専用という日本独自の食事文化は、古代国家成立期に形成されたものと思われる。

ただ、これらの食器利用は、古代国家の上層部における問題で、銀や紫檀などかなりの高級品が、現実に用いられていた。やがて、こうした食器の在り方は、地方や中下層へと浸透していくが、庶民レベルで見れば、木の葉を食器として利用したり、手食を併用したりする食事方法は、かなり後代まで続いた、と考えるべきだろう。

古屋敷遺跡出土「山幡」墨書土器
(香取市教育委員会)

第三章　中世料理文化の形成と展開――大饗、精進、本膳そして懐石

一　中世における食文化の特色

中世という時代は、教科書などでは鎌倉幕府以降、とされているが、今日の歴史学では、荘園の増加が国衙《こくが》領を圧迫し始めた院政期あたりまで遡る、と考えられている。つまり十一世紀後半、荘園や国衙の村々を、武士が実質的に支配し始めた時期を、中世の開始と見なし、荘園が最終的に消滅する十六世紀末の太閤検地まで続いたことになる。

すなわち中世とは、大なり小なり、武士が地域的な権力を握った時代であり、中央集権的な国家体制ではなく、地域的な分権的支配体制に基づく国家が存続した時期であった。また、この時代には、公家《くげ》・武家・寺社家のうち、いわゆる権門勢家《けんもんせいか》と呼ばれる有力な家々が、それぞれに膨大な荘園もしくは国衙領を支配しながら、相互補完的に政治権力を分担した権門体制の社会と見なされている。

しかも中世の初期には、天皇家や藤原氏などの公家が力を有して、国家組織を運営しており、寺社家も宗教的な権威を背景に、国家などの祭祀を執り行い、社会に重要な位置を占め

てきた。しかし、やがて武家が実力を蓄え、徐々に公家や寺社家を圧倒して、中世後期には政治権力の頂点に躍り出ることになる。それゆえ、公家・寺社家・武家のいずれもが、それぞれの時期の料理文化の形成と発展に、深く根底から関わったのである。

また五百年近くも続いた中世社会の性格も一様ではない。大局的にみれば、十四世紀の南北朝動乱期を画期として、中世前期と後期とに分けることができよう。武士が在地を支配する点では同じであるが、社会的な生産力や流通構造が大きく変化し、食生活の内実も前期と後期とでは様相を異にする。中世前期には、社会的に余り豊かとはいえなかった料理の内容が、後期になると一変し、さまざまな素材と調理法とで溢れるようになる。

そして中世後期に、古代国家に源流を持つ日本料理が、今日に繋《つな》がる体系を整え、その内実を発展させ、洗練の度合いを増していった。むしろ正確には、この時期に日本料理が成立を見たとすべきだろう。さまざまな料理流派が生まれ、数多くの料理書が書かれるようになるのも、この時代のことである。

さらに中世における食生活の特徴としては、古代国家の下で形成された〝聖なる米〟と〝穢れた肉〟という価値観念が、社会的に浸透していく過程であったことが挙げられよう。社会の中下層民を布教の対象とした親鸞《しんらん》は、殺生を行って悪人と見なされた猟師や漁師などのような人々こそ、往生できるのだ、として肉食を許容した。これは中世社会の現実として、肉食をせざるを得ない人々が広く存在したためである。しかし社会全体の流れとしては、中世を通じて、肉食が忌避の方向へと進んでいった。

また中世社会は、身分差・階層差が著しかったことも事実である。ただ身分については、近世社会のように固定的なものではなく、かなりの流動性が認められる。いくつかの所領を有した武士であっても、争いに敗れて田地を失ったり、年貢を未進したり借財をした農民が、下人《げにん》身分に転落することも珍しくなかった。

米についても、荘園領主や在地領主は、多くを蓄えていたが、下層農民は雑穀が主体であったし、浮浪人は山野河海の動植物が重要な食料となったりした。さらに自然災害や飢饉《ききん》がたびたび起こり、そのたびに多くの餓死者を出すような状況にあった。そうした社会状況のなかでは、食生活の現実は厳しく、とくに身分差・階層差によって、その内容は大きく異なっていたのである。

二　大饗料理の成立と中国文化

まず今日知られる最古の料理様式である大饗《だいきょう》料理から見ていこう。大饗は、もともと盛大な饗宴の意味であるが、料理様式として認められるのは、二宮《にくう》大饗・大臣大饗・大将大饗などの場合に供されたものである。二宮大饗は、中宮・東宮が正月二日に催す大饗で、大臣大饗・大将大饗は、それぞれの役職に任じられた際に執り行われた。

大臣大饗のなかでも正月に行われる場合は、とくに正月大饗と称する。このうち最も多かったのが、最高級の貴族たちが催す大臣大饗と正月大饗であった。その史料上の初見は、延喜二年（九〇二）で、下限は長禄二年（一四五八）の室町将軍で内大臣となった足利義政まで下る［倉林：一九六五］。もちろん大饗の内容にも変化があり、足利義政のそれは、料理形式としては、後に述べる本膳料理であった。基本的に大饗料理といった場合には、平安期に行われた古代の料理様式を指す、と定義しておくべきだろう。

それは、料理様式としての大饗の実態が明らかなのは、ほとんどが十二世紀前半のもので、この形式が、後の中世料理文化の展開に大きな役割を果たしたからである。それゆえ大饗料理を、ここでは中世の冒頭に置きたい。ちなみに芥川龍之介の小説『芋粥《いもがゆ》』は、『今昔物語集』などに題材を求めたもので、原話では、主人公の五位がはじめて芋粥を食べて感激したのは、摂関家・藤原基経《もとつね》邸で行われた大饗の後のことで、これに奉仕した下級武士への振る舞いの場であった。

大饗には、莫大な費用が注《つ》ぎ込まれ、権勢の頂点にあった貴族の経済力が誇示される。例えば『兵範記《へいはんき》』には、保元二年（一一五七）八月十九日に行われた藤原基実《もとざね》の大臣大饗の準備の様子が記されている。まず料理所が設けられ、九日も前から料理が始まる。饗宴には、数多くの赤木の台盤が並び、これに白い絹布を敷き、高級な折敷や朱漆の鉢などが用意されるなど、極めて豪華なしつらえが施された。

この基実の大饗が先例にしたという、永久四年（一一一六）正月二十三日に催された藤原忠通《ただみち》の大饗の様子や献立が、『類聚雑要抄《るいじゅうざつようしょう》』に収められているので、その料理様式について見てみよう。このときも、同じく赤木の台盤が並べられて、食器はすべて銀製のものが用い

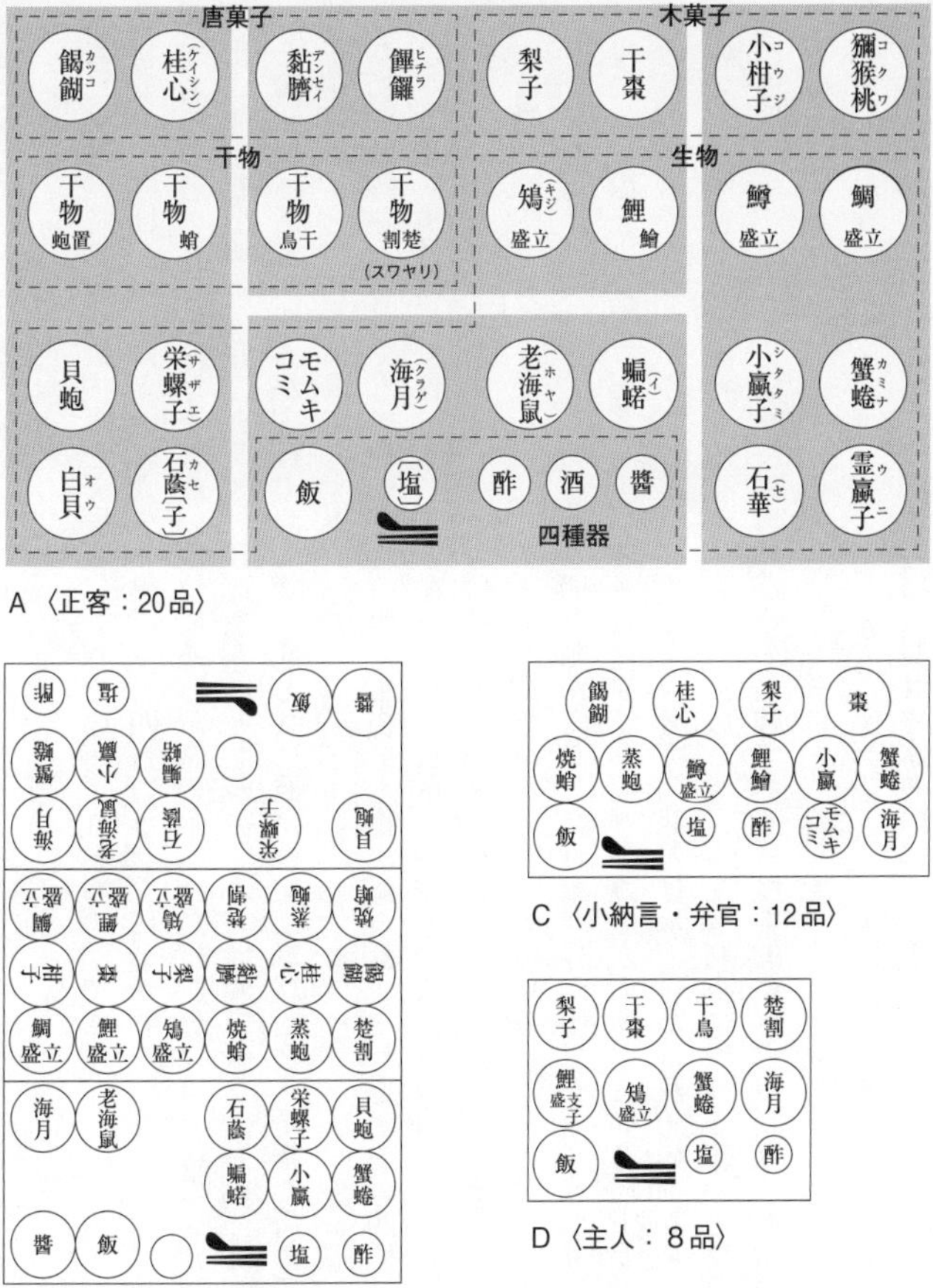

A〈正客：20品〉

B〈陪席の公卿：20品〉

C〈小納言・弁官：12品〉

D〈主人：8品〉

（参考、森末他：1965、川本他編：1998）

られている。その献立の内容を一覧表にしたものが、A～Dの図である。料理の内容は、相手によって大きく異なり、四つのランクに分かれている。Aは皇族の正客である尊者、Bは三位以上の高い地位にある陪席の公卿《くぎょう》、Cは身分は高くはないが重要な政務に携わる小納言・弁官クラス、Dは主人、となっている。大饗の献立については、まず飯と調味料である四種器が、目の前に箸・匙と共に置かれ、これに生物《なまもの》・干物《からもの》・唐菓子・木菓子が並ぶ、といった構成であった。

ここでは料理といっても、それぞれの皿に生物・干物が盛られ、それを手前の四種器で、好きなように味付けして食べるにすぎない。しかし自分の好みで味覚を調節することは、東南アジアの料理にも共通する。たとえばベトナムやタイなどで食堂に入れば、テーブルの片隅には醬や酢やコショウなど実にさまざまな調味料が並べられている。またギリシャのレストランでも、サラダとして千切ったり切り刻んだりした野菜だけが出てくる。代わりにテーブルには、塩とコショウとオリーブオイルにワインヴィネガーが置かれている。ドレッシングは客の好みで作れというわけだ。こうした自分での味付けは、いわば餃子《ギョーザ》のタレのようなもので、中国料理・韓国料理の一部にも残っている。日本でも刺身につける醬油とワサビがこれと同じで、手塩皿《てしおざら》という呼称自体がその名残である。歴史的には古い料理の系譜に属するものといえよう。

こうした料理のスタイルは、日本古代から広く行われていた。『万葉集』巻十六（三八二九）に「醬酢《ひしおず》に蒜《ひる》搗《つ》き合《か》てて鯛願ふ吾にな見せそ水葱《なぎ》の羹《あつもの》」という歌がある。もちろん水

韓定食。現在の韓国の定食は米飯にスープ、キムチを中心として、副菜の多いのが特徴。金属製の食器がずらりと並ぶ。（著者撮影：国立民族学博物館模型）

韓国の祖先を供養するために調えられた盛物。（著者撮影：国立民族学博物館模型）

葱の羹物にも塩味くらいはついていたであろうが、ご馳走にあたる鯛は、薬味の入った醤酢を思うようにつけて食べたかったのである。あくまでも食材を調味するのではなく、食べる時に好みの味をつけるのが料理だったのである。

　また、それぞれの料理に強弱があるわけではなく、神饌の献供形態に近く、それらは平面的に並べられた形となっている。これは現在の韓定食の形に極めて近い。さらには神饌のうちにも、奈良の談山神社の百味飲食《ひゃくみのおんじき》のように立体

談山神社（奈良県桜井市）の嘉吉祭の百味飲食一式。特別な古式の仕様で調えられたカラフルな神饌。かつては100種以上が調製されていたという。（山崎義洋・撮影　岩井宏實・日和祐樹『神饌』同朋舎出版）

的な盛物があるが、これも朝鮮半島の祖霊信仰における供物と近似している。

大饗料理に関して、最も特徴的なことは、その料理数が偶数となっている点である。偶数の皿数は、現在でも同じように中国料理の基本である。先に述べた箸と匙のセットも、明らかに中国式の食事様式を模したものである。さらに大饗料理の献立に、油で揚げた八種唐菓子《はっしゅとうがし》が登場することも重要で、春日大社や日吉《ひえ》神社の神饌にも、これが同じく供えられている。いずれにしても古代から中世初期にかけて、日本の料理様式は中国大陸および朝鮮半島から、極めて強い影響を受けていたことがわかる。

三 〝切る〟〝見せる〟料理と食事作法

大饗料理で見たように、当時の調理法自体は極めて簡単であった。膾《なます》や鮓《すし》にしたり火を通したりした生物《なまもの》、魚鳥を乾燥させた削物《けずりもの》とも呼ばれる干物《からもの》、それに中国から伝わった唐菓子や、木菓子と称した果物を並べただけである。基本的には魚鳥が主体であったが、複雑な調理法が発達せず、料理としては、庖丁《ほうちょう》という言葉に象徴されるように、切り方が料理人の腕の見せどころとなったのである。

例えば『今昔物語集』には、十二世紀中期の保延年間（一一三五〜四一）ごろに、藤原家成という貴族が、崇徳天皇の強い勧めで、鯉料理を披露したが、余りにあざやかで、一同は見事な庖丁さばきに見入った、という話が収められている。

こうした料理技術は、客に対する接待の一つで、『古事談』では藤原家長《いえなが》が、『台記《たいき》』には源行方《ゆきかた》が、それぞれ庖丁に長じていたため、客の眼の前で料理をしてもてなした、と記されている。おそらく平安末期には、魚鳥の切り方の模範とされる形式が確立しており、これにそって調理を行うことのできる人物が、庖丁者としてもてはやされたのである。

また先の庖丁者の話からも明らかなように、切り方や並べ方を強調し、さらには厳しい作法や豪華な食器などによって、日本料理の特徴の一つである〝切り方を見せる〟という伝統が、公家の手によって、すでに平安期に成立していた、と考えてよいだろう。実は、日本料理のうちで、海外からの影響を受けずに、独自なものと考えられるのは、〝切る〟という技法であり、刺身こそが、その代表例ということになる。

このことは日本料理のプロには自明のことで、秀れた日本料理人の一人である小山裕久は、刺身の切るという技法自体が日本料理の特色だ、と主張する。小山は、フランスで日本料理を紹介するにあたり、「子羊のお造り」を披露し、表面をかりっと焼いた子羊のフィレ肉を、鋭い刺身庖丁の片刃で一気に切り分けた。

日本の刺身庖丁は、西洋のものとは異なり、肉の組織細胞を壊さず、つまり肉汁を逃がさないように切ることができる。〝切る〟という調理法が、肉のなかに旨味を閉じこめたわけで、これこそが日本料理だと自慢したという。まさしく〝切る〟という料理法によって、味そのものを創り出したことになる［小山：二〇〇四］。

また大饗には、厳しい食事作法の決まりがあったが、この点も、この時期の料理の大きな

春日若宮御祭の神饌。春日大社の祭で、神饌の中心に「古代神饌」がある。10種類の神饌はそれぞれ白く塗られた折敷に盛り付けられる。上は御染御供の「染分」。青・赤・黄の米と洗米を円柱状に盛る。下左は「追物」。右は「居御菜」。切り分けた野菜は同じだが盛り付けが違う。(矢野正善・撮影『淡交別冊　日本の料理―探求ニッポンの食卓』淡交社)

特徴といえる。関白・藤原忠《ただ》実《ざね》の故実や故事を筆録した平安末期の『中外抄《ちゅうがいしょう》』には、物によってみな食べ方が違うのに、最近の人は食べ方を心得ていないといった旨が記されている。

また『古事談』には、忠実の子・藤原頼長《よりなが》が、徳大寺実《さね》能《よし》の孫・実定《さねさだ》の邸《やしき》での大饗の席で、見事に故実通りの食べ方をして見せたという話がある。饗宴の最後に出た雉《きじ》の股《もも》肉《にく》を、頼長がどのように食べるのかに関心が集まり、多くの人が群がって見物したが、これもまた作法通りに食べたという。大饗などの際の食事

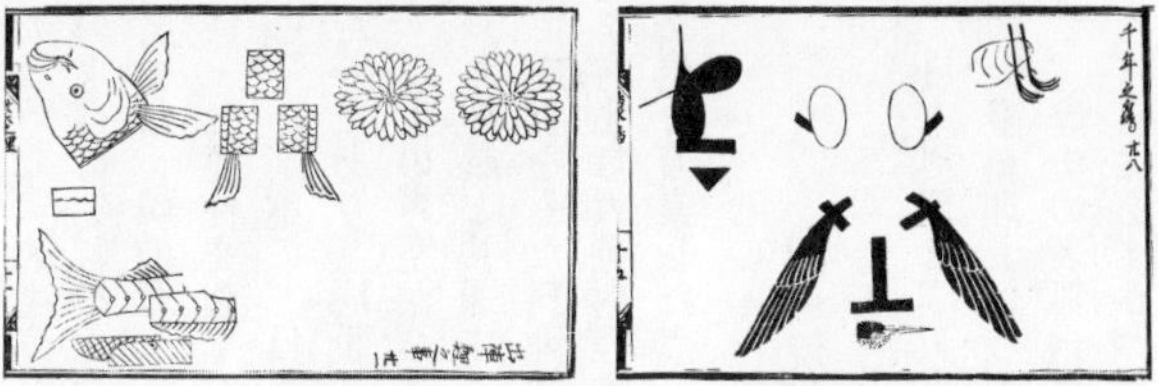

近世初頭に刊行された『料理切形秘伝抄』は、四条流の庖丁流儀を記したもので、鶴と鯉以外にもさまざまな魚鳥の切形が見える。右は「千年の鶴」、左は「出陣の鯉」で、儀式の目的に応じて切り分けられた。

作法には、実に厳格なものがあったことが窺える。

しかし当時の人々が、すべて面倒な食べ方をしていたわけではない。『枕草子』のなかで、清少納言は、大工たちの食事について、〝食べる順番や食器の扱いがひどく、まるで家の中で飼っている猫が、土をつけて帰ってくるように、はしたなく思われる〟といった感想を記している。

この話は、貴族社会では複雑な飲食の作法が、儀式のみならず、日常的なレベルでも忠実に守られていたことを示している。これは食事そのものに、儀礼的な意味合いがあったためと思われる。大饗料理が一種の儀式で、神饌の形式に近く、食事作法にうるさいのも、食べるという行為に、神との共食あるいは誓約という儀礼的要素が含まれていたからにほかならない。そうした儀礼に関わる有職故《ゆうそくこ》実《じつ》を、自らの職能とする貴族集団が、日常の食事に対しても、一定の規律を課していたと考えて不思議はない。

すなわち、料理作法あるいは食事作法という点で、日本料理は著しい特徴を持つが、それは双方とも、神つまりは人に見せるという行為にこだわったためである。例えば前節で見たように、たしかに神饌は朝鮮半島の盛物に似ているが、春日若宮の神饌に見られる居御菜《いのおんな》のように、鮮やかな切り口を強調している点に特徴がある。

また、鶴の庖丁・鯉の庖丁といった形で、切り方・並べ方を作法として見せるという神事性・芸能性を強く有していた。こうしてみると刺身という料理は、まさしく〝切る〟〝見せる〟が基本で、日本独自の料理法だということができよう。それゆえ料理人を庖丁人と呼んだのであり、庖丁式というショーが重んじられてきたのである。

以上の考察から、大饗料理は、中国文化の影響を強く受けつつも、同じような過程をたどった神饌と共通する部分が多く、日本古来の伝統的な文化と、外来の中国文化の融合によって成立をみた料理様式と見なすことができる。古代国家における料理体系の集大成的な意義を有する大饗料理は、国家システムと同様に、中国文化に範を採りつつも、日本独自の料理文化を模索した点に、実に大きな歴史的意味があったと考えてよいだろう。

四　垸飯にみる公家と武家

日本料理は、天皇と貴族つまり公家の専有物として、奈良期に原型ができあがり、平安期に大饗料理という料理様式を生んだが、彼らの従者であった武士たちが、新たな権力者として、歴史の表舞台に登場してくるようになる。先の『芋粥』の話でいえば、貴族の大饗のおこぼれにあずかった五位のような武士たちが、日本の政治を動かす主導者として活躍する時代がやってきたのである。

しかし京都から遠く離れた関東に拠点を置いた鎌倉幕府は、はじめから全国支配を行い得たわけではなく、律令国家の一部を担ったにすぎない。北条泰時《やすとき》が制定した御成敗式目《ごせいばいしきもく》に、わざわざ〝京都の御沙汰《ごさた》を改むるに非ず〟と断らざるを得なかったのは、そうした事情を反映するものであった。三代将軍・実朝が、京都の貴族文化に憧《あこが》れたように、武家の文化は、それを模倣するところから始まったのであり、料理文化も同じであった。

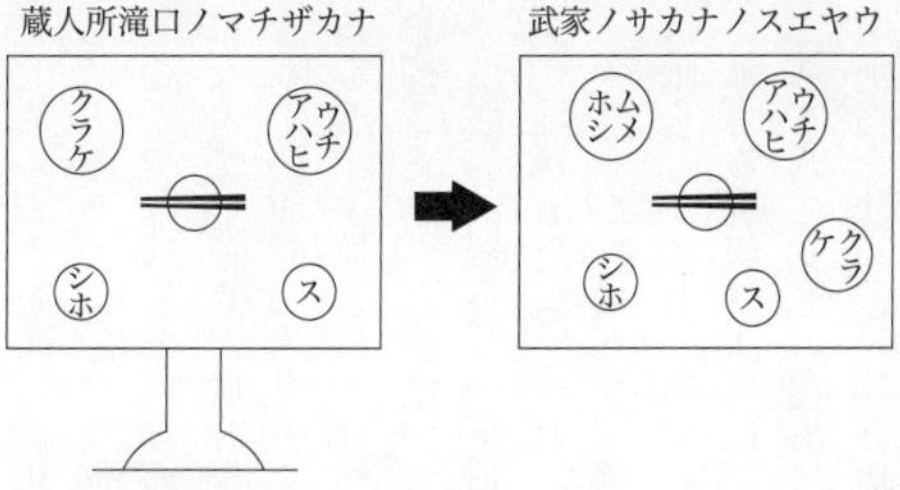

『世俗立要集』より

鎌倉幕府では正月の特定の日に、有力御家人から将軍に勧められる垸飯《おおばん》という食事儀礼がある。これは椀飯とも書き、大盤振る舞いの語源ともなっているが、飯器に盛った飯が原義である。もともと公家のもので、殿上に集まったときに出される簡単な供膳を意味した。『世俗立要集』によれば、このとき、公卿たちには数膳出されたが、蔵人所に勤める滝口の武士には、上図左のような膳が振る舞われた。

さらに同書は、承久《じょうきゅう》年間以降における武家の垸飯についても触れているが、それは上図右のようなものであった。それまでの打ち鮑・クラゲに加えて、梅干しが添えられているのは、武士が敵に毒酒を飲まされた場合に、梅干しが効くと信じられたためで、僧侶の膳を真似たものか、中国の影響だろうと述べている。両者を比較してみると、武家の垸飯が、明らかに公家の膳を模したものであることがわかる。

ここでは公家の料理が偶数であるのに対して、梅干しによって、三皿という奇数の料理数になっている点が興味深いが、味付けは全く大饗料理と同じで、基本的には武家の垸飯が、公家の料理の伝統を引くものであることが重要だろう。また、これが承久年間以降のことである点が注目される。つまり承久の乱（一二二一年）の鎮圧によって、鎌倉幕府は公家勢力を抑さえ込んだ段階で、公家の影響を受けつつ、武家の食事形式が整ったことになる。

垸飯の内容は、『世俗立要集』で見たように、実に粗略なものであった。しかし『吾妻鏡』治承五年（一一八一）正月元日条では、千葉介常胤《ちばのすけつねたね》が源頼朝に献じた垸飯は、三尺（約一メートル）にも及ぶ鯉を中心に、さまざまな酒肴が並んだようで、必ずしも質素なものとは限らなかった。いずれにしても垸飯は、幕府にとって最も重要な飲食儀礼で、将軍に食膳を献ずる垸飯沙汰人は、幕府内で実質的な権力を有する者が、その任にあたったのである。

基本的に武家の食事は質素を旨とし、倹約を勧めて華美を戒めたとされている。将軍家政所別当を務めた足利義氏は、しばしば垸飯を担当し、五代執権・北条時頼《ときより》を家に迎えて、歓待している。あるときに催された時頼に対する饗応の酒宴には、主人夫妻のほかに、鶴岡八幡宮寺の別当で、四条大納言隆房《たかふさ》の子・隆弁《りゅうべん》僧正が相伴《しょうばん》していたが、その饗膳は、打ち鮑と海老とカイモチの三献を肴とした簡単なものであったという。

これは『徒然草』二百十六段に見える有名な話で、頼朝以来の幕府の倹約精神を強調するものといえよう。これには、ある程度の潤色もあるが、基本的に鎌倉初期の武士の食生活は、かなり質素であったと考えられる。また幕府も、質素・倹約を理想とし、鎌倉をはじめ諸国の市で酒の売買を禁止したり、鎌倉市中の酒甕《さかがめ》をすべて壊させるなどしている。また寛喜二年（一二三〇）には、有名な大飢饉が起こるが、『明月記』同年十月十六日条には、鎌倉幕府をはじめとする有力御家人は普段の食事を減らした旨が見える。

しかしはじめは質素であった武家の食生活も、次第に政治的な実力が伴ってくると、贅沢《ぜいたく》な食事や酒宴を催すようになる。このため弘安六年（一二八三）制定の『宇都宮家式条』では、正月元日や三日の酒宴をやめ、来客があったとき以外は、二重の衝重《ついがさね》に盛った菓子や酒肴を用いてはならず、魚鳥についても三品以下とするよう定めている。

おそらく鎌倉後期には、徐々に社会的な生産力が上昇し、中世後期を準備するだけの力を、地方の武士たちも蓄えていたと考えられる。こうして武家は、承久の乱を境に、徐々に公家を圧倒し、鎌倉幕府は全国政権としての内実を整えていくが、その過程で、質素・倹約を建前としつつも、次第に華美な食生活を送るようになっていった。しかし、あくまでも垸飯に象徴されるように、鎌倉期の武家の食事様式は、公家から受け継いだもので、中国文化の影響を受けた大饗料理の延長線上にあった、と考えてよいだろう。

五　精進料理の成立と仏教文化

十七世紀初頭の『日葡辞書《にっぽ》』には、微妙に発音の異なる二つの語があり、邦訳ではともに「精進」の文字が与えられている。すなわち①ショウジ＝穀類や野菜でつくる食事、②ショウジン＝魚や肉を食わず、夫婦の営みその他の儀式や務めをも禁じて、身を清浄にすること、とある。

いうまでもなく①が精進料理を指すもので、②はもともと仏道修行に励むの意であり、①の原義でもある。当時は穢れの観念が強かったことから、ここでは「魚肉を避けた清浄」なイメージが全面に押し出されている。しかし精進料理が成立した中世においては、その発達と肉食の禁忌は同義ではなく、僧坊での生活を除けば、一般的には肉食を行いながらも、服喪や社寺への参詣《さんけい》あるいは厳粛な儀式などにのみ、精進料理が供された。

精進料理の源流は中国にあり、五世紀ごろに中国で成立した偽経《ぎきょう》とされる『梵網経《ぼんもうきょう》』や同時期に中国へ伝えられた『大般涅槃経《だいはつねはんきょう》』など、中国系の大乗仏教は肉食を強く禁じていた。さらに六世紀に入ると梁の武帝が、僧侶の肉食を全面的に禁止したことから、精進料理が発達をみた。これを中国では素食と称し、六世紀中期の『斉民要術《せいみんようじゅつ》』には、葱韮《ねぎにら》羹《あつもの》・膏煎《あげ》紫《の》菜《り》などといった十一種類の菜食料理法が記されている。

ただ、この時代の精進料理は、野菜を煮たり蒸したり炒めたりしながら、濃い味付けで動物性食品に擬したものであった。中国の精進料理は、穀物類の粉末を植物油や味噌で調味し、動物性のものに近い味を出すとともに、動物の形を模す点に特徴がある。例えば素三牲《そさんせい》という精進料理は、濃い味付けをした小麦粉・糯米《もちごめ》・落花生などで、ブタ・ニワトリ・魚をかたどったものである。

これは唐代に、西アジアからの水車の移入によって、製粉技術が著しい発展を示し、粉食が大衆化された以後のことである。このため唐代末期には、長安などの大都市では点心を用いた飲茶《ヤムチャ》が流行し、宋代に入ると〝吃点心《チディエンシン》〟の食習慣が日常食として定着するようになった。このころ、とくに南宋で栄えていた禅の思想が、喫茶と精進料理とを結びつけたため、禅宗寺院で高度な調理法が発達をみた。

この南宋に、南都六宗や天台・真言の顕密八宗の現実や教義に不満を抱いていた日本人僧侶が渡海し、栄西や道元などのように禅宗を学んで帰国する者が数多くいた。彼らは、中国人僧侶とともに寝起きし、飲茶の風習に染まって、精進料理の調理にも従事し、帰国後も禅宗寺院で同様の生活を実践した。こうした僧侶間の日中交流と禅宗の普及は、日本における精進料理の発展に多大なる貢献を果たしたのである。

もちろん、これ以前にも中国仏教の影響を受けると同時に、肉食による穢れを忌《い》む思想ともあいまって、日本でも精進料理は行われていた。特別の場合に魚肉を使う料理が避けられたのは、九世紀末から十世紀前半のことで、さらに精進物として史料的に目立つようになるのは、十世紀後半から十一世紀にかけてのことである。

十一世紀半ばの『新猿楽記《しんさるがくき》』には、精進物として、「腐水葱《くたしなぎ》・香疾《かはや》き大根《おおね》舂《つき》・塩辛き納《なっ》豆《とう》・油濃き茹物《ゆでもの》・面《おも》穢き松茸《まつたけ》」などが挙げられている。このうちには「核《さね》なき温餅・粉勝《あれ》なる団子」も見えるが、先にも述べたように、すでに奈良・平安期には穀物粉による八種唐菓子が用いられており、その延長と考えてよいだろう。従って基本的には『斉民要術』の素食に近く、その後に発達をみた製粉技術を多用した精進料理に相当するものではなかった。また『枕草子』第七段に、可愛い子供を法師にするのは心苦しいことだが、それは精進物を食べなければならないからだ、という記述がある。さらに『宇津保物語』にも、精進物がところどころに登場するが、国譲《くにゆずり》・上の巻には、精進物を食べてばかりいると人の容色が損なわれる、といった旨の形容が見られる。

いずれにしても平安期までの精進・精進物は、単に魚肉を除いて、穢れや不浄を遠ざけることに意味があり、中国の粉食技術と禅院の料理法を踏まえたものではなかったと考えてよいだろう。日本において料理様式としての精進料理が、本格的な成立を見たのは、それを中国で学んで帰国し、禅宗寺院を中心に定着させた鎌倉期以降のこととすべきである。

ちなみに呼び方は異なるが、仏教を社会的に受《う》け容《い》れた東アジア・東南アジアには、同様の料理が広く見られる。仏教やヒンズー教・ジャイナ教を抱えるインドのほか、仏教の影響力が強い中国・朝鮮半島およびベトナムにも、それぞれに精進料理がある。インドの肉なしのカレーや、ベトナムの厚揚げ豆腐や湯葉を炒《いた》めただけの料理、台湾の肉を使わない穀類による素火腿《スーフォトゥイ》というハムなど、さまざまなベジタリアンフードが発達している〔森枝・一九九八」。

そして何よりも精進料理の移入は、日本に調理革命をもたらした。それ以前の大饗料理は、台盤に並べられた生物や干物を、箸の前に飯とともに並べられた四種器で味付けして食べるというのが料理の古いスタイルであった。つまり食べる人が、四種器に入った塩・酢・酒・醤で、好みの味に調えて口にするもので、食材には調味は施されていない。食品そのものに味をつけるようになったのは、中国伝来の精進料理からのことである。まさに精進料理は調理革命であり、これが今日の和食を出現させる基礎を開いたのである。

六　庖丁人と調菜人

いうまでもなく精進料理は、喫茶の風を重んじる禅宗の寺院で発達したもので、日本でも鎌倉期には、いわゆる禅院の茶礼が定着を見た。禅院では、早朝まず仏祖に茶湯を献じて食を供するほか、その忌日には最大の礼を尽くして茶湯や粥飯を供えたりする。

この仏祖への奠茶《てんちゃ》の儀礼が、師と客や他人への応接の基本で、新旧住持と列職の交代や来客の接待、さらには僧侶の会合などの際にも、同様に茶礼が行われた。これには実に細かな規定があり、喫茶喫飯の作法に注意が払われたが、そこで出される料理様式を、厳密には精進料理と呼ぶべきだろう。

しかし精進料理は、単に寺院内に閉じこもったわけではなく、喫茶の風習とともに、一般へも普及していた。先にも述べたように、公家社会でも儀式などの際には、精進という行為が行われており、その頂点に立つ天皇家でも、精進物を必要としていた。このため鎌倉期には、唐納豆供御人《くごにん》・蒟蒻《こんにゃく》供御人・唐粉《からこ》供御人・素麺《そうめん》供御人など、精進供御人と呼ぶべきような貢納集団が存在していた［網野：一九八四］。

なかでも注目すべきは唐粉供御人で、唐粉は小麦タンパクのグルテンからなる麩《ふ》の原料である。この唐粉の交易をめぐって、貞応年間（一二二二〜二四）と推定される時期に、「御精進唐粉沙汰人中原末弘」が裁判を起こしており（「兼光卿記抄紙背文書」東洋文庫蔵）、十三世紀前期には、唐粉の需要が高く、かなり流通していたことが窺われる。唐粉は、製粉技術に基づく精進料理に用いられる材料で、禅宗寺院以外にも、高度な精進料理が普及していたと考えられる。

こうして鎌倉期から南北朝期にかけて、精進料理は発達をみたが、その代表例については、『庭訓往来《ていきんおうらい》』十月状返に詳しい。ここでは点心類として「鼈羹《べっかん》・猪羹《ちょかん》・砂《さ》糖羊羹《とうようかん》・饂《うん》飩《どん》・饅頭《まんとう》・索麵《そうめん》・碁《き》子《し》麺《めん》」など、菓子として「柑子《こうじ》・橘《たちばな》・熟瓜《じゅくか》・煎餅《せんべい》・粢《しとぎ》・興米《おこしごめ》・索餅《さくべい》」など、汁として「豆腐《とうふ》羹《かん》・雪林菜《せつりんさい》・並ニ薯蕷《やまのいも》・豆腐・笋蘿蔔《しゅんろふ》・山葵寒汁《わさびのひやじる》」など、そして菜に、「煮《に》染牛房《しめのごぼう》・昆布《こんぶ》・烏《う》頭《と》布《め》・荒布《あらめ》煮《に》・黒煮《くろに》蕗《ふき》・蕪《かぶら》・酢《す》漬茗荷《づけみょうが》・茄《な》子《す》酢《す》菜《さい》・胡瓜《きゅうり》・甘漬《あまづけ》・納豆・煎豆《いりまめ》・差酢《さしす》若布《わかめ》・酒煎松茸《さかいりのまつたけ》・平茸雁煎《ひらたけのがんいり》・鴨煎《かもいり》」などが見える。

これらの特徴は、穀物粉を用いたものや、さまざまに味付けられた野菜類・菌類のほか、果物類が主体となっている点である。とくにスッポン・イノシシ・ガン・カモなどといった動物名が示すように、植物性食料を鳥獣肉に見立てて、それに近い味を出すところに特徴がある。こうして肉食への願望を、調理によって満たそうとしたのが精進料理であり、その実現には高い技術力が必要とされた。

　こうした料理技術を蓄えていたのは、当然のことながら禅院の僧侶たちであった。彼らは広い意味で料理人であるが、その伝統的な呼称である庖丁人ではなく、調菜人と呼ばれた。先にも引いた『日葡辞書』には、①料理・②庖丁・③調菜の三語が収録されており、①料理は食物をととのえて味をつけること、②庖丁は大小の刃物で巧みに切ったり刻んだりすること、③調菜は食物を作ったり調味したりすること、という説明が付されている。

　また江戸初期の安原貞室《ていしつ》『かたこと』には、精進物を調理するのは調菜で、料理とは魚鳥にのみ使う言葉だと記されている。ともに不明確な部分もあるが、双方の記述を総合すれば、庖丁は魚鳥を扱い、調菜は精進物に携わるもので、両者を含む概念として料理の語がある、と理解すべきだろう。これは室町期の絵画史料に、明確に示される。

　『七十一番職人歌合』五十七番の図では、料理人が主題となっており、庖丁人と調菜人が対の職業とされ、鯉を調理する庖丁人と、蒸籠《せいろ》に入った饅頭を作る調菜人とが描かれている。また十六世紀の作と伝える『酒飯論』も、庖丁人は魚鳥を扱い、庖丁と俎板に重点が置かれるが、彼らの風体は武士である。これに対して調菜人は、穀類を加工する擂鉢《すりばち》を中心として、傍らに野菜類を配した僧形の人物となっており、両者の特徴を的確にとらえて対比させている。

『酒飯論』より。上：魚鳥を扱う庖丁人、下：調菜人。

『七十一番職人歌合』より。左：植物を扱う調菜人。右の庖丁人と比肩する存在で精進料理が発展し、室町後期に完成したことがわかる。

もともと禅院では、料理の任にあたる者を典座《てんぞ》と称しており、調菜は職制ではなく、一般的な名詞として用いられた。曹洞宗の祖・道元は、料理と飲食に関する著述を残したが、その『典座教訓』に「米を淘《と》ぎ、菜等を調《ととの》う」とあるのが、調菜の語義と考えられる。すでに建治元年（一二七五）以前に成立した辞書『名語記《みょうごき》』に、「調菜」の語が見えることから、十三世紀後期には一般化していたものと思われる。

また道元は、『典座教訓』のほかに『赴粥飯法《ふしゅくはんぽう》』を著しているが、前者では僧食を用意する調理・配膳の立場、後者では食事にあずかる修行者の立場に立って、それぞれの心得を説いている。身体を通じての修行を基本とする禅宗では、それを支える食が、とくに重視されたのである。

これらの著作で道元は、中国での典座としての体験から、禅院で食事を司《つかさど》る典座の仕事の重要性を力説しているが、彼こそは日本で最初に、飲食に関して最も根源的な問いを発した思想家であった。道元の食事思想は、中国禅林のそれを受けたものであるが、『赴粥飯法』の冒頭で、食の大切さを強調している。道元は、「法は是れ食、食は是れ法……此の食は法喜禅悦の充足する所なり」と記しており、法と食とは同等だと強調している点に注目すべきだろう。

七　本膳料理の成立と武家文化

中世社会の様相は、鎌倉末期ごろから変化を見せ始め、十四世紀の南北朝の動乱期を過ぎると、社会構造自体が大きく変わって、その後の近世・近代社会を準備した。クーデターによる建武の新政は、わずか三年で瓦解《がかい》へと向かった。そうした政治の流れを支えたのは武士であり、古代的な天皇・公家勢力は力を失い、古い呪術《じゅじゅつ》的な要素は次第に払拭《ふっしょく》されていった。

また商品流通も著しい展開を示し、先にも述べたように、このころには鎌倉武士の質素なイメージは失われて、その生活は華美を誇るようになっていた。すでに「建武記二条河原落書」には、「為中《いなか》（田舎）美物《びぶつ》ニアキミチテ」とあるが、これは、各地の名産物の類《たぐい》が、京都に盛んに流入していた様子を記したもので、美物は美味しい食物を意味する。

これに関して『庭訓往来《ていきんおうらい》』四月状返には、全国各地の名産物が列挙されている。ここには「鞍馬の木芽漬・東山の蕪《かぶら》・西山の心太《ところてん》」など京都近郊の特産も見えるが、「越後の塩引・隠岐の鮑・周防の鯖・近江の鮒・淀鯉・備後酒・和泉酢・若狭椎・宰府の栗・宇賀の昆布・松浦鰯・夷《えぞ》鮭・筑紫穀《こめ》」などが登場する。

このなかで最も注目すべきは、「宇賀」つまり北海道の函館もしくは江差・松前付近の「昆布」である。コンブは、三陸以北に自生する海藻で、旨味のもととなるグルタミン酸を含む。これにイノシン酸の多いカツオ節を合わせ、日本酒を加えれば、日本料理の出汁が採れる。前章第六節で触れたように、古代においても、コンブやカツオは食されていたが、とくに前者は出汁に用いられたわけではない。

コンブやカツオなどを調理の基本とする今日的な料理法が広まるのは、南北朝期以降の中世後期のことである。コンブについては、北海道との交流が盛んになり、このころには大量に出回るようになっている［大石：一九八七］。狂言『昆布売』には、若狭《わかさ》小浜《おばま》のコンブ売りが京都で商売をすると、多いときには百枚も二百枚も売れるという台詞《せりふ》がある。またカツオも古代のように煎汁ではなく、カツオ節が用いられるようになった。

やや時代は下るが、長享三年（一四八九）の奥書を持つ『四条流庖丁書』には、「花鰹《はながつお》」をかけたり、薄タレに「カツホ」や「シオ酒」を入れて調味したり、魚の包み焼きに「結び昆布」をかなり小さく刻んで入れ、味を引き出させるような記述がある。また室町期のパロディ『精進魚類物語』では、昆布大夫が精進軍に味方したため、魚軍の大将・鯛の赤助味吉と夫婦となった大夫の娘・磯若布は、別離の悲劇を強いられる。ここでは、コンブ・タイ・ワカメという組み合わせを、味吉＝味良しとする認識があったことが興味深い。

室町期に入ると、鎌倉将軍の垸飯とは比べものにならないほど贅沢な料理が、本膳料理として将軍に供されるようになる。しかも味付けは、カツオやコンブを用いた今日的な日本料理法によるものであった。平安貴族の大饗料理に見られたように、自ら調味料で味を調えて食べるのではなく、しっかりと火を用いて調味した焼物や煮物・汁物などが、実に盛りだくさんに出されるようになった。

さらに皿の数や膳の数は、基本的には七五三という奇数で構成され、以後この形式は日本料理に根を下ろすようになる。また台盤ではなく、多くの膳を並べ、時系列的に料理を味わうというスタイルも完成をみた。加えて改敷《かいしき》や亀足《きそく》など、手間をかけて料理そのものを飾る工夫もなされた。例えば本膳料理の献立には、金や銀を用いた亀足が見え、かなり豪華な演出が施されていたことが窺える。

こうして室町期に、中国的な大饗料理からの影響を脱して、本格的な日本料理が成立したと見なすことができる。ただしかに、本膳料理は独自の様式と料理法を確立させたが、こうした料理法の背景には、やはり中国からの精進料理に基づく料理技術の発展があったことを忘れてはならない。そこには日本特有の技術開発があり、日本料理成立の重要なポイントとなった。

とくに調味を施した料理技法が著しく発達した。その中核をなしたのが、出汁と発酵調味料である。古代には、コンブはエビスメとして食用されていたが、出汁に用いた形跡はない。カツオについては、これから抽出した煎汁が調味料とされていたが、カツオ節の出現は室町期のことであり、今日のような形でのカツオ出汁の利用は、まさにいわゆる和食を完成に導くものであった。また醬油の発明も、この時期のことで、その開発には、日本固有の優れたコウジカビ菌の選抜的培養があり、独自の旨味を作り出すことに成功したのである。

もっとも本格的な本膳料理が出されるのは、室町将軍を臣下の大名たちが招いて催す御成《おなり》のときであった。御成は、この時代最高の総合芸術で、前もって冠木門《かぶきもん》や建物を新築あるいは改修したりして準備され、床の間飾りを施した書院で茶の湯が供されたりする。さらに献立に合わせて数々の能が上演されるなど、さまざまな芸能を伴いながら、ほぼ一昼夜をかけて行われる将軍歓待の儀式であった。

すでにこれは足利尊氏の代から行われていたが、永禄四年（一五六一）の足利義輝《よしてる》を招いた三好《みよし》亭での御成については、詳細な記録が残り、そのときの本膳料理の内容を知ることができる。まず儀礼的な式三献《しきさんこん》から始まるが、最初は初献から三献までの献部で、それぞれに料理が並ぶ。次がメインの膳部で、七五三の本膳から七膳までが用意され、これに御菓子が付く。その後に再び献部となり、このときは四献《よ》から十七献に及んで、その合間に能が演じられた。

Aの進士美作守《しんじみまさかのかみ》が担当した十七献までの料理にあずかれるのは、将軍以下、御相伴衆《おしょうばんしゅう》と御《お》供衆《ともしゅう》・御走衆《おはしりしゅう》だけであったが、このほか役職に従って、Bの小西周防守《すおうのかみ》が調理した料理が振る舞われた。三の膳と七献が二百膳、やや豪華な三の膳が三百膳、簡略な三の膳が五百膳といった形で、千人以上の武士たちが、それぞれの身分に応じて、内容の異なる本膳料理を味わったのである。

古代国家の枠内に誕生した鎌倉幕府と異なり、室町幕府の祖・足利尊氏は、最後の天皇・公家政権を崩壊させたが、あくまでも北朝を立てて、後醍醐《ごだいご》の南朝に対峙《たいじ》した。さらに南北朝の統一を果たした足利義満《よしみつ》は、天皇になろうとしたが［今谷：一九九〇・九一、伊藤：一

B 御成御次之衆献立小西周防守勤之 （御部屋衆、申次詰衆、御小人衆等）			膳数
膳部	本膳	塩引《しおびき》 鮑《あわび》 焼物《やきもの》 和雑《あえまぜ》 飯《めし》 香物《こうのもの》 フクメ鯛《たい》 蒲鉾《かまぼこ》	200
	二膳	加良須美《からすみ》 鶉《うずら》 集汁《あつめじる》 擁剣《かざめ》 鮹《たこ》 鮎鮓《あゆずし》 鯒汁《こちのしる》	
	三膳	海月《くらげ》 小串《こぐし》 鮞《はららご》 鵠汁《くぐいじる》	
	御菓子	小串《こぐし》 薯蕷《いも》 ふくめ熨斗《のし》 榧《かや》 金飩《きんとん》 結昆布《むすびこんぶ》 銀杏《ぎんなん》 平栗《ひらぐり》 姫胡桃《ひめくるみ》	
献部	初献	羊羹《ようかん》 五種《ごしゅ》 亀甲《かめのこう》 雑煮《ぞうに》	
	二献	刺身《さしみ》 削物《けずりもの》 醬熬《ひしおいり》	
	三献	熊引《くまびき》 蛤《はまぐり》羹《あつもの》 鱏《えい》（海老ヵ）	
	四献	梅花羹《ばいかかん》 押物《おそいもの》 梅焼《うめやき》	
	五献	海老《えび》 数《かず》の子《こ》 羹《あつもの》 妻重《つまじゅう》	
	六献	温冷麵《ぬるひやむぎ》 押物《おそいもの》 竜刺《りゅうざし》	
	七献	鯣《するめ》 鮒鮓《ふなずし》 羹《あつもの》 松笠熬《まつかさいり》	
膳部	本膳	塩引《しおびき》 フクメ鯛《たい》 焼物《やきもの》 和雑《あえまぜ》 飯《めし》 香物《こうのもの》 海鼠腸《いりこわた》 蒲鉾《かまぼこ》	300
	二膳	加良須美《からすみ》 烏賊《いか》 鯒《こち》 集汁《あつめじる》	
	三膳	一物《ひとつもの》 鵠汁《くぐいじる》	
膳部	本膳	鮹《たこ》 焼物《やきもの》 和雑《あえまぜ》 飯《めし》 香物《こうのもの》 切蒲鉾《きりかまぼこ》	500
	二膳	一物《ひとつもの》 集汁	
	三膳	一物《ひとつもの》 鵠汁	

※本表は、『三好筑前守義長朝臣亭江御成之記』（『群書類従』第22輯）、『三好亭御成記』（『群書類従』第23輯下）、『三好筑前守亭回駕記』（宮内庁書陵部松岡文庫）の三つに拠って作成した。

A　進士美作守請取献立之次第 （将軍、御相伴衆、御供衆、御走衆）			能番組
式三献		御手掛《おてかけ》　二重《にのじゅう》　瓶子《へいし》　置鳥《おきどり》　置鯛《おきだい》	
献部	初献	鳥《とり》　亀甲《かめのこう》　雑煮《ぞうに》	
	二献	熨斗《のし》　角蓋《つべた》　鯛《たい》	
	三献	鰑《するめ》　鮹《たこ》　醤熬《ひしおいり》	
膳部	本膳	塩引《しおびき》　焼物《やきもの》　桶《おけ》　和雑《あえまぜ》　飯《めし》　香物《こうのもの》 （切《きり》）蒲鉾《かまぼこ》　フクメ（鯛ヵ）	
	二膳	鮒《ふな》　海月《くらげ》　鯛汁《たいのしる》　辛螺《にし》　加良須美《からすみ》 海老《えび》　集汁《あつめじる》	
	三膳	擁剣《かざめ》　鵠《くぐい》　鯉《こい》	
	四膳	酒蘸《さかびて》　貝蚫《あわび》　鯨《くじら》	
	五膳	鮓《すし》（鯖ヵ）　鶉《うずら》　鰑《するめ》　鯒《こち》	
	六膳	鱧《はも》　赤貝《あかがい》　鱏《えい》（海老ヵ）	
	七膳	熊引《くまびき》　鴫《しぎ》　鮒《ふな》	
	御菓子	蒟蒻《こんにゃく》　麩《ふ》　胡桃《くるみ》　搗栗《かちぐり》　薯蕷《いも》　苔《のり》 結花《むすびばな》（昆布）　串柹《くしがき》	
献部	四献	麺《めん》　御押物《おそいもの》　橘焼《たちばなやき》	式三番
	五献	ヲチン　鰑《するめ》　芋籠《いもかご》	老松
	六献	饅頭《まんじゅう》　御押物《おそいもの》　竜刺《りゅうざし》	八島
	七献	鱧《はも》　青膾《あおなます》　鱏《えい》（海老ヵ）	熊野
	八献	三方膳《さんぼうぜん》　御押物《おそいもの》　魴《まながつお》	春栄
	九献	鱏《えい》（海老ヵ）　鮓《すし》　鯆《いるか》	松風
	十献	羊羹《ようかん》　御押物《おそいもの》　赤貝《あかがい》	春日龍神
	十一献	鱧《はも》　海螺《にし》　桜熬《さくらいり》	当麻
	十二献	魚羹《ぎょかん》　御押物《おそいもの》　鰤《ぶり》（鱶《ふか》ヵ）	野宮
	十三献	削物《けずりもの》　酒蘸《さかびて》　浮熬《うきいり》	張良
	十四献	巻鰑《まきするめ》　栄螺《にし》　鯨《くじら》	野守
	十五献	熊引《くまびき》　海月《くらげ》　魬《こち》	自然居士
	十六献	鶫《つぐみ》　鯛子《たいのこ》　鴨《かも》	猩々
	十七献	加良須美《からすみ》　蛤《はまぐり》　鯖《せいご》	黒主

永禄４年（1561）３月晦日　室町将軍足利義輝三好亭御成献立

九六九」、それは鎌倉三代将軍・源実朝のような公家文化への単なる憧憬《しょうけい》からではなかった。南北朝合一後の室町幕府は、紛れもない武家政権であり、すでに独自の武家文化を謳歌《おうか》していた。

ただ室町将軍は専制的な権力者ではなく、幕府内部では有力大名たちの力が強いことから、武家の総力を象徴する立場にあった。三好亭に招かれた足利義輝は、その四年後には、このときに従えた松永氏と三好氏に殺害されてしまう。むしろ御成の場において義輝は、最高の本膳料理を供される主人公、つまり大名の長としての将軍の役割を、儀礼的かつ厳粛に果たしたのだといえよう。

八　庖丁流派と料理書の成立

室町期に成立をみた本格的な日本料理である本膳料理は、将軍御成以外のさまざまな場でも楽しまれた。本膳料理を中心とした同様な饗応は、武家社会で広く行われていた。『長伝書』（加越能叢書）によれば、先の将軍義輝御成と同じ永禄四年には、能登国の守護であった畠山義綱が、臣下である鹿島郡七尾の長続連《ちょうつぐつら》の私邸に臨んで饗応を受け、二十一献におよぶ本膳料理を楽しんだことが窺える。

また、こうした饗宴は、守護大名レベルの有力武家に限られたわけではない。紀伊国伊都《きいのくにいと》郡《ぐん》隅田荘《すだのしょう》には、武士団としての結束を固めて同荘を支配した隅田党《すだとう》（隅田一族）がいたが、彼らは同荘の総鎮守である隅田八幡宮の祭祀を取り仕切り、その祭礼の際にも本膳料理が供された。永正九年（一五一二）六月二十九日の献立注文（「葛原《かつらわら》家文書」）には、十五献におよぶ本膳料理の内容が記されている。

先の京都での義輝御成と比べれば、献立の数や料理内容がやや劣るとはいえ、地方の在地領主の饗宴もまた盛大なものであった。七五三の膳と菓子九種から十五献におよぶ本膳料理が出され、将軍御成の場合と同様に献と献の間に能が上演されている。また隅田党の構成メンバーは、在地領主二十数名と考えられ、彼らがこの本膳料理を食したが、やはり三の膳までが百人に、本膳のみが二百人に振る舞われている。つまり、この饗宴に参加した各村々の上層農民たちまでもが、本膳料理の一部を楽しんだのである。

こうして全国各地に、本膳料理が普及していったが、次にその担い手について考えてみよう。先の将軍御成では、進士氏・小西氏が料理を担当したが、隅田党の場合には、献立注文に「兵庫にてのこんたて」とあるところから、その一族である兵庫有秀、あるいは一党の庖丁人の手になるものと考えられる。このうち進士氏は、進士流という庖丁流派を伝える著名な家柄であった。しかし、隅田党の事例からは、確実に地方にも、本膳料理を担当しうる武家の庖丁人が存在していたことがわかる。

もともと古代国家で内膳司《ないぜんし》の長官を務めた高橋氏の伝統は、日本料理中興の祖とされる藤原山蔭《やまかげ》という人物によって、四条流として公家社会に受け継がれ、光孝《こうこう》天皇の命で料理の新式を定めた、と伝えられている。しかし確実な史料はなく、いつごろに四条流の体系が整えられたかは、不明とするほかはない。

ただ儀式の際の中核となる料理は、さまざまな作法を伴いつつ伝承された。公家の食膳の内容は、鎌倉中期の『世俗立要集』、同じく後期の『厨事類記《ちゅうじるいき》』に見ることができるが、ともに故実が中心で、とくに前者はその一部が残るにすぎない。本格的な料理書としては、十五世紀後半の成立と考えられる『四条流庖丁書』が伝わる。あくまでも四条流は公家社会のもので、料理に対する権威付けが顕著に窺える。俎板《まないた》や庖丁の名称や故実から始まり、食材や調理法・作法など、さまざまな料理情報が盛り込まれている。

さらに『武家調味故実』と称される料理書も、実は十六世紀初頭に、四条隆重という人物から伝授された四条流の伝書で、鳥の料理や食べ方に関する詳しい内容が注目される。こうした公家の四条流に対して、武家の儀式の本膳料理を担当する庖丁流派が、室町期に誕生し、いくつか武家の庖丁流派による料理書が成立をみた。

例えば、大草《おおぐさ》流という武家の庖丁流派では、『大草殿より相伝之聞書』が残り、魚鳥の扱い方・食事の進め方・飲食の作法などが、かなり詳細に記されている。この大草流に関しては、『大草流膳部聞書』といった料理書のほか、近世初頭の慶長十一年（一六〇六）には、『式三献《しきさんこん》七五三膳部記』という食膳仕立の伝書が、大草公以《きみもち》によって書かれている。

また武家の料理流派として有名だったのは、義輝御成の本膳料理を担当した進士流で、大草流とともに、武家の料理文化を支えた。この他にも、明応六年（一四九七）に、管領《かんれい》家である斯波《しば》氏の家臣・山内《やまのうち》三郎が相伝したと考えられる『山内料理書』や、年代不明の『庖丁聞書』といった料理書もある。こうして室町期には、いくつかの庖丁流派が成立して、料理技術を競い合っており、日本の料理体系は完成の域に達したといえよう。

なお永正元年（一五〇四）には、小笠原政清が伝授を受けたとする食事作法書『食物服用之巻』も作成されている。小笠原家は、はじめ弓馬《きゅうば》の芸に詳しく、後には武家の礼法全般に関わった著名な家柄であった。

従って同家は、料理流派ではないが、すでに室町期には礼法家の立場からも、食礼が説かれている点が注目される。同書では、例えば左手で箸をとり、次に右手に持ち替えるが、女性や若者は右手を使うとか、椀を持ったら飯を一口食い、次に汁椀を取り上げて、まず実から食べ、また飯を食べてから、汁を飲む、といった食事の順番や作法が、実に滑稽《こっけい》なほど事細かに定められている。

これは鎌倉期以降、次第に政治力を失っていった公家が、精力を有職故実に傾けたためである。あくまでも故実の口伝という形で権威付けを行ったが、これを室町期の武家が家伝として真似たことを意味する。この小笠原氏の他にも、故実に明るい家として伊勢氏が、大永八年（一五二八）に『宗五大草紙《そうごおおぞうし》』という故実書をまとめている。いずれにしても、飲食に関する細かな作法は、室町期の武家社会にも広く浸透していたと考えてよいだろう。

九　茶の湯と懐石料理の成立

精進料理と本膳料理が成立したことで、今日に通ずる日本料理の料理法や形式は、ほぼできあがっていたが、前者は素材に制限があり、後者は儀式を主な目的としていた点に問題があった。このため両者は、ポピュラーな料理とはなりにくかった。そうしたなかで登場してくるのが懐石料理であるが、広く知られているように、これは茶の湯の発達と密接な関係にあった。

そこで茶の湯の歴史を、料理との関係を中心に簡単に振り返っておこう。精進料理が禅院の茶礼に基づくものであることは、先に述べたとおりであるが、覚醒《かくせい》作用を持つ茶は、すでに鎌倉末期には広く一般に受け容れられていた。栂尾《とがのお》茶かどうかを飲み当て、賞品などを賭ける遊びである闘茶《とうちゃ》は、群飲佚遊《ぐんいんいつゆう》のこととして『建武式目』で禁止の対象とされている。

また『太平記』巻三十九には、佐々木道誉《どうよ》の大原野の花会の記述がある。ここでは「百味ノ珍膳」を準備して、百回の闘茶を行うための賭け物が、山のように用意されたとしている。ここから闘茶の際にも、料理が添えられていたことが窺えるが、もともと闘茶も、中国宋代に起源を持つ喫茶法の一種であった。

さらに室町初期の成立とされる『喫茶往来』では、こうした闘茶を批判しているが、料理については、次のような説明が加えられている。まずはじめは、水繊《すいせん》（葛切《くずきり》）で酒三献、次いで索麺《そうめん》を食して茶を飲み、その後に、山海の珍物をもって飯を勧め、最後に菓子で甘みを楽しむ、としている。おそらく室町初期の茶会においても、茶の湯に伴う懐石料理の原型のようなものが、すでに確立していたと考えてよいだろう。

その後、室町期には、〝茶の湯をしないものは人に非ず〟と後に『山上宗二記《やまのうえそうじき》』に記されたように、町人の間でも茶寄合が盛んになった。闘茶のほかにも、悪茶を用いて台所などで催す民衆的なものまで、さまざまな茶会があった。例えば、風呂の後に茶を楽しむ、淋汗《りんかん》茶の湯と呼ばれた茶会が人気を呼ぶなど、気軽な雰囲気のなかで茶会が催されていた。

そのなかで数寄《すき》という観点から、新しい茶の湯を創り上げたのが、奈良の元僧侶・珠光《しゅこう》であった。珠光は、一休宗純《そうじゅん》に参禅して茶禅一味の境地に達し、「和漢のさかい（境）をまぎ（紛）らかす事、肝要」と「珠光心の文」に自ら記したように［林屋：一九七二］、それまでの唐物尊重の気風を改めて、和漢の融合を目指した独自の侘《わ》び茶《ちゃ》観念を確立した。

その茶風を継ぎ、茶の湯の簡素化を進めて門弟を増やした武野紹鷗《たけのじょうおう》は、茶室や茶道具よりも、〝心〟の持ち方を重視した。つまり茶の湯における飲食の在り方を問題として、茶における料理の基本理念を真剣に問い直したのである。こうして懐石料理は、侘び茶を通じて料理体系としての様式を模索したのであった。

もともと珠光や紹鷗以前の茶会においては、茶は添え物に過ぎず、二の膳・三の膳、あるいはそれ以上にも及ぶ料理が供され、盛大な酒宴が催されていた。茶といっても濃い茶であれば、かなり覚醒作用が強く、酒とともに精神を高揚させる働きがある。このため茶寄合は、ナルコティックスによる一種の酩酊《めいてい》を楽しむ場でもあり、極めて遊興性が高かった。

しかし侘び茶においては、茶会は単なる飲み食いの場ではなく、茶を味わい楽しむことに重点が置かれた。このため紹鷗は、料理と茶の関係を逆転する必要があった。茶の湯本来の目的からすれば、茶事の料理は豪勢であってはならず、史料的にはやや問題があるが『紹鷗門弟への法度』では、どのような珍客でも、茶に伴う料理は、一汁三菜を越えてはいけない、と戒めている［筒井：二〇〇二］。

ところが料理を簡素化しても、茶会の後に行われる後段は、ほとんどが酒を楽しむ席で、自由奔放に振る舞われていた。これに対して、紹鷗の門弟の一人であった千利休は、酒宴に近い後段を茶会から切り離し、侘びの精神性を重視して、茶会を純粋に茶を楽しむ場とすることを試みた。そして利休もまた、一汁三菜程度の料理を供すことを理想とした。

こうして侘びという美意識のもとで、懐石料理という新たな料理様式が、十六世紀に完成を見たのである。茶の湯のなかでも侘び茶の発達に伴って、懐石料理の内容が整えられたが、その究極の形を提示したのが利休であった。

また茶の湯は、禅院の茶礼との関係からも、懐石料理に精進料理の影響が大きかったことは見逃せない。また懐石には、飯台形式のものもあるが、基本的には足のない折敷《おしき》状の懐石膳が用いられた。ここでは膳形式が採られた点が重要だろう。

加えて式正《しきしょう》の本膳料理に対し、その膳部の一部を切り取ったものが懐石料理であるから、本膳料理の形式と料理法を受け継いでいることは明らかである。つまり精進料理と本膳料理の双方の長所を採り入れる形で、懐石料理が成立したことになる。
ただ利休の時代には〝会席〟が一般的で、〝懐石〟の文字が登場するのは、江戸時代も元禄期のことで、初見は偽書とされる『南方録《なんぼうろく》』であった。同書では、懐石とは禅林で菜石と称するもので、温石《おんじゃく》を懐にして、懐中を温めることをいう、としている。もともと禅の修行僧が温石を懐に入れて、空腹感をしのいだ故事に由来し、茶事で供される軽い食事を懐石と称した。

ところが近世後期には、宴会コース料理である会席料理が流行したことから、茶の湯の懐石料理と区別する必要がある。もちろん次章で述べるように、会席料理も懐石料理の延長線上に位置するが、そこでは席を囲んで料理を楽しむことに意義がある。さらには茶の湯と禅宗との関係を考え、懐石の由来を考慮すれば、茶の湯に伴うものに懐石料理の文字をあてることが望ましい。茶の湯では、来客を接待することを茶事と称するが、お茶を点《た》てて供するだけではなく、必ず懐石料理が伴うことに大きな意味がある。

茶の湯では一期《いちご》一会《いちえ》という前提のもとに、誠意を込めて客をもてなし、茶と料理を楽しむことが最大の課題となる。それゆえ茶人は、数少ない料理に、できる限りの趣向を凝らす必要が生じる。そこで必然的に、研ぎ澄まされた四季の季節感や、旬を大切にする材料の微妙な取り合わせ、盛り付けの色彩、バランスや立体感、さらには料理と器との望ましい調和、もしくは料理を出す絶妙のタイミング、などが求められる。これらは今日の日本料理においても、最大の長所とされているが、その源流は懐石料理の思想性にあった。

こうした懐石料理について、イエズス会の宣教師・ロドリゲスは、一六六〇年代初頭に執筆した『日本教会史』で、次のような興味深い観察を行っている。茶の湯という宴会では、余分なもの、煩わしいものを捨て去って、宴会の古い習慣を変え、平常の食事の在り方についても大きな影響を与えたという。

さらにロドリゲスは、料理そのものについても、ただ装飾的で見るためだけのものや、冷たいものを捨て去り、代わりに温かくて充分に調理された料理が、適当なときに出され、質の上でも充実した内容のものとなった、と賞賛している。

それまでの本膳料理は儀式的な性格が強く、見せるために金銀の細工を施したり、料理も前もって作り置いたものが出されるほか、食事自体にも面倒な作法を必要としていた。こうした古い習慣を打ち破った懐石料理は、外国人の眼からしても実に合理的な料理で、茶の湯における侘び茶の精神が、優れた料理形式を生んだのであった。こうした懐石料理の登場は、まさに日本料理史上の一大変革であり、最上の料理様式の誕生だったのである。

コラム1　スシ

スシは、寿司・鮨・鮓とも書くが、その語源は〝すっぱし〟で、鮓が最も原義に近い。つまり魚に米と塩を用いて発酵させ、旨味を引き出すとともに、保存を目的として魚から作る食品が鮓である。また塩だけで魚の内臓を発酵させる旨味も広く好まれており、日本では塩辛が代表例となるが、これに中国では鮨の字をあてた。そして祭りなどのハレのときに、保存しておいた鮓を食べることから、やがて寿司という表記が用いられるようになった。

つまり魚の発酵食品には、鮓と塩辛があるが、これらは兄弟関係にあたる。魚を塩だけに漬け込むと、アミノ酸発酵となるが、これに炊いた飯を混ぜ込むと、乳酸発酵が起こる。前者が塩辛で、後者が鮓となるが、塩辛は魚醬の一種で、ほかにも日本では秋田のショッツルや能登半島のイシル、香川のイカナゴ醬油が知られている。鮓の原型はナレズシで、日本で最も古いのが琵琶湖のフナズシであり、吉野の鮎の釣瓶《つるべ》ズシのほか、秋田のハタハタズシや金沢のカブラズシも、この仲間に入る。

これらは米の飯による乳酸発酵を利用したものであるが、その初歩的な事例にオニギリの旨味がある。オニギリは、握ってすぐは美味しくはないが、二〜三時間すると、普通の

滋賀県高島市の総本家・喜多品老舗の鮒寿し。鮒を２年間、塩漬けにし、その後、飯と一緒に１年間、乳酸発酵させ、さらに飯を替えて３ヵ月漬けて完成する。

ご飯とは違った旨味が出る。これは米の飯に圧力を加えることで、内部の空気を押し出し、無酸素の状態になると、米の糖質に微生物が反応して乳酸発酵を起こすためである。すなわち魚と塩の発酵に、飯を加えるとナレズシとなり、そのままであれば塩辛や魚醤となる。いずれにしても発酵によって、保存と旨味という恵みがもたらされることになる。

こうした原理は、モンスーンアジアの稲作民によって応用され、ナレズシと魚醤という独特の旨味文化を、東南アジア・東アジアに広く行き渡らせた［石毛：一九九〇］。従って、スシの発生と伝播は、稲作技術の出現と伝来とに深く関連し、そのルーツは中国南部もしくは東南アジアに求められることになる。河川や湖沼および水田には、豊富な淡水魚がいるが、そうした魚の利用法として、稲作地帯にナレズシや魚醤が、著しい発達をみたのであり、日本のスシもその一部をなすに過ぎない。

しかし日本では、古代以来、肉食に対する禁忌が強く、米が聖なる食べ物と見なされたところから、魚と米をおいしく食べる文化に磨きがかかった。つまりスシが、日本で独自の展開を遂げたことになる。最も古いフナズシにみられるように、スシはもともと魚が主体であったが、日本ではナレズシにおける魚と米の関係が、やがて逆転するという形で、スシの歴史が展開をみた。いわばオニギリの延長線上に、魚と米の飯の乳酸発酵の文化が花開いたのである。それは魚の押しズシで、サバやサケ・タイ・サンマ、その他の魚の切り身を、米の飯の上に載せ、圧力を加えることで発酵を促進した。その応用が箱ズシであり、それをほぐしたのがバラ寿司となる。巻ズシも圧力を簀《す》の子《こ》で加える点では同じであるが、やがてインスタント版として、乳酸発酵の時間を短縮したことにして、米の飯に酢を加えるという技術を開発した。これによって、スシの文化は長足の進歩を遂げ、酢飯によって簡単にスシを創ることが可能となった。

その間に、さまざまな具が用いられるようになり、野菜を主体とした五目ズシのほか、油揚を用いた稲荷ズシも作られたが、圧巻は江戸前の握りズシだろう。独自の日本料理である刺身を、握った酢飯の上に添えることで、今日の世界に冠たる鮨が生まれた。鮨は紛れもなく日本文化の所産であるが、その起源が東南アジアの稲作文化にあったことに留意すべきだろう。

第四章　近世における料理文化の爛熟——自由な料理と庶民の楽しみ

一　近世における食文化の特色

　地方分権的な中世社会が終わりを告げ、長い戦乱の後に、中央集権的な国家体制である江戸幕府によって、近世社会が成立をみた。政治的には、幕府を中心に諸藩が連合する幕藩体制であり、経済的には米の計量単位を基礎とする石高制というシステムが採られた。すべての耕地や屋敷などを、米の見積もり生産量に換算して石高を付し、租税を米で支払うよう強制した。

　こうした近世国家は、米を至上の食べ物とした古代律令国家以来の念願でもあり、世界史上でも類例を見ない社会システムを有していた。寛永十九年（一六四二）五月二十六日、幕府が発した法令は、村々の百姓の食べ物は、雑穀を用い、米を多く食べないように、と命じている（『御触書寛保集成』一三〇八号）。これは飢饉《ききん》の年のことであったが、基本的に近世社会では、農民から米を収奪する、という大原則が貫かれたのである。

　このため社会的に、米に高い経済的価値観が付され、民間においても、米を菩薩《ぼさつ》と称したり、それを釈迦の骨に見立てたりして、食べ物としても米がありがたがられた。代わりに肉は、食べると口が曲がるという俗信が広く社会に受け容れられるようになった。古代以来の米を聖なる食べ物とし、肉を穢《けが》れたものと見なす風潮は、中世を通じて社会的に浸透し、近世に肉食に対する禁忌は最高潮に達した。

そうした食物に対する価値観の長い歴史の帰結として、米に高い比重を置き、肉を嫌うという嗜好《しこう》が形成された。それゆえ動物性タンパクとして、代わりに魚を好んだことから、米＋野菜＋魚という日本的食生活のパターンが定着をみたのである。これに伴って生業も、狩猟を行う人々は存在したが、その活発な展開は望めず、むしろ漁業が著しい発展を遂げることになる。本章で見るように、このことが近世の料理史に与えた影響は甚大であった。

しかも近世社会成立の前提には、大きな世界史的変動があった。すなわち十五世紀から十七世紀の初めにかけて、コロンブスのアメリカ大陸発見を大きな契機とし、ポルトガル・スペインが先駆となってヨーロッパ人の海外進出が始まった。これにより植民地支配システムが誕生するとともに、新旧両大陸間の交流が本格化し、動植物の地球的規模での均一化が進行した。そして日本も東西交流の活発化という新たな世界史の一環に組み込まれるようになり、西洋文化の受容が始まった。

またいっぽうで十七世紀中期に、漢人の王朝であった明が周辺民族の満洲民族によって滅ぼされ、清が建国されると、日本の知識人たちは、これを華夷変態と呼んで、中華思想の正当性を疑った。しかも同時期には鎖国という外交政策が採られ、海外との付き合いはオランダ・中国と、薩摩が制圧した琉球および松前藩が勢力下においたアイヌ民族に限られた。そうしたなかで、万世一系の天皇を抱き、異国の侵略を受けていない日本こそが中華であるという日本型華夷思想が強まった。

しかし形式的に国を閉じたとはいえ、この大航海時代という東西交流の本格化が、日本の食文化にもたらした影響には無視できないものがあった。鎖国以前に南蛮菓子の製法が伝えられ、テンプラの源流ともなっている。さらに変化したのは作物類で、すでに十六世紀後半には、ジャガイモが長崎に渡来しているほか、トウモロコシ・スイカ・カボチャの種も伝来している。さらにサツマイモ・インゲン豆・トウガラシ・ラッカセイ・ヒマワリ・トマト・タバコも新大陸由来の作物で、中国経由のものも含めれば、栽培植物の種類は確実に増大した。

そもそも近世社会は、想像する以上に文明社会で、かなりシステマチックな構造を有していた。中央集権的な体制を採る幕府は、強大な指導力を背景として、近世初頭に関東平野を流れる利根川と常陸川とを結合させるという大土木工事を敢行した。このことは近世社会を考える上で、極めて象徴的な事業であった。今日の利根川は銚子沖に注ぐが、これによって諸国から大量の物資を運ぶ船は、房総半島を回らずに、利根川を遡って江戸川を下り、簡単に江戸へ入ることが可能となったのである。

しかも、この事業は利根川の治水とも深く関連し、江戸への洪水を防ぐとともに、その流域に広大な水田を開発せしめた。つまり幕府は、海運と川運を繋《つな》いで、全国航路へと流通網を確保するとともに、膨大な水田を開発させて米の生産量を増加せしめた。しかも、この水運によって流入するのは、さまざまな地域の特産物や海産物とともに、年貢として全国から集められた大量の米であった。

とくに新田開発は、幕府や藩の主導のみならず町人の投資としても推進された。このため米を中心とした生産力が著しく増大し、流通も盛んになって、諸産業も大きな発展を遂げた。先にも触れたように、漁業も組織化が進み、建網《たてあみ》のような大型定置網漁法や、百人規模の大地引網《じびきあみ》も行われるなど、近代に連なる沿岸漁業の技術は、近世にほぼ出揃ったといっても過言ではない。ただし日本の漁業は、肥料としての干鰯《ほしか》に代表されるように、農業との関係が重視されていた点に留意しておく必要があろう。

また酒の企業生産は、すでに室町・戦国期から始まっていたが、近世に入ると、醬油さらには味醂《みりん》なども大規模に生産・販売されるようになった。味噌は、農村では自家製であったが、都市部では、酒・醬油などとともに、醸造業から入手するようになった。主菜となる米・野菜・魚に、味噌・醬油・酒という調味料も整って、日本料理に必要な食材が提供される社会的環境が、近世になって出現したのである。

さらに知識の社会的在り方も、中世とは大きく変わった。近世幕藩体制は、これまた世界に類例を見ないほど徹底した文書主義を採用した。つまり兵農分離によって武士のいない村を実現させた代わりに、名主などの村役人層に、村内の田畑や人間などに関して、実にさまざまな帳簿を作成させ、文書をやりとりすることで村々を支配した。その結果、全国各地の村々に、さらには町々にも、膨大な識字層が生まれることとなった。

こうした知識の在り方が、近世の料理文化を支えた。中世のような秘事口伝《くでん》の世界であれば、緊密な関係の下で、口頭あるいは時によって巻物などで料理が伝えられたが、近世においては、出版文化や文字情報によって、料理文化自体が楽しまれた。そうした意味において、近世の料理文化は、時代を経るごとに社会的な広がりをみせ、庶民にとって親しみやすいものとなっていった。そして、この時代にこそ、日本料理は見事な満面開花を見せるのである。

ただ、そうはいっても、近世は必ずしも豊かな社会ではなかった。社会的メカニズムの問題もあるが、しばしば飢饉に襲われ、餓死する人々も半端な数ではなかった。江戸で料理文化が花開いた十八世紀後半には、天明の飢饉によって、東北地方で三十万人を超える餓死者・病死者を出している［菊池：一九九七］。また米を中心とする食事体系ではあったが、現実には水田のできない村々も多く、米が年貢として収奪されるところから、日常的に米だけの食事を摂ることが不可能な場合も少なくはなかった。料理文化の展開と食生活の実態とは、必ずしも社会的に同義ではないことに留意されたい。

二　寛永期の料理文化と『料理物語』

日本料理の最高峰ともいうべき懐石料理は、中世の儀礼的要素が強い本膳料理の長所を採り入れつつも、形式的な束縛から離れて、自由に料理を組み立て、楽しむ点に大きな特徴があった。このことが後の料理に与えた影響は重大で、大饗料理以来の堅苦しい雰囲気や作法からの解放という形で、近世料理が発展を見たのである。

つまり戦国期における懐石料理の成立が、近世料理の出発点となっており、料理形式としてはほぼ完成されたなかで展開したという点に、特色と限界があった。このことは観点を変えれば、一部の大名や豪商などの高級茶人の間でのみ流行した懐石料理が、いかに近世社会に浸透し、一般化していくかが大きな課題であったことになる。

茶の湯と懐石料理の問題については、次節で論ずることとし、しばらく料理書という観点から見ておこう。中世までの料理書は、四条流や進士《しんじ》流・大草《おおぐさ》流といった公家や武家の故実書であり、それぞれの流派のなかで、しかるべき後継者を養成しながら、その奥義《おうぎ》を伝えていった。ところが近世初頭に、キリシタン版が一時的に流行したが、西洋的な活字印刷自体は発達せず、代わりに木版印刷による出版文化が興隆をみせた。

一定の知識体系を詰め込んだ書物が、出版業という経済行為によって社会に流布するというシステムの成立は、それまでの文化の在り方を根底から揺るがした。料理書もまた同じで、庖丁流派という伝統的な枠組みを、いとも簡単に取り払うことが可能となった。誰でもが料理知識を、金さえ出せば手に入れられることになり、場合によっては、それを書写することも、自由に行えるようになったのである。

日本で最初に刊行された料理書である『料理物語』の出版は、さまざまな意味において、近世料理の幕開けを象徴するものであった。その刊行は、寛永二十年（一六四三）のことで、その後も何度か再版されているが、写本としては寛永十三年の奥書を有する田村魚菜《たむらぎょさい》文庫本がある。また原本は伝存しないが、『榊原芳野家蔵書目録』からは、慶長（一五九六〜一六一五）版の存在が窺われ、遅くとも十七世紀初頭には成立していたものと思われる［原田：一九八九］。

また書名も、もともとは「料理秘伝抄」というタイトルであったが、出版に際して「秘伝抄」を「物語」と改めている点が興味深い。「秘伝」を公開するというところに、近世初頭における出版の意味があったが、それを「物語」という草子風の書名に改めて、料理をより身近なものにしようと試みたのである。

同書の作者は不明であるが、その成立事情を物語る跋文《ばつぶん》が、寛永十三年写本・同二十年刊本にある。後者には「武州狭山《さやま》に於いて之を書す」とあるが、この部分が前者にはなく、関西系の商人であったとする説もある［松下他：一九八二］。著者はともかく、内容的には、近世料理書のなかでは唯一、イヌを含む獣肉料理法が記されている点が珍しく、その意味で中世的な片鱗《へんりん》を覗《のぞ》かせている。

しかし中世的な故実めいた作法に関する記述は一切なく、実用的な料理技術のみを伝えている。『料理物語』全体は、材料別に料理法を解説した前半と、出汁や煎酒《いりざけ》など調味料の製法や献立順に料理手順を示した後半とからなる。しかも材料の記載順序は、海魚、磯草、川魚、鳥、獣、菌類、青物、となっており、巻首にはタイが置かれている。これは食品の価値観を物語るもので、海魚のタイが最高のご馳走と見なされていたことを物語る。漁業の発達と並行する水運の全国的展開によって、物流システムが整備されたため、海魚が料理の主役に躍り出たのであり、中世までの価値観では、川魚のコイが至上の食品とされた。まさにコイからタイへという川から海への転換が、近世料理の開幕を象徴するものであった。さらには『料理物語』を最後に、料理書からほぼ獣肉料理が消えていくことも、近世料理のスタートを考える上で、興味深い出来事であった。

そして何よりも先の跋文の冒頭に、「庖丁きりかたの式法によらず」とある点が注目される。ここでは明らかに、自由な料理つまり中世的な庖丁流派からの訣別《けつべつ》を宣言している。これに続けて、料理というものは、作る人次第のもので、とくに定めなどはなく、全国各地にはいろいろな美味しいものがあるので、それに関する知識や情報を旅のつれづれに書き記したにすぎない、と述べている。

作者を商人かとする所以《ゆえん》であるが、いずれにしても庖丁流派の系譜を引く料理の専門家とは思われない。ただ『料理物語』が想定した読者は、単なる一般人ではなく、プロであるか否かは別としても、やはり料理に関わる人々であったと考えられる。村や町には、他の仕事に従事しながらも、料理を得意とする者がおり、彼らが地域で催される饗宴に、腕を振るって料理を提供していたと考えられる。

さらに、ほぼ同時期に刊行されたと考えられる『料理切形秘伝抄』は、『料理物語』と好対照をなす料理書で、あるいは『料理物語』に先行した可能性もないわけではない。これには「式正包丁」とあり、奥書に「四条家伝授」とした上で、薗部氏などが署名しているように、明らかに四条家薗部流の庖丁書であった。巻首に掲げられた「包丁秘密」では、天地の創造から始まり、料理の由来が神話との関係で語られ、食礼や作法あるいはその由来・来歴がえんえんと続くなど、非常に堅苦しい内容となっている。

しかし、こうした秘伝の庖丁書を、出版という形で公開してしまうこと自体が、時代の大きな変化を物語っており、「秘伝」は何も意味を持たないことになる。先の『料理物語』が版を重ねたのは、庖丁流派にとらわれずに、料理を行う人々が広く存在したことを示すものであった。こうした料理書の出版において重要なのは、中世とは異なる自由な料理が、料理作法や故実からの解放という形で、近世初頭に新たな胎動を始めたことだろう。

三　茶の湯と懐石料理の浸透

広く知られるように、千利休が侘び茶を大成したことに間違いはないが、当時の主流は侘び茶ではなく、贅沢で華麗な大名茶であった。利休が完成させた茶の湯は、その子の少庵・道安《どうあん》と孫の宗旦《そうたん》などによる侘び茶の系統と、古田織部《おりべ》をはじめとして小堀遠州・金森宗和《かなもりそうわ》・片桐石州といった数寄《すき》大名系の大名茶とに分かれた。もちろん大名茶といっても、懐石料理の基本である一汁二菜もしくは一汁三菜という原則は守られたが、料理の素材や器・茶道具類には贅沢なものが用いられていた。

そうしたなかで、寛永期（一六二四〜四四）ごろから茶の湯を受け容れつつあった禁中の公家たちが、侘び茶でもなく大名茶でもない、独自なスタイルを持つ王朝風の茶の湯を行いはじめた［谷端：一九八八］。茶の湯は当時の覇者や富者である武家や豪商のみならず、伝統的な貴族層を巻き込み、社会的な広がりを模索するようになったのである。

また将軍家が片桐石州を茶道指南役として登用すると、諸大名もならって、著名な茶人を茶道指南役に採用するという傾向が見られた。これは江戸幕府においても、室町将軍の場合と同じように、御成《おなり》を催していたこととも深く関係する。千家系統の茶人にも、大名の茶道指南役として仕官した者もおり、茶の湯は各地へと確実に浸透していったが、基本的に武家の茶の湯は、大名茶の贅沢さを追求するものであった。

その具体例としては、元禄期に遠藤元閑《げんかん》の『茶湯献立指南』が出版されているが、これには御成を含む大名茶系の献立が記されている。例えば十月十日の朝の口切り献立では、汁にスズキの腸《はらわた》と納豆、焼物にタイとガン、煮物にはくずし豆腐に筋子と黒布《くろめ》に山椒《さんしょう》、といった料理で、献立の規模はかなり縮小されてはいるが、内容的にはかなり豪勢なものとなっている。

いずれにしても茶の湯と懐石料理は、寛永から元禄期（一六八八〜一七〇四）にかけて、広く社会に浸透していったが、それに拍車をかけるような出来事が元禄期に起こった。それは侘び茶の巻き返しであり、具体的には利休百回忌に照準を合わせた利休復活の演出であった。元禄三年（一六九〇）は、その年にあたるが、本編末尾の「滅後」に「十年を過ぎず、茶の道廃《すた》るべし」の一文を含む著名な『南方録《なんぼうろく》』が発見された年でもあった。

同書は、南坊宗啓《なんぼうそうけい》が利休の言説を、文禄二年（一五九三）に記録したという触れ込みで、発見者は福岡藩の家老で博多の茶人・立花実山《じつざん》とされているが、これは実山の編集した偽書と考えられている［西山：一九五九］。もちろん全くの創作ではなく、いくつかの伝書を編集し、利休秘伝書としての体系化を目指したものであった［熊倉：一九八三］。〝茶の道廃るべし〟という断言には、利休の大成した侘び茶が人々に受け容れられず、豪華な大名茶が流行するという偽《いつわり》の予言を示すことで、侘び茶の復活を図ろうとする意図が込められていた。

これは利休の親族や直弟子を中心とした千家茶の湯が、侘び茶の普及を推進したことと軌を一にするものであった。例えば三千家の祖となる利休の孫・千宗旦には、四天王と呼ばれる弟子たちがいた。その一人である山田宗徧《そうへん》は、利休百回忌の前後から、千家系統の茶法の伝授を目的として、『茶道便蒙抄《ちゃどうべんもうしょう》』をはじめとする一連の茶書の執筆を精力的に行っている。

こうした侘び茶系統の巻き返しによって、利休復活の気運が高まり、次第に千家系統の侘び茶が主流を占めるようになっていったのである。今日の三千家系統の基礎が固められたのは、まさにこの元禄期のことであり、侘び茶は広く社会へと浸透していった。大名茶とは異なり、金のかからない侘び茶は、当時の新興勢力で、新たに台頭しつつあった商人層へと受容層を拡大した。

これによって、利休の時代とは比べものにならないほどの茶の湯人口を広めることが、歴史的にも可能になったのである。これは料理史的にみれば、懐石料理を普及させる条件が社会的に整ったことを意味し、一段と身近に優れた料理を、人々が広く楽しむ状況が生まれたことになる。

一般的に茶事の懐石は、質素を旨とするもので、一汁三菜を基本とする。味噌仕立ての汁に、膾《なます》（今日では刺身）を盛った向付《むこうづけ》、野菜と鳥もしくは魚と炊き合わせた煮物、切り身の魚の焼物、といった三菜で構成される。これに鉢物である強肴《しいざかな》が後に加わるが、こうした料理構成の基本は、すでに利休の時代に完成を見ていた。

しかし先に『茶湯献立指南』で見たように、大名茶では料理内容に贅を尽くしていた。ところが元禄期における利休の復権により、侘び茶が主流となり、茶の湯の受容層を拡大していく過程で、このような一汁三菜を旨とする懐石料理が、近世社会に徐々に広まっていったのである。

四　元禄期の料理文化と新興町人

侘び茶の質朴な理想が、当時の茶会で守られたかどうかは別として、本膳料理や懐石料理といった料理形式は、近世社会へ確実に根を下ろしていった。そうした傾向は、元禄期にとくに顕著となるが、ここでは、こうした料理文化の問題を、西鶴の文学作品を通じて、見ていくこととしたい。

井原西鶴『万の文反古』「来る十九日の栄耀献立」の挿図。川船での饗宴の模様。

井原西鶴の『万《よろず》の文反古《ふみほうぐ》』は、それぞれが一通の書簡とコメントからなる短編集であるが、このうちに「来る十九日の栄耀《えいよう》献立」という一編がある。この話は、長崎屋の主人を接待する呉服屋・次左衛門が、その饗応の献立内容を決めるために、長崎屋主人の秘書役にあたる番頭・八右衛門から届いた手紙がメインとなっている。

まず日程は六月十九日と決まったが、その趣向はかなり贅沢で、川船での饗宴だということなので、風呂付きの専用小船も用意するよう伝えている。入浴を済ませた後で料理となるが、これは中世後期に始まる淋汗《りんかん》の茶の湯の伝統を踏まえたものであった。

そして饗応では、三の膳までの膳部と三献《こん》までの献部とからなる本膳形式が予定されている。その内容については、これまでのやりとりで、すでに献立の概容は示されているが、その最終的な確認と注文が、この八右衛門の手紙だったのである。

この料理を式正の膳だと想定して、手紙を読み込んだ鈴木晋一の解釈を手がかりに、その献立を見てみよう［鈴木：一九八九］。だいたい本膳には、膾・和物《あえもの》・汁と飯・香の物がつくが、このうち汁は、雑魚を用いた大集汁《おおあつめじる》が良く、チクワやカワフグは要らない。二の膳には煮物・焼物・汁、三の膳には刺身と汁が出される。

ただ、おそらく三の膳の刺身が手本通りコイだったので、その前に出される膳の先（引き物）が鮎膾では川魚が続くことになるため、タイとアオサギの杉焼として欲しいが、マダケのタケノコ煮の冷ましについては洒落《しゃれ》ていて良いとしている。さらに酒の席となる献部に移れば、初献から三献まで、それぞれ引肴《ひきざかな》と吸物の二種が出される。基本的には原案通りで結構だが、引肴は割《さき》エビと青豆の和物・小アジの塩煮・タイラガイの田楽、吸物はスズキの白子・燕《つばめ》の巣とキンカン麩が良いが、味噌仕立てはやめて欲しいと注文を付けている。

後段では、デザートに白玉餅とキスの吸物、再び酒を飲んだところで早鮨《はやずし》が良いが、タデはだめなのでサンショウとショウガを置き合わせて欲しい。最後は日野のマクワウリに砂糖をかけて出し、茶に菓子は不要であるが、一服ずつ立てて出すよう手紙は指示している。こうした贅沢な献立に対して、西鶴は、このような接待をしなければならないのであるから、今の商売は儲けが薄く大変だとコメントしている。

豪華な七五三の膳に、延々とした献部が続く本膳料理は、近世に入ると、次第に簡略化が進んだ。徳川将軍も御成を行ったが、その規模は徐々に縮小され、室町将軍の場合のような贅沢さは薄れていった。中世からすれば、相対的に上下の経済格差が緩和された近世においては、身分によって饗応の際の料理が制限されていた。

寛文三年（一六六三）に出された「振舞《ふるまい》膳部《ぜんぶ》之覚《のおぼえ》」では、老中クラスの場合には三汁十菜と肴五種、国持大名でも臨時であれば二汁七菜、家臣の振舞や寄合では、二汁五菜を限度とすると定められていた（『御触書寛保集成』一〇五四号）。近世においては、かつてのような大がかりな本膳料理は見られなくなったが、やはり本格的な饗宴の場では、いわゆる式正の膳として、かなり短く簡略な形で本膳料理が供され続けたのである。

しかも元禄期には、新興の町人層も、船遊びで本膳料理を楽しんでおり、その献立について、いろいろと注文をつけたり、意見を述べたりする知識を身につけていたことがわかる。西鶴の小説類には、しばしば料理の話が登場し、伊勢エビや大きなタイを買い求めたりしている。食は楽しみであり、人々の欲望の対象でもあった。これに関して、西鶴は、〝分相応《ぶんそうおう》の楽しみ〟を主張している。

しかし、この分相応とは必ずしも経済力のみを意味しない。たしかにそれぞれの範囲で、食などを楽しめば良いのだが、現実には身分制度の問題があった。河内国石川郡大が塚村の豪農が記した『河内《かわち》屋《や》可正《よしまさ》旧記《きゅうき》』には、次のような寛永期ごろの話が書き留められている。同じ村に裕福になった農民がおり、親孝行として両親に、三の膳までの本膳料理を食べさせた。このときには、料理人を二、三人雇って豪華な料理を用意したが、あまりの見事さに、

井原西鶴『日本永代蔵』「舟人馬かた鐙屋の庭」挿図。同店での客への対応と台所が描かれている。

本膳料理を見たことのない見物人が、たくさん押し寄せるようになったという。

村社会において式正の膳は、非常に珍しいものであったことが窺えるが、問題は可正の反応であった。たしかに親の厚恩への感謝は大切であるが、土民の身で三の膳は行き過ぎであり、いくら豊かな家であっても大きな奢《おご》りだとしている。

さらに可正は、だいたい村では一汁二菜が上々の饗応であり、この三の膳の話は、聞くにも身の毛のよだつ思いだ、と非難している。当時の社会通念からすれば、料理は楽しみではあったが、食生活においても、雑穀専一を強要された百姓という身分からすれば、その分限としての楽しみ方に、強力な枷《かせ》がはめられていたことになろう。

また他にも西鶴には、料理文化の浸透

井原西鶴『西鶴織留』「諸国の人を見しるは伊勢」挿図。道路に面した大店は賑わっている。

に関する興味深い小説がある。『日本永代蔵』の「舟人馬かた鐙屋《あぶみや》の庭」では、出羽国酒田の船問屋・鐙屋の繁盛を描いている。北国一の大問屋として栄えた鐙屋は、商人宿も兼業して各地から多くの客を集め、立派な台所を備えて料理人や肴奉行・菓子係などを置き、食事を提供するなどのサービスを惜しまなかったことから、高い評判を得たとしている。江戸・京都・大坂といった大都市のみならず、地方都市でも有力商人たちは料理人を抱えて、料理を楽しんでいたことが窺われる。

最も興味深いのは『西鶴織留《おりどめ》』の「諸国の人を見しるは伊勢」で、全国から伊勢神宮の参拝に訪れる人々をもてなす御師宿《おしやど》での料理風景の描写がある。二千〜三千人の客を賄《まかな》うため、米は炊かずに、籠《かご》に入れて熱湯に浸ける湯取り法で、魚汁は俎板を使わず、そのまま切って大鍋に放り込む。和物は大きな桶に鍬《くわ》でかき混ぜ、焼魚は鍋で茹《ゆ》でて、それに焼き鏝《ごて》で焼き目を付ける、といったものであった。かなり乱暴な料理ではあるが、実に多くの人々が伊勢を訪れ、そこでの料理を楽しみとしていたのである。

こうして毎年順番に参詣に出かける人々の大部分は、村々で伊勢講を組み、掛け金を少しずつ払って伊勢参詣に出かける百姓であった。いずれにしても元禄期には、上は将軍や大名および家臣から始まり、新興の町人たちも中世に較べれば略式ではあるが本膳料理を楽しんだ。百姓身分に至っては、わずか三の膳ほどの本膳料理でも非難の的となったが、一汁二菜程度の料理であれば、村の盛大な宴会や旅行の折などに、彼らも料理を楽しんだ。そうした料理文化は、底辺層まではまだ無理だとしても、地方都市へも広まって、近世社会へ徐々に深く浸透し始めたのである。

五　享保期の料理文化と美意識

享保《きょうほう》という時代は、近世社会を二分する時期と考えられる。いうまでもなく三大改革の嚆《こう》矢《し》となるが、これは近世前期社会が、体制的に矛盾をきたし、改革を余儀なくされたためであった。元禄期における新興町人層の台頭の背後には、各地の特産物などを主体とした商品経済の発展があり、それによって物価上昇が続いたことなどから、幕府財政をはじめとして領主経済は悪化をきたしていた。

こうした社会状況に対して、百姓からの米年貢の収奪を基本とするシステムでは、もはや対応しきれず、歴史的にも新たな経済段階を迎えることから、享保を境として、以後を近世後期社会と位置付けてよいだろう。そうした意味においては、かつての社会的理念や社会的秩序も緩んで、社会的な享楽も認められるようになるが、それを社会の中間層が享受するようになるのは、まだしばらくの時間が必要であり、現実にはタイムラグが大きかった。むしろ享保期には、社会の上層部で、料理文化の蓄積が実りを見せつつあったことが重要だろう。やや戻って元禄期の事例ではあるが、芭蕉には次のような一句がある。

苔汁《のりじる》の手ぎは見せけり浅黄《あさぎ》椀《わん》　　　（『茶のさうし』）

淡い黄色の器に、あざやかな緑色の海苔《のり》を映えるように出すのは、まさに料理技術の手際であるが、日本料理の特色の一つに、器の用い方の問題があった。

この俳句を詠んだ背景には、芭蕉が伊勢安濃津《あのつ》藩藤堂《とうどう》家分家の台所用人であったこととも深く関係し、彼自身が料理人であった可能性も考えられる［原田：一九八九］。いずれにしても武家上層の料理文化に精通しており、料理の器に関しても、洗練された感覚を、そこで培っていたものと思われる。

芭蕉には、他にも「木のもとに汁も鱠《なます》も桜かな」など飲食に関わる俳句が多いが、基本的には「花にうき世我酒白く食《めし》黒し」といった濁酒と玄米で花見を楽しむような庶民的な句がほとんどであった。そうした意味で、先の「苔汁」の句は、社会上層の料理文化を踏まえたもので、料理と器の彩りを鋭い感覚で表現した秀句といえよう。

もちろん、こうした武家上層の文化は、安土・桃山期さらには寛永期の華麗な文化伝統を引くものであった。料理と器の組み合わせは、とくに懐石料理以来、茶人たちに重視されてきたが、それに洗練の度合いを高めた人物に近衛家熙《いえひろ》がいる。家熙は、享保期に活躍した公卿で、摂政・関白の高職を経験した当代一流の大文化人であった。学問を好み、古代中国の法律にも通じて、書を能《よ》くした博学多識の茶人で、予楽院と号した。

家熙の言行や博識については、その侍医・山科道安《やましなどうあん》が記した『槐記《かいき》(=槐下与聞)』から知ることができる。同書からは、さまざまな分野における家熙の活躍が窺えるが、ここでは茶人としての側面に注目したい。家熙は、古田織部や金森宗和の茶を学んだが、その道統に甘んぜず、利休の侘び茶の精神を重んじて、大名茶と侘び茶の精神を統合し、新たな境地を開いた。

『槐記』には、家熙の茶会記が収められ、茶会で使用された茶道具や料理などが記されているが、近世初期の茶会記に比べて、道具や器に関する記事が詳しい点が注目される。茶道具は、近衛家伝来のものを主に用いたが、自らも黒楽茶碗を焼いたという。茶碗のみならず、茶入・花器や書画など、名物茶器は茶会の重要な要素であるが、料理に用いる器や改敷《かいしき》に工夫が凝らされている。

すなわち家熙は、料理と器の取り合わせを重視し、食器の選別に細心の注意を払ったことが窺われる。

懐石に用いる器に関しては、織部あるいは唐津・備前・清水などと産地を注記し、刷毛目・赤絵・染付などの技法を区別した上で、碗や皿の形状や文様を詳しく記している。また木製品に関しても、春慶塗や宗和形などと、陶磁器と同様に細かな注が付されている。

ここで最も重要な点は、宋胡録《スンコロク》や交趾《コーチ》など、東南アジア産の陶磁器を多用していることである。さらには砂張《さはり》やビードロといった金属製やガラス製の器を用いるなど、異国風の道具を駆使して、雰囲気を違えた材質で新鮮味を出そうとしている。また貝や青葉や笹竹を改敷として利用するなど、盛り付けに変化をもたせ、新しい美意識の創造に腐心した様子が窺われる。

こうして『槐記』からは、すでに享保期に、料理や盛り付けともに、かなり洗練された美意識を獲得していたことがわかる。これは近衛家煕という個人の力量によるところが大きいが、元禄という余裕の時代を経た享保期に、料理における美意識の洗練という点では、すでに日本料理は、ほぼ完成の域に達していたと見なすことができよう。

なお近世という時代は、鎖国の印象が強く、純粋な日本文化が発展を遂げたと誤解されがちであるが、必ずしも閉ざされたイメージで語るべきではないだろう。家煕が東南アジアの陶磁器やヨーロッパ風のガラスを用いていることからも明らかなように、さまざまな文物が日本にもたらされていた。

さらに享保期を過ぎて、宝暦～天明期以降になると、実に数多くの料理本が出版されるようになる。そこにはコショウのみならず、クローブやシナモンなどの香辛料が、しばしば登場する。これらは中世後期から、中国経由で日本にもたらされていたが、古くは主に医薬品として用いられた。料理に使われるようになったのは、おそらく近世に入ってからのことと思われる。

こうした東南アジアなどからの香辛料に助けられて、異国の風味を加え、日本料理の味覚もまた、独自の奥行きを持ち得たのである。こうして日本の料理文化は、享保期に様式的にもピークを迎え、実に豊富な料理が創案されて、さまざまな味が楽しまれたのだといえよう。

六　料理書の流れと料理論

最初に刊行された『料理物語』を除けば、基本的に近世前期の料理書は、一点が数冊にもおよぶ大部《たいぶ》なもので、かなり限定された読者、つまり料理や茶の湯などに関わる専門的な人々を対象とするものであった。しかし詳細に見ていくと、これらには二通りのタイプのものがあった。

一つは、料理の名著として知られる寛文～延宝年間（一六六一～八一）の『古今料理集』七巻八冊をはじめとし、元禄二年（一六八九）の『合類日用料理抄《ごうるいにちようりょうりしょう》』五巻五冊、正徳四年（一七一四）の『当流《とうりゅう》　節用料理大全《せつようりょうりたいぜん》』五巻五冊などといった類である。これらは料理百科全書的な色彩を持ち、料理に関するさまざまな情報が網羅されており、しかも出版されているというところに特徴がある。おそらくこれらの利用者は、料理流派には属さないセミプロ的な料理人で、貸席料理屋や接待を必要とした商家などの需要に応じて料理を作っていたものと思われる。

これに対して、出版はされなかったが、かなり高度な内容を持つ料理書群があった。それは、寛文八年（一六六八）に書かれた塩見坂梅庵の『料理塩梅《あんばい》集』（鹿児島大学玉里文庫・東北大学狩野文庫ほか）など、大名家クラスの料理人が、中世的な秘伝書の体裁を採る正統派の料理書群である。これらは、刊行はされず写本として伝存するもので、料理流派のなかでも特殊な料理人だけしか見ることができなかった。

近世社会においても依然として、権威に頼った故実主義的な料理論が、上級料理人の間では幅を利かせていたことになる。しかし中世的な料理からの脱却は進み、『料理塩梅集』は、それまでの形式主義に陥ることはなく、極めて実質的で優れた料理論を展開している。

同書では、料理の味付けには全体の調和が必要で、切り方や煮方についても、四季の献立に応じて適不適を考えるべきだとしており、料理に珍奇なものを求めてはならないと戒めている。こうした正統派の料理書においては、出版文化という意識はなく、伝統を重んじつつ、その内実を向上させるという努力が続けられた。

このほか元禄～宝永年間（一六八八～一七一一）ごろの四条家薗部流料理人・乾只勝《いぬいただかつ》の著書かとも推定される『小倉山飲食集』（大阪女子大小沢文庫）や、延享二年（一七四五）になった幕府料理人・福田氏の系譜を引く諸星《もろほし》吮《せん(しゅんカ)》潮斎《ちょうさい》の『伝演味玄集《でんえんみげんしゅう》』（東京大学図書館・西尾市岩瀬文庫ほか）も、同様に幕府や藩のお抱えの高級料理人の料理書で、中世以来の伝統を引く庖丁流派の料理技術を記したものであった。

　これらはいずれも『料理塩梅集』と同様に、近世という新たな料理流派の展開状況のなかで、その権威としての対応を、精いっぱい示すものであった。やはり中世以来の蓄積に立ち、高度な料理技術や知識を高度なレベルで継承し、かつ展開しようとする意思に支えられていた。その意味で、近世前期における日本料理の粋が、これらの料理書に結晶しているといっても過言ではないだろう。

　こうした料理知識は、単に料理書のみによって、支えられたものではない。その背景には、近世前期における食材に関する知識の蓄えがあり、総合的な食の文化の体系が整えられつつあったことと深く関係する。それは中国・明代に発達を遂げた本草学によるもので、さまざまな食材の性格までもが、一種の体系性を持って認識されるような学問的状況にあり、地道な研究が積み重ねられていた。

『料理物語』とほぼ同時期に刊行された『日用食性』は、明の李時珍《りじちん》の『本草綱目』の圧倒的影響下にあった本草書であった。また寛永十九年（一六四二）には、著者未詳の『和歌食物本草』が京都で開板されている。食材の品質・良否・食べ方・禁忌などを和歌に詠み込んで、食品知識を普及させようとしたものであった。

『日用食性』や『和歌食物本草』は、その後も版を重ね、増補版も出されるほどであった。

しかし、これらは中国の本草学を模したもので、日本における検証は果たされていない。その後、中国本草学からの脱皮が試みられ、元禄五年（一六九二）には、医者・人見必大《ひとみひつだい》が『本朝食鑑』十二巻十冊を書き著した。これは、日本の食物一つ一つに対して、はじめて実験的な確認と考察を加えたもので、これによって日本の本草学は、独自の道を歩み始めたことになる。

また貝原益軒《えきけん》が宝永六年（一七〇九）に刊行した『大和本草《やまと》』十六巻十冊も、日本における本草学の本格的な体系化を図った成果であった。益軒は同書で、「中華の人に宜《よ》きとても、日本人に宜《よろ》しからざる事多し」として、肉食は中国人には良いが、日本人には合わないとするなど、食生活の習慣や文化の違いにも注目している。内容の真否は別としても、中華思想からの自立を強調することで、独自の文化体系を意識したものでもあった。

ちなみに益軒は、八十五歳で没する前年の正徳三年（一七一三）に『養生訓』を著し、食べ物と身体との関係についても論じている。彼は、「飲食は生命の養」という観点から、食品の能毒を熟知しつつも、健康の主体を〝気〟つまり精神におき、禁欲的な食生活を理想とした。こうした理解は、ひとり益軒だけのものではなく、その著書は広く全国各地の知識人に読まれており、多くの賛同者が村々にいたという点が重要だろう。

こうした料理知識や食物知識の発展によって、料理論は、極めて完成された域に達するようになった。その頂点ともいうべきものに、享保十五年（一七三〇）に刊行された『料理網目調味抄』がある。京都の茶人・嘯夕軒宗堅《しょうせきけんそうけん》の手になる料理書で、式正《しきしょう》料理ではなく茶の湯という立場から、「庶人・遊民」を対象として、独自の料理論がかなりのスペースを割いて展開されている。

すべて饗応は、座席の飾りから、切り方・煮方・取り合わせ・盛り付けおよび器に至るまで、綺麗でなければならないが、これらは華美や奇異に過ぎてはいけない。料理は時節相応とすべきで、初物にとらわれすぎてはならず、新鮮な素材を大切にして味のバランスを考え、取り合わせやタイミングを失うと料理が死んでしまう、などと戒める。

また宗堅は、料理を能に見立てて、献立を出し物、素材を演者、味付けを演技の内容に喩《たと》えた上で、舌のみならず眼や鼻さらには心まで動員して、料理を総合芸術として味わうべきだ、としている。ここには近世初期の懐石思想が、高度で具体的な料理論として結実しており、しかも庶民レベルでの豊かな展開が見られたことが画期的であった。

さらに、この時期には、いくつかの菓子料理書が出版されており、料理に華を添える菓子についても、知識や技術の蓄積と普及が進んだ。それまで『料理物語』をはじめ料理書の一部に菓子の項が設けられていたが、享保三年（一七一八）に『諸国名物御前菓子秘伝抄』が刊行されている。同書には南蛮菓子の記述が多いのに対して、宝暦十一年（一七六一）の『古今名物御前菓子図式』では、それが著しく減少し、記述も詳細になって和菓子の製法が洗練されたことが窺われる。

和菓子の原型は、茶の湯が流行した中世後期に整いつつあった。すでに西鶴『日本永代蔵』には金平糖《コンペイト》の製法が登場するが、カステラやボーロなどの南蛮菓子が、和菓子の製法にも大きな影響を与えたことも見逃せない。こうして近世に入ると、砂糖や鶏卵などが多用されて、和菓子は飛躍的な発展をみせ、享保期ごろに完成期を迎えたのだといえよう。

七　宝暦〜天明期の料理文化と料理本

のちの幕政の模範ともされた享保の改革は、年貢増徴・新田開発という米納年貢により復古主義的な財政立て直しを基本としつつも、商品経済の展開にも対応するという側面を有していたが、大きな成果を挙げることはできなかった。商業や流通という観点からすれば、これに財政源を求めようとする試みは、宝暦〜天明期に始まる。いわゆる田沼政治は、重商主義的な経済政策を採ったことから、消費を美徳とするような風潮が生まれた。

料理や食生活は、基本的に消費を前提とするもので、そうした宝暦〜天明期の社会風潮は、その発展に大きな影響を与えた。この時期に料理文化は、著しい展開を遂げた。それは具体的には、料理本と料理屋から読み取ることができる。ここでは、まず料理文化を遊びという観点でとらえ、これを料理本との関係から見てみよう。

なお、これまで料理書と呼んできたが、このころからコンパクトで親しみやすく、セミプロなどの料理人ではなく一般の読書人を対象としたものが、盛んに出版されるようになる。これらは料理書というよりは、料理本と称するほうがふさわしいので、区別したいと思う。

この時期にはさまざまな料理本が出版されるが、明らかに遊びという要素が強く加わっている。例えば宝暦元年（一七五一）の『料理山海郷』と同十四年『料理珍味集』は、同一の作者の手になる料理本で、ヤマトイモをモミジ形に切り、梅酢で着色したものを、著名な和歌にちなみ、龍田川と呼んで楽しむ、といった単純な見立てで全編が貫かれており、料理名で遊んでいるに過ぎず、料理法そのものには見るべきものがない。

また、大飢饉が勃発した天明二年（一七八二）に刊行された『豆腐百珍』は、料理を知的に楽しむという点で、興味深い料理本となっている。それまでの料理書が、季節の素材や献立の組み合わせを論じ、それぞれに料理法を記すのとは対照的に、豆腐という一品に限って、これにグレード別に百の料理法を示すという斬新さがあった。

しかも巻頭と巻末には、豆腐に関わる書や漢詩および和歌・俳句、さらには中国古典などを列挙し、豊富な豆腐知識を披瀝《ひれき》することで、知的な味わいをも満足させようとする意図が読み取れる。

『豆腐百珍』の作者は料理人ではなく、曽谷学川《そたにがくせん》という著名な篆刻家《てんこくか》であったが、その背後には混沌詩社という文人サロンがあり、そこでの議論や歓談の成果が盛り込まれていると考えられる［原田：一九八九、水田：一九八一］。先の『料理山海郷』などよりも、はるかに高い知的水準にあるが、いずれにしても料理が知的遊びとなり、多くの人々に楽しまれるような状況が生まれたことを意味しよう。

『豆腐百珍』は好評を博し、すぐさま続編および余録の二冊が刊行されるほどであった。さらにこれを模して、京都の式正料理人と思われる器土堂《きどどう》なる人物が、『料理秘密箱』シリー

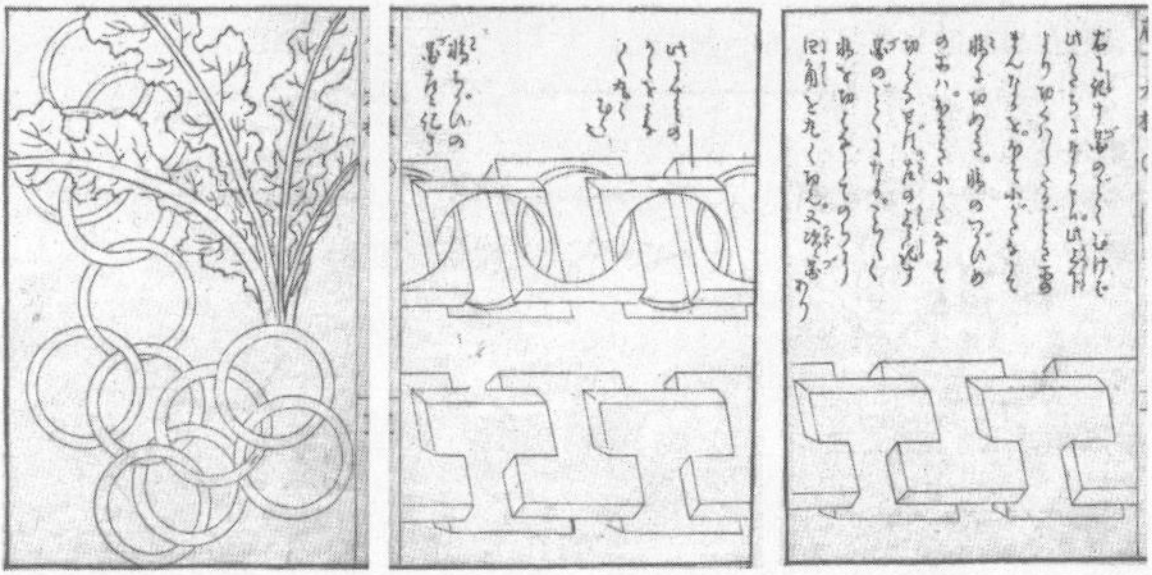

器土堂『諸国名産大根料理秘伝抄』に描かれた輪違い大根の切り方。
切った大根の輪が繋がっている。

ズを刊行し、鯛・玉子・大根・柚《ゆず》の料理法を紹介している。ほかにも『甘藷《かんしょ》百珍』『海鰻《はも》百珍』『蒟蒻《こんにゃく》百珍』や飯百珍にあたる『名飯部類』といった料理本も刊行されている。

このうち器土堂の『諸国名産大根料理秘伝抄』には、輪違い大根の切り方が示されている。かなり面倒な細工を施して、大根の輪をチェーンのように繋げる切り方で、料理の味とは関係なく、見た目にも美しいとは思われないが、人々を驚かす効果はあっただろう。おそらく料理技法としては、すでに行き着くところにまで達していたため、剝《む》き物技術という末節にまで、並々ならぬ努力が傾けられたものと思われる。

また『料理秘密箱』シリーズの広告では、お伽《とぎ》として時間つぶしにも良く、進物にも良い、としている。すでに料理本は専門家のものではなく、完全に読み物として意識されていたことがわかる。このことは逆に、セミプロではなく料理の専門家集団が、独自に料理を本格的に提供し始めたことを意味する。料理本出

●**享保の改革**（1716～45）**徳川吉宗**
田沼政治（1758～84）→宝暦～天明期（1751～89）の料理文化
●**寛政の改革**（1787～93）**松平定信**
大御所・家斉の治世（1794～1837）→文化・文政期（1804～30）の料理文化
●**天保の改革**（1841～43）**水野忠邦～明治維新**（1868）
以後、外国船出没、国防問題盛ん。
ペリー来航（1853）。安政の大獄（1858）→料理文化の衰退

三大改革と料理文化

版の盛行は、料理が人々の身近になったことを示しており、町に出られて金さえ出せば、いつでも気楽に料理が味わえるようになった。

近世前期にも料理屋はあったが、はじめは寺院で料理を提供したり、門前町などにちょっとした奈良茶飯などを楽しむ料理屋があったにすぎない。ところが宝暦～天明期になると、江戸などの大都市の市中に、料理屋の出現をみた。ちょっとした煮物や焼物を食べさせる煮売・焼売や、葭簀《よしず》掛《が》けあるいは屋台といった簡便な施設ではなく、きちんとした家屋を構えた料理茶屋が、盛り場に立ち並ぶようになったのである。

このころに栄えた高級料理屋としては、洲崎の升屋と中洲の樽三がとりわけ有名であった。とくに升屋は、出雲南海公・松平宗《むね》衍《のぶ》の揮《き》毫《ごう》にかかる扁額《へんがく》「望太《ぼうだ》欄《らん》」の別名でも知られ、大名や江戸留守居役などが豪遊する高級料亭であった。山東京山の『蜘蛛《くも》の糸巻』では、このほかの当時の名亭として、葛西太郎・大黒屋孫四郎・甲子屋・四季庵・二軒茶屋・百川《ももかわ》などを挙げている。

こうした著名な料理屋が数多かったため、料理屋の評判記も出版されるようになった。安永六年（一七七七）の『富貴地座位《ふうきじざい》』

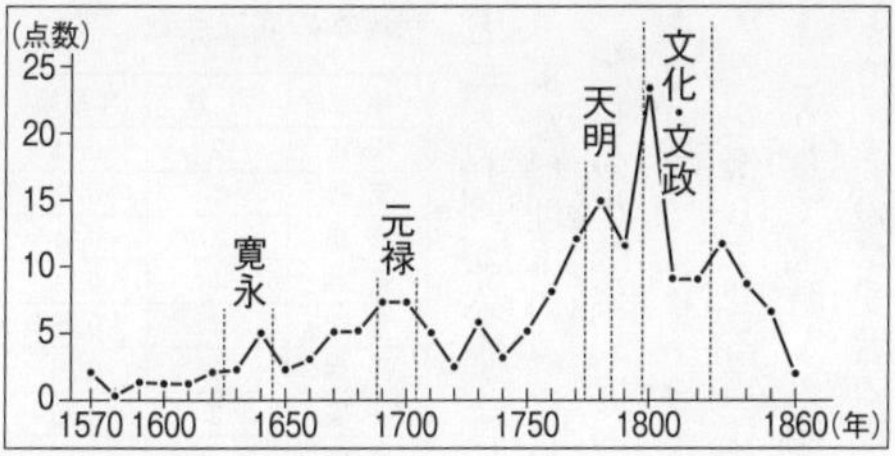

料理本の成立と刊行年代

や、同九年の『自遊従座居《じゆうじざい》』も、さまざまな料理屋にランクをつけて紹介している。また初物についても、安永五年に『福寿草』という初物評判記が出版されているが、天明七年（一七八七）には、初物七十五日という諺《ことわざ》にちなんだ『七十五日』という書名の江戸飲食店名鑑も刊行されている。

なお初物といえば、天明期の初鰹を忘れてはならない。〝粋〟や〝通〟という言葉が流行したこの時代に、江戸っ子の食の象徴として初鰹が好まれた。その嗜好は尋常ではなく、初鰹が安かったので振る舞ったと聞き、値段を質《ただ》したところ一本が二両二分であったという話や（『蜘蛛の糸巻追加』）、これを買うのに〝通〟は、小船を雇ってカツオ船を見つけ次第、小判一両を投げ込むと、一本譲ってくれるので、すぐに料理して味わうといった話がある（『五月雨《さみだれ》草紙』）。

果ては、高いのでなければ初鰹ではない、とするものまであり（『作意《みたて》妖《ばけもの》恐懼感心《おそろしかんしん》』）、天明期には、熱に浮かされたような初鰹ブームが巻き起こったが、やがて化政期には値段も一本が二百〜三百文に落ち着いたという。また関西には、そうした現象は見られず、江戸のみのブームにすぎなかった。特定の食へのこだわりが異様な社会現象を惹《ひ》き起こすほ

料理本の成立点数

年号	点数	年平均
天正	2	0.11
文禄	1	0.33
慶長	2	0.11
元和	1	0.11
寛永	7	0.35
正保	1	0.25
慶安	2	0.55
承応	—	—
明暦	—	—
万治	—	—
寛文	5	0.42
延宝	3	0.38
天和	1	0.33
貞享	3	0.75
元禄	10	0.71
宝永	5	0.71
正徳	4	0.80
享保	7	0.35
元文	2	0.40
寛保	—	—
延享	1	0.25
寛延	3	1.00
宝暦	8	0.62
明和	8	0.89
安永	8	0.89
天明	14	1.75
寛政	14	1.17
享和	11	3.67
文化	19	1.36
文政	10	0.83
天保	16	1.14
弘化	4	1.00
嘉永	6	1.00
安政	2	0.33
万延	—	—
文久	2	0.67
元治	—	—
慶応	—	—
計	182	0.75

どに、料理が人々の関心を集め始めた点は注目に値しよう。

また料理本のみならず、食のガイドブックも盛んに出版されたほか、明和九年（一七七二）刊の小咄集《こばなししゅう》『鹿《か》の子餅』には、「料理執心の者」が「料理指南所」に弟子入りする話があり、すでにクッキングスクールまでもが存在していた。いずれにしても、料理が江戸の人々を楽しませる重要な要素となっていたことに疑いはない。

こうして宝暦〜天明期には、料理文化は頂点に達し、遊びという要素を強く採り入れることで、その享受者の幅を広げていたのである。これも幕府の政策によって、江戸という大都市に消費社会が形成されたことと無関係ではなく、この時代に料理文化が江戸市民のものとなりつつあったことが窺われる。

八　化政期の料理文化と会席料理

宝暦～天明期の料理文化は、重商主義的な田沼政治に支えられていたが、その政策破綻《はたん》の結果、農村では耕地の荒廃が進み、都市への人口流入によって下層民の増大という現象が見られた。このため寛政の改革が始まると、さまざまな経済政策の実施とともに、思想・風俗の統制が強化され、奢侈《しゃし》は禁物という観点から、料理文化は抑圧されるところとなる。料理本の出版点数も低下し、料理文化は一時の勢いを失った。

ところがわずか六年で、寛政の改革も終わりを告げ、中心人物であった松平定信が将軍補佐役と老中の職を解任されると、十一代将軍・家斉《いえなり》が政治の実権を握った。彼は治安や経済対策にも意を注いだが、生活は華奢・放漫に走り、引退後までも影響力を持ったことから、文化・文政期に大御所時代と呼ばれる経済繁栄期を迎えた。再び重商主義的な傾向が強まり、消費も上向き方向へと向かい始める。このため料理文化も再び息を吹き返し、宝暦～天明期を上回る爛熟期を迎えたのである。

基本的に料理文化は、政治改革の谷間の時期に、著しい繁栄を見せる。最高潮に達した化政期の料理文化は、天保の改革でみたび後退を余儀なくされるが、それ以降は、明治維新へと政治の季節が続いたため、蘇《よみがえ》ることはなかった。ある意味で、料理文化は、三大改革の谷間に咲いた徒花《あだばな》のようなものであった。

とくに化政期の料理文化には、良くも悪しくも日本料理が、鎖国という状況のなかで社会的な広がりをもち、遊びの精神を遺憾なく発揮して贅を尽くし、爛熟の極みにあったという特徴がある。まさに日本の料理史は、化政期に頂点に達したが、これは基本的には、宝暦〜天明期の料理文化の延長線上に位置するものであった。しかも懐石料理を茶の湯から切り離し、料理を前面に押し出した会席料理という料理様式が、この時期に成立をみたという点でも注目に値しよう。

会席料理は、料理屋と料理人という社会装置なしには、成立し得ない料理様式であった。懐石料理も実際には、主人自ら料理を行うのではなく、専門の料理人に頼っていたが、提供される場所は、茶室・茶席であって料理屋ではなかった。逆に料理屋は、茶室を意識して食事空間をしつらえたが、そこには商売という経営行為が伴い、その原則の下で料理人が活動を許されるという特徴がある。

浅草の札差《ふださし》・伊勢屋宗三郎の『貴賤上下考《きせんじょうげこう》』という随筆によれば、享和から化政期の料理屋は、有名な料理人を抱えることが重要な要素であった。客は「〇〇兵衛を喰いに行く、××助を喰った」と自慢し合うことから、料理屋は高額の給金を払って優秀な料理人を抱えたとある。しかし、これは化政期ごろだけの現象で、天保末年には、そうした風潮は廃れた旨を記している。まさに化政期には、強烈な食通意識に支えられて、料理そのものが商売の対象となっていたことが窺われる。

また、この時期の料理屋の広告を見ていると、「会席」と「即席」とが並んで表示される

江戸・山谷（新鳥越）にあった八百善は文化・文政期を代表する高級料理屋。会席料理だが、浴室や帰りの提灯などサービス満点だった。（『江戸高名会亭尽』）

場合が多い。この場合、会席とは複数の客を相手に出されるコース料理を意味する。これまでの日本料理が蓄積してきた懐石料理の粋を採り入れ、季節の素材と器や盛り付けを充分に考慮した上で、それぞれの料理屋が自慢の献立を競った。このとき、店は格に応じた食事空間を提供し、料理人はその腕を料金の範囲内で遺憾なく発揮したのである。

　これに対して、即席は料理屋に入ってから頼む料理のことで、今日の一品料理と考えてよいだろう。つまり会席が、前もって予約するか、あるいは店があらかじめ用意した献立に沿って料理が出されるのに対して、即席はその日に調理可能な料理を、その場の客の好みに従って注文する、という違いがあった。両者に対応するには、それなりの空間が必要で、とくに会席には、二階の広座敷や庭の離れ、という宴席が準備された。

もちろん料理屋といってもレベルはさまざまで、例えば雑司《ぞうし》が谷《や》鬼子母神《きしもじん》の門前に並んだ店々については、発掘調査が行われており、三タイプに分類されることが指摘されている。①「茗荷屋・むさしや・蝶屋・川口屋」といった高級クラスは、門構えと前面に庭を持つ二階建てで、②「大沢屋・かづさや・ますや」などの中級クラスは、平屋で座敷を有し、③単に「御休ところ」と看板のある店は、板葺《いたぶ》きと思われる小屋掛け程度で、客は外の腰掛けに座る、というものであった［雑司が谷遺跡発掘調査団編：二〇〇三］。

この鬼子母神には、定例の祭日などに、多くの参拝客が訪れた。そして彼らは料理屋で、それぞれの懐具合に応じて、料理や酒あるいは歌舞音曲を楽しんだ。とくに高級料亭は、単に高価な料理だけではなく、さまざまに演出された贅沢《ぜいたく》な空間で、優雅な時間を楽しむためのメイン装置となった。豪華な料理を前に、酒を飲んで踊りや唄さらには会話を弾ませ、あるいは骨董を楽しみ議論を尽くす遊び場として、料理屋が利用されたのである。

こうした高級料亭のうち、最も有名だったのが浅草・新鳥越《しんとりごえ》の八百善《やおぜん》で、大名や高級役人あるいは豪商をはじめ、さまざまな文人や町人たちも、ここで料理を楽しんだ。八百善主人・栗山善四郎は、文政五年（一八二二）から天保六年（一八三五）にかけて、『江戸流行料理通』を出版し、八百善で出す料理献立や料理法を紹介したが、贅を尽くした豪華本で、当時高名であった文化人たちを総動員している。

文人では大窪詩仏《おおくぼしぶつ》・菊池五山《きくちござん》・亀田鵬斎《かめだほうさい》・大田南畝《おおたなんぽ》・石川雅望《いしかわまさもち》、画家では酒井抱一《さかいほういつ》・谷文《たにぶん》

晁《ちょう》・鍬形蕙斎《くわがたけいさい》といった一流どころで、彼らに序文や跋文および挿画を担当させている。さらに同書の宣伝文には、人気戯作者・柳亭種《りゅうていたね》彦《ひこ》を起用し、購買意欲をあおっている。また八百善土産《みやげ》として、立《たて》版古《ばんこ》とよばれる起こし絵（組み上げ灯籠）で、料亭・八百善の模型を販売するなどしている。

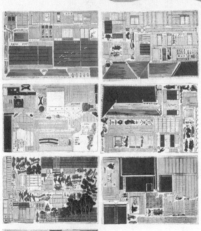

八百善が顧客の土産として制作した半紙大７枚の「起こし絵」（下）と、それを切り抜き、組み立てたもの（上）。離れや手入れされた庭など、高級料理屋の雰囲気が伝わってくる。（八百善　立版古制作・松田博司『江戸の料理と食生活』小学館）

この裏方には、『江戸流行料理通』の版元・和泉屋市兵衛がおり、こうした演出をプランニングしているが、まさしく料理屋と出版社が手を組んで、それぞれの事業展開に営業努力を試みたのである。また和泉屋は、同じく高名な和菓子屋・船橋屋に『菓子話船橋《かしわふなばし》』を出させて、ヒットを飛ばしている。こうして化政期には、料理屋も、そこで出される会席料理も、ともに商業資本という論理の枠内で、成立し発展をみたことが重要だろう。

また八百善には、さまざまなエピソードが残るが、これらには化政期の料理文化の性格が如実に示されている。最も著名な例は、『寛天見聞記』の茶漬けの話で、二、三人で八百善へ行き、茶漬けと香の物を頼んだら、半日ほど待たされて、一両二分支払わされたという。高い理由は、極上の茶に合うよう多摩川まで飛脚を走らせて水を運び、春には珍しい促成栽培のウリとナスの粕漬《かすづ》けを出したためであった。

さらに『五月雨草紙』には、八百善のハリハリ漬けは、尾州産の細根ダイコンを、一把《いちわ》のうちから、良いものだけを二、三本選び、辛味を落とすため水ではなく、味醂で洗って漬け込んだとある。料理の素材の調達や下ごしらえに、値段を顧みず金をかけるという贅沢の極みであった。このほか五十両もする料理切手という一種の商品券を販売したり、帰り道に店の提灯を持たせたりしたが、これらの一部は他の店でも試みられたサービスであった。

八百善の場合は、かなり極端であったとしても、化政期には江戸や大坂に、さまざまに贅を尽くした料理屋が立ち並んだ。『浪華百事談』には、天保初年(一八三〇)に遊々館という仕掛けの凝った料理屋があり、注文の品を紙に書いて炉に投げ入れると、そこに料理が並んだり、竹柱に沿って銚子鍋がせり上がってきたりしたという。料理よりも珍奇な仕掛けに人気が集まったが、やがて潰れた旨が記されている。

化政期の料理文化は、むしろ遊びという要素を、最大限に採り入れたところに特徴があった。文化十二年（一八一五）には、大酒のみの会が開かれたり、同十四年には大食いの会が江戸の下町で催されたりしている。大酒のみの会には、「不レ許三悪客下戸理屈入二庵門一」という看板を門に掲げるといった遊び心があった。この会には、そうそうたる文人たちが参加し、その記録は『続水鳥記』として残されている。大田南畝の観戦記「続水鳥記」（水鳥はサンズイに酉＝酒の意）を中心として、谷文晁親子の絵に、大窪詩仏が「題酒戦図」の詩を寄せ、亀田鵬斎の「高陽闘飲序」と市河寛斎《いちかわかんさい》の跋を付しており、別に『闘飲図巻』とも呼ばれる。また大食いの会でも、その記録が出回って、滝沢馬琴編の『兎園《とえん》小説』などに収められており、酒組・飯組・菓子組・鰻組・蕎麦《そば》組などに分かれて、大食を競った様子が書き留められている。さらに菅茶山《かんちゃざん》の『筆のすさび』によれば、福山などの地方都市でも開かれ、これを好んだ人はみな若死にしたという。いずれにしても料理を味わうよりは、食を遊びとして楽しむという雰囲気が濃厚で、料理文化が爛熟の極みにあったという感が強い。

しかも、こうした料理文化は、地方にまで浸透していた。各地の農村に伝わる地方文書を調査していると、しばしば〝料理控帳〟と呼ぶべき史料に出会う。これらは江戸や大坂での土産として各地に持ち帰られたり、あるいは貸本などとして地方に供給された料理本の一部を書写したもので、料理に関する情報が地方に広まっていたことがわかる。これも化政期に

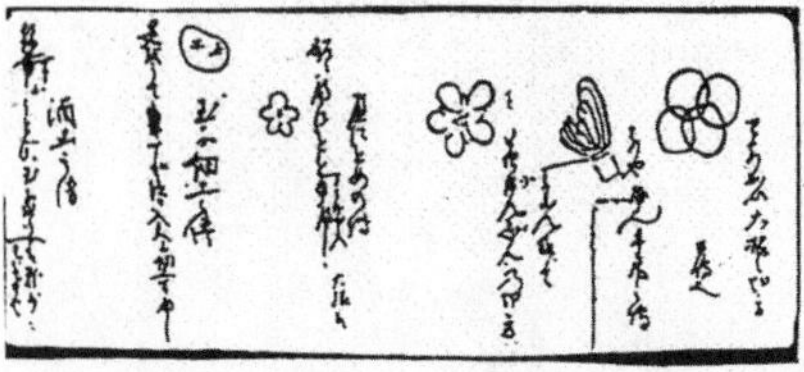
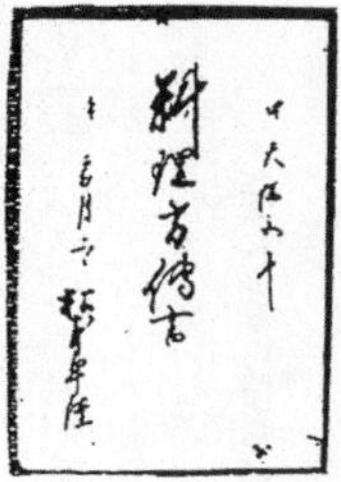

下総国葛飾郡元栗橋村（現在の茨城県猿島郡五霞町）の松本家に伝わった文書『料理方伝書』。輪違い大根の略図がある。

常陸国豊田郡元石下村（現在の茨城県常総市石下）の新井家に伝わった上層農民の婚礼献立。会場に張り出されたと思われる。

特有の現象で、そうした料理知識を有する村の料理人がいた。彼らは婚礼などの料理を担当するが、各地の旧家には、そうした料理献立が数多く伝えられている。

　このほか全国的に伊勢参宮が盛んであったが、その楽しみは、旅の先々での名物料理や、伊勢の御師宿《おしやど》での会席料理にあった。これを次の順番で来る村人たちに、記録して伝えるための伊勢参宮日記が数多く作られるが、そこにはしばしば料理の内容や女郎たちの評価が記されている。また、これに参加した村の料理人たちは、御師宿で配られた献立を持ち帰ったり、途中の料理をメモしたりして、勉強の糧《かて》としたのである。

こうして化政期には、料理文化が大都市のみならず、全国各地へと広がり、近世社会へ深く浸透していった。近世の料理文化は、時代を追って、地方へそして庶民へと、より広汎《こうはん》な受容層を獲得していったところに、最大の功績があったのである。

九　異国料理の影響

古代から中世にかけての肉食禁忌の社会的浸透によって、近世には米と魚と野菜という、いわゆる和食の原型がかたまったが、これについては、旅宿などで出される料理に典型的に見てとることができる。例えば、町人学者・山片蟠桃《やまがたばんとう》が大番頭として仕えた豪商・升屋平右衛門の旅日記『仙台下向日記』には、草津宿・仙台屋次郎右衛門方での文化十年（一八一三）正月十九日・二十日の夕食・朝食の献立が収められている。

これを奥村彪生が再現したものが、上の写真である。夕食は、皿に塩アジの焼物、平《ひら》にカンピョウ・ゴボウ・カマボコの煮物、坪《つぼ》にダイコン・ホウレンソウ・柿の

旅日記『仙台下向日記』に記述されている草津の宿での食事。文化10年（1813）1月19日の夕食と20日の朝食を忠実に再現したもの。（奥村彪生・再現調理　著者撮影）

膾、これに飯と汁で、朝食は、皿にアマダイの焼物、平に水菜・生湯葉・シイタケの煮物、猪口《ちょく》に梅干し・赤シソの漬物、同じく飯と汁といったものであった。基本的には、これらの組み合わせで、和食のパターンができあがっていたことがわかる。

しかし江戸時代人は、こうした日本料理しか知らなかったわけではない。すでに近世初頭から、南蛮料理や中国料理を受け容れていた。狩野亨吉《かのうこうきち》の収集にかかる東北大学狩野文庫の『南蛮料理書』には、南蛮菓子と南蛮料理の製法が書写されている。正確な成立年次は不明であるが、その抜粋と思われる部分が、享保五年（一七二〇）に長崎の天文学者・西川如見《にしかわじょけん》が著した『長崎夜話草』にあることや、その内容などからも、『南蛮料理書』の成立は、少なくとも十七世紀前半までは遡るものと考えられている。

そして同書は全体のうち三分の二が、南蛮菓子の製法で占められている。南蛮菓子が和菓子に大きな影響を与えたことについては、先に本章第六節で触れたとおりであるが、ヨーロッパの料理文化のうち、最も親しみやすかったのは菓子であったためと思われる。つまり味覚体系が全く異なる料理文化の接触においては、日常的な料理そのものよりも、非日常的な菓子の方が、一時的な嗜好の問題として近づきやすい、という特徴がある。

このため南蛮菓子は、蕎麦捻頭《ボーロ》（＝ボロ bolo）・加須底羅《カステラ》（＝カステラボロ Castellabolo）・有平糖《アルヘイト》（＝アルフェロア alfeloa）・金平糖《コンペイト》（＝コンフェイト confeito）・浮石糖《カルメラ》（＝カルメロ caramelo）などと、やや様相を変えて、日本にも根付いたが、これらはすべて『南蛮料理書』に、その製法が記載されている。また同書には、飛竜頭《ヒリョウズ》（＝ fihozes）も南蛮菓子として登場するが、これは糯米の粉と鶏卵を合わせて油で揚げたものであった。

それが豆腐にニンジンやヒジキなどを加えて油で揚げ、江戸でガンモドキと呼ばれる中国風の豆腐料理に変わったのは、江戸前期のことであった。次に見る元禄十年（一六九七）刊の『和漢精進料理抄』では、ゴボウ・キクラゲ・麻の実を入れた精進料理となっている。

また『南蛮料理書』には、油を用いた料理としてテンプラも紹介されている。単なるテンプラは、鶏肉と香辛料と薬味を油で煎ったものであるが、魚のテンプラは、ムギの粉をつけた魚を油で揚げ、香辛料を加えて煮染《にし》めた料理となっている。

いずれにしても南蛮料理は、鳥・魚・ウシ・シシ（イノシシ・シカ）などの肉類を用い、油を多用する点で、日本料理とはかなり様相を異にしていた。テンプラはほぼ例外的に摂取されたが、ほかの料理は余り根付かず、基本的には菓子が形を変えて受容された。

ところで近世の料理書や料理本には、しばしば〝南蛮〟もしくは〝長崎〟の名を冠して、ヨーロッパの料理に見立てたものが登場する。しかし、これはほとんどすべてといってよいほど、西洋料理とは無関係である。この場合の〝南蛮〟は、風変わりなもの、あるいは珍奇・新作の意と解すべきだろう。

また近世の長崎は、通商の国であったオランダとともに、中国に対しても開かれた港町である。この近郊ではオランダ人や中国人のためということで、ブタも飼われており、同じ異国料理である中国料理が盛んな地でもあった。

ただ西洋料理とは異なって、肉類や油脂を多用するといっても、魚醬や穀醬という同じ味覚の伝統を引くとともに、米をはじめとする食材も共通するものが多い。もちろん、それ以上に中国からは、これまでにも料理をはじめ文化面で、膨大な知識を学んだという歴史もあり、かなり事情を異にする。

中国料理をはじめに発信したのは、むしろ中国系の寺院であった。寛文元年（一六六一）、明僧・隠元《いんげん》の開山にかかる京都宇治の黄檗宗《おうばくしゅう》万福寺は、普茶《ふちゃ》料理の伝統を今日にも伝えるが、普茶料理とは卓袱《しっぽく》料理の精進版である。

卓袱は、テーブルとクロスを意味する中国式の料理のことで、膳ではなく卓を囲む点でも日本料理とは異なる。ただ会席料理が流行した宝暦〜天明期から化政期にかけては、八百善などの高級料理屋でも出されたほか、長崎出身の料理人が卓袱料理の専門店を開いて繁盛したという（『嗚呼矣草《おこたりぐさ》』）。

先に触れた『和漢精進料理抄』は、日本の精進料理とともに普茶料理を紹介したもので、最初に刊行された異国料理の書であった。明和九年（一七七二）には、その普茶料理部分が『普茶料理抄』として出版されている。

このほか、その前年に『卓袱会席趣向帳』が、それ以前にも宝暦十一年（一七六一）に『八僊卓燕式記《パスエンチヨエンシキキ》』が板行されるなど、いくつかの中国料理書があった。こうした現象は、料理文化の発達に呼応するものであるが、一方で知識人を頂点とする中国趣味が、広く社会に浸透した結果でもあった［平田：一九八五］。

またこのころには、蘭学も盛んとなり、一部ではオランダ料理への関心も高まっていた。

長崎の出島にいた日本人通詞や役人、遊学に訪れた蘭学者たちも、こうした料理に接した。林子平《しへい》は「和蘭《おらんだ》人宴会図」を、大田南畝は「阿蘭陀《おらんだ》屋敷冬至の祝」といったオランダ料理の記録を残している。さらに大槻玄沢《げんたく》は、長崎遊学の際に食した料理献立を筆記し、それを森《もり》島中良《しまちゅうりょう》が『紅毛雑話』に収めている。

しかも玄沢は、寛政六年（一七九四）閏十一月十一日、つまり西洋暦で翌年の正月元日にあたる日に、自らの私塾・芝蘭堂《しらんどう》に蘭学者仲間を集め、新元会と称して、オランダ正月を祝い、オランダ料理を楽しんだ。これには前《まえ》野良沢《のりょうたく》や桂川甫周《かつらがわほしゅう》・大黒屋光太夫といった知識人が参加している。

林子平が描いた「和蘭人宴会図」。林子平は、江戸時代後期の経世論家。『海国兵談』『三国通覧図説』が幕府から発禁処分を下される。長崎でたびたびオランダ料理を食べていたという。（林子平『前哲六無斎遺草』国会デジタルコレクションより）

なお江戸には、オランダ商館長が参府の際の定宿《じょうやど》とする長崎屋があって、ここでもオランダ料理が供されており、異国料理に関する知識は、江戸でも人々の間に及んでいたことが窺われる。

ところで江戸幕府が国交を結んだ通信の国は、朝鮮と琉球であったが、後者は薩摩を通じて実質的な支配を行っており、最大限の饗応を催したのは、朝鮮通信使の来訪時であった。近世を通じて計十一回、しかも毎回四百〜五百人という使節一行を迎え、各地で饗応の宴が張られたが、そこでは相手の立場を考慮して、朝鮮風の料理が出された。

そのためには、獣肉を調達する必要があり、それぞれの宿泊地で、猟師たちを動員してイノシシ肉を確保している〔原田：二〇〇三〕。これは朝鮮料理そのものではないが、一般には行われなかった肉料理も、調理技術としては伝わっていたのである。

こうして見ると、ことに南蛮菓子の事例に顕著であったが、さらにテンプラやヒリョウズなどを思い浮かべれば、南蛮料理が日本料理にいくつかの影響を与えたことは明らかである。また中国料理は、料理書や料理本のみならず、高級料理屋や卓袱料理専門店などで食され、かなりの人々に親しまれていたことがわかる。

しかも仙台藩の料理人・橘川房常《きつかわふさつね》の『料理集』に牛肉料理法が記されている。また桑名藩の下級武士・渡部平太夫の『桑名日記』や、紀州藩士の妻・川合小梅の『小梅日記』には、しばしば牛肉食が登場する。近世においても大名から下級武士などまで、広く牛肉が食されていたという事実がある。

いずれにしても近世社会には、単に米と魚と野菜というスタイルばかりではなかったことに留意されたい。料理文化が著しい展開を遂げた近世においても、盛んに文化交流が行われ、その成果として、日本料理が最高潮に達していたのであり、その様相は実にさまざまであったことを、改めて認識しておく必要があろう。

コラム2　テンプラ

　ポルトガルの海辺の街を歩いていると、あちこちで魚などのフリッターが売られている。レストランではなくても、バールのような立ち食い店に山盛り並べられると、ついつい江戸の屋台店のテンプラを思い出してしまう。小麦粉を水で溶き卵を加えて揚げた魚のフィレッテは、どう見てもテンプラであり［荒尾：一九九九］、テンプラ＝ポルトガル渡来説は、当地を歩いてみると、即座に納得せざるを得ない状況に陥る。

　もちろんテンプラの語源・起源をめぐっては、これまでにも研究者の間で、多くの議論が交わされているが、好事家的な色彩が濃かった。しかし、そうしたなかで、真に考証的な立場から、この問題を論じたのは、近年では故・平田萬里遠のみであった。平田のテンプラに関する綿密ないくつかの論稿は、その遺稿集に収められているので［平田：二〇〇四］、これに拠ってテンプラの歴史を見ておこう。

　テンプラといえば、家康の死因として語られるが、これを実証する史料はない。ただ十七世紀末以前に成立した『慶長・元和日記』に、鯛をゴマ油で揚げ、蒜《ひる》を擂《す》りかけたものを家康が好んだとある。また家康の一代記である『武徳編年集成』にも、同様な記事があり、ゴマ油がカヤ油に、蒜がニラになっているが、これを好んだという話が、死因に結び

ポルトガルの揚げ物料理・フィレッテ。舌平目に塩こしょうで味付けし、小麦粉をたっぷりまぶし、溶き卵にくぐらせて高温で揚げる。揚げ物にはトマト味ベースのご飯が、付け合わされる。ポルトガルには、種や衣の異なる揚げ物のバリエーションがたくさんある。1582年の天正遣欧使節たちも、この料理を食べている。(中村琢磨・撮影　荒尾美代著『ポルトガルを食べる。』毎日新聞社)

つけられて流布した可能性は高い。ただ、ここでは衣を着けてはおらず、揚げ物料理ではあるが、必ずしもテンプラとは断じがたい。

日本料理の歴史において、油で揚げるという料理法は、中国伝来のもので、古くは八種唐菓子に見られる。のちの精進料理、なかでも近世初頭に、宇治の黄檗宗寺院に伝えられた卓袱料理の精進版である普茶料理には、ゴマ油を多用し、これで揚げるという料理法が存在していた。テンプラが中国料理かどうかは難しいところで、家康が好んだ鯛の揚げ物は、精進系のようにも思われるが、葷菜《くんさい》を用いている点で疑わしい。

むしろテンプラは、ポルトガル系の料理と考えられている。日本語・中国語としても耳慣れず、山東京山が「天麩羅」の名付け親だとする珍説は、事実に反する。平田氏によれば、すでに十七世紀末には、テンプラという名詞が文献上に登場し、さまざまな種類の料理がテンプラと呼ばれていた。また周知のように、関東では衣を着けるが、関西ではサツマアゲのような魚の擂り身のツケアゲを、テンプラと呼ぶ違いもある。

ちなみに日本でテンプラの名称が登場するのは、寛文九年（一六六九）以前の成立にかかる『食道記』であり、また同十一年（一六七一）刊の『料理献立集』には、ドジョウに衣を着けて揚げる料理法が記されている。ここでは汁に用いるとされているが、今日のテンプラ風料理が、十七世紀末に存在していた。さらに寛延元年（一七四八）刊の料理本『歌仙の組糸』には、テンプラとして、その料理法が、明確に記されている。

テンプラの語源説としては、スペイン語系の祭日を意味するTemporaが最も有力で、キリスト教の金曜の祭りに食べる魚料理とされるが、確実とは言い難い。しかし、一六〇〇年代前半以前に書かれた『南蛮料理書』に、鳥料理として「てんふらり」が登場し、魚料理に、魚に小麦粉を着けて揚げ、煮染めて食べる料理法が紹介されている。平田は、慎重に明言を避けながらも、日本にも油で揚げた料理法があったことを強調している。しかし、これまで述べてきた事情や、十七世紀末に突然広まることなどから、やはりテンプラはポルトガル系の料理で、それを日本風に改良したのが天麩羅なのだといえよう。

第五章　明治の開化と西洋料理——西洋料理の受容と変容

一　西洋料理との出会い

日本近代化の契機となった明治維新は、すでに天保の改革から準備され、尊皇攘夷《じょうい》から尊皇倒幕へと進んで、大規模な革命が成就をみた。そして日本近代は、何よりも西洋文明を採り入れることから始まった。まさに和魂洋才・殖産興業・富国強兵といったスローガン通りに改革は進行していった。

欧米を視察して外国の知識人を雇い、留学生を派遣して社会のシステムと技術を学び、工業を中心に産業を興して資本主義化を図り、強力な軍隊を組織して侵略のための戦争を遂行した。そうした過程で、人々の生活文化も、欧米寄りのスタイルを模索した。しかし国家指導の政治体制や経済システムとは異なり、衣食住といった人々の身の回りの雑事は、表面的には変化を見せるが、その根底から改変することは容易ではなかった。

すでに前章で見たように、江戸時代人は異国料理を知っており、西洋の食生活についても全く無知ではなかった。しかしポルトガルの料理は、長い年月の間に著しく変容して日本化しており、オランダ料理に触れることができたのは、長崎出島関係者や蘭学者たち一部の人間であった。しかも、これらは日常的な日本の食事のなかで、たまたまひととき西洋風の料理を楽しんだにすぎない。

ところが、一定の準備期間を経た上で、毎日、本物の西洋料理を強いられた人々がいた。ペリーの黒船艦隊の威圧の下で結んだ日米和親条約を承けて、安政五年（一八五八）には日米修好通商条約が結ばれた。この批准書交換のため、安政七年、米艦ポーハタン号に乗ってアメリカへと旅立ち、アフリカ喜望峰を回って帰国した一団があった。古くは天正遣欧使節の例もあるが、漂流民などを別とすれば、ほぼ九ヵ月にわたって西洋料理を食べ続け、記録に残したのは、この遣外使節団がはじめてであった。

この幕末武士の西洋料理体験については、すでに前坊洋の論稿があるので〔前坊：二〇〇〇〕、それに拠りながら、この問題を考えてみよう。先に「一定の準備期間」としたが、それは太平洋上の航路でのことである。このときまでは、福沢諭吉も乗り込んでいた咸臨丸が随走しており、補給態勢が比較的整っていたため、洋上での食事は基本的に飯と魚で、樽で持ち込んだ味噌と醤油も、アメリカ上陸まではふんだんに準備されていた。

この使節団の正使は外国奉行・新見《しんみ》豊前守正興《ぶぜんのかみまさおき》で、その従者に柳川当清《やながわとうせい》や玉虫左《たまむしさ》太夫《だゆう》などがおり、それぞれ『航海日記』『航米日録』といった日記を残している。アメリカ上陸後にサンフランシスコのインターナショナルホテルで、一行は正餐《せいさん》を受けたが、料理はパンにスープのほか、サーモンソティのソース掛け・ビーフの塩煮・ポーク（若しくはチキン）の煮物、さらにはカステラのデザートなどが並ぶ、という豪華なものであった。

しかし、これに対する柳川の感想は、「大馳走と云共《いえども》、我朝人の為にハ塩気もなく、油の香《にお》ひ有て食する事あたはず」というもので、空腹に耐えられずに、いずれも少しだけ食べたとしている。もちろん味覚や嗜好に個人差があるのは当然であるが、「外邦ニ来リ飲食ニ苦ムハ是井蛙《これせいあ》ノ見」と記した玉虫も、やはり「膏臭《こうしゅう》」と「塩ノミ」ゆえに「味美ナラズ」と評している。

いわゆるバタ臭さと、味噌・醤油を伴わない塩だけの味付けに、彼らは閉口したようである。別のホテルでは、料理に添えられた米飯に一見喜んだものの、実はバターライスで「ボウトル（＝バター）の香ひ」に食しかねるというありさまだった。

咸臨丸などに積み込んだ味噌と醤油も、アメリカ上陸時には心細い状態となり、それからは西洋料理の味付けに耐えねばならなかった。アメリカ側の新聞などは、彼らの饗応が「日本人に大変よろこばれた」と報じたというが、獣肉・油の多用・バターなどで、ひとつも口に合うものがなく、食べ物の大きな相違が、彼らをほとほと困らせたようである。

それゆえ帰国の途も東南アジアに入り、バタビアのインデスホテルで、長崎渡りの醤油で煮炊きした料理に出会ったときには、この料理を誰もが喜んで食し、身体が太るような気がしたという。彼らの帰国後の楽しみは、「味噌汁と香の物」で腹いっぱい飯を食うことであった。九ヵ月におよぶ世界一周での西洋食体験は、長い間に身に付いた食習慣が、全く異なる食文化体系に接した場合に、どのような反応が惹き起こされるか、という一大実験でもあった。

このことは逆の立場からもいえることで、西洋人の日本食に対する反応と対《つい》をなしている。その二十年後に、日本を訪れた人々も同じであった。日本の食事は、外国人の口に合わないところが多く、とくに庶民レベルのものには閉口したようである。明治十一年（一八七八）に、北海道旅行を志した英国婦人・イザベラ＝バードは、埼玉県春日部で塩魚と漬物に飯と味噌汁の昼食をとったが、このうち味噌汁については、『バード日本紀行』に、「ぞっとするほどいやなもののスープ」と記している。

さらに『日本奥地紀行』によれば、福島県西会津でも、野尻という宿で並べられた「貝類の佃煮・串刺しの干した鱒・海鼠《なまこ》の佃煮・根菜類のみそ和え・緑色をした海苔のせんべい」を「いずれも味の悪い不快な食物」と評している。

もちろんバードも東京などの都会では、「裕福な日本人の料理」を食し、これについては、「卑しむべきものではない」と綴《つづ》りながらも、日本の食事に慣れるためには、「イギリス人ならだいぶ経験」を積む必要があると『バード日本紀行』に記している。

同じ時期に東京大学教授として北海道を訪れたアメリカ人・エドワード＝モースは、『矢田部日記』によれば、函館滞在中「日ニ一度ヅ、西洋料理」を出すことを条件としたほどであった。日本人のみならず、洋の東西を繋ぐ情報や物流が少なかった当時においては、食の相互理解はかなり難しい問題に属した。

それゆえ歴史的に長い間、米と魚と野菜をベースとし、味噌・醤油による味付けに馴《な》らされてきた日本人にとって、麦と肉と乳製品を基本とする料理体系は、極めて馴染《なじ》みにくいものだった。このことは、こうした使節団の日記から如実に窺うことができるが、その後の歴史からも明らかなように、いつまでも、そうした反応を続けたわけではない。むしろ、そうした本格的な異文化体験を、はじめて味わった人々のなかから、欧米の食文化を紹介し、広めようとする人物が現れた。

言うまでもなく福沢諭吉がその人で、先の安政七年（一八六〇）の遣外使節団への参加を皮切りに、都合三回派遣団に加わり、欧米社会をつぶさに見学してきた。慶応二年（一八六六）、『西洋事情』初編を著し欧米社会の概略を紹介したのに続けて、翌年には片山淳之助の名で『西洋衣食住』を刊行している。福沢が、はじめての欧米経験で、食習慣の違いに対して、どのような感想を抱いたのかはわからない。

もともと福沢は、蘭学を学んで緒方洪庵《こうあん》の適塾《てきじゅく》に入り、牛肉食に馴染んでいた。『福翁自伝』によれば、安政四年（一八五七）当時、大坂には二軒の牛鍋屋があり、入墨をした破落戸《ごろつき》と適塾生が常客だったという。これらは最下等の店と見なされており、社会秩序の外とされた人々と、西洋の学問を志す学生が、日本料理の伝統からはみ出る牛肉食を、ことさらに好んだ点が興味深い。

その後明治三年（一八七〇）、福沢は腸チフスに罹《かか》り、体力回復に築地牛馬会社の牛乳を用いていた。そして快癒後、同社の要請に応じて、広告文「肉食之説」を書き、牛肉や牛乳が身体のために有効だと強調した。また翌四年には、西洋料理千里軒の開店披露文を草し、さらに明治十五年（一八八二）には、「肉食せざるべからず」を、自ら創刊した新聞『時事新報』の社説に無署名で書き、栄養学的観点から肉食の普及を本格的に推奨した。

はじめて欧米の食習慣に触れた一人である福沢は、こうして肉食の普及に論陣を張ったが、決して西洋料理を好んだわけではない。福沢の食事記録を詳細に検討した前坊洋によれば、その前半生は鯛と鰻を好み、後半生は日本食を楽しみながらも、ときどき洋食を加え、明治三十一年の脳溢血《のういっけつ》発症後の最晩年は、和風ベジタリアンというものであったという。つまり基本的には、洋食も食べたが主として日本食を好んだ、というのが福沢の本音で、やはり「肉食之説」は、確実にタテマエだろう、としている［前坊：二〇〇〇］。

福沢の啓蒙活動が、日本の近代化に大きな役割を果たしたことに疑いはないが、人間は思想で食生活が一気に変わることなどあり得ない。しかし近代の入り口において、日本も世界史の流れのなかに組み込まれ、さまざまな局面で圧倒的な威力を誇る西洋文明の影響を被るところとなった。その結果もたらされた価値観の大転換は、かなりの時間を要しながらも、日本人の食生活を変容させていく大きな契機となったのである。

二　肉食解禁と西洋料理

日本における肉食の禁忌は、たしかに近世社会に最高潮に達していたが、いっぽうで実際には、鹿食免《かじきめん》や薬喰《くすりぐ》いという方便も残されており、庶民のみならず大名たちも肉を食していたことは、先に見たとおりである。もともと江戸幕府は、朝鮮通信使などに対しては、道中でイノシシ肉を調達して食事を提供したが、江戸城に入ったときの正餐には、饗応国としての威厳を示すため、武家社会に伝統的であった本膳料理が下された。

また嘉永から安政年間にかけて、アメリカのペリーやハリスに対しても、本膳料理でもてなしていた。しかし開国によって、西欧列強の力をまざまざと見せつけられ、形勢が怪しくなった慶応三年（一八六七）になると、江戸城でのイギリス全権公使・パークスとの会食には、西洋料理が供されている［原田：二〇〇三］。これは幕府が、正式に外国人を西洋料理でもてなした最初であった。

そして明治維新によって、天皇を中心とする国家体制が整い、文明開化路線が実行されていくなかで、外交政策の一環として、本格的な西洋料理の摂取が試みられた。すでに安政六年（一八五九）に開港し、外国人居留区が設けられた横浜にも、ホテル的な施設が整えられ、そこで在日外国人を対象として西洋料理が出されていた。しかし欧米の最高級ホテルに匹敵するような施設で、しかも本格的な西洋料理を供することができたのは、慶応四年八月に竣工《しゅんこう》した築地ホテルであった［村岡：一九八一］。

明治四年（一八七一）、外務省は明治天皇の天長節翌日（十一月四日）に、在日外国人高官を招く晩餐会《ばんさんかい》を計画し、そのための西洋料理を、築地ホテルの支配人・ルールと料理長・ベギューというフランス人コンビに依頼した。そのときのフランス語メニューが残されており、その内容は、一八六〇〜七〇年代のヨーロッパにおける貴族社会での正餐の在り方を踏

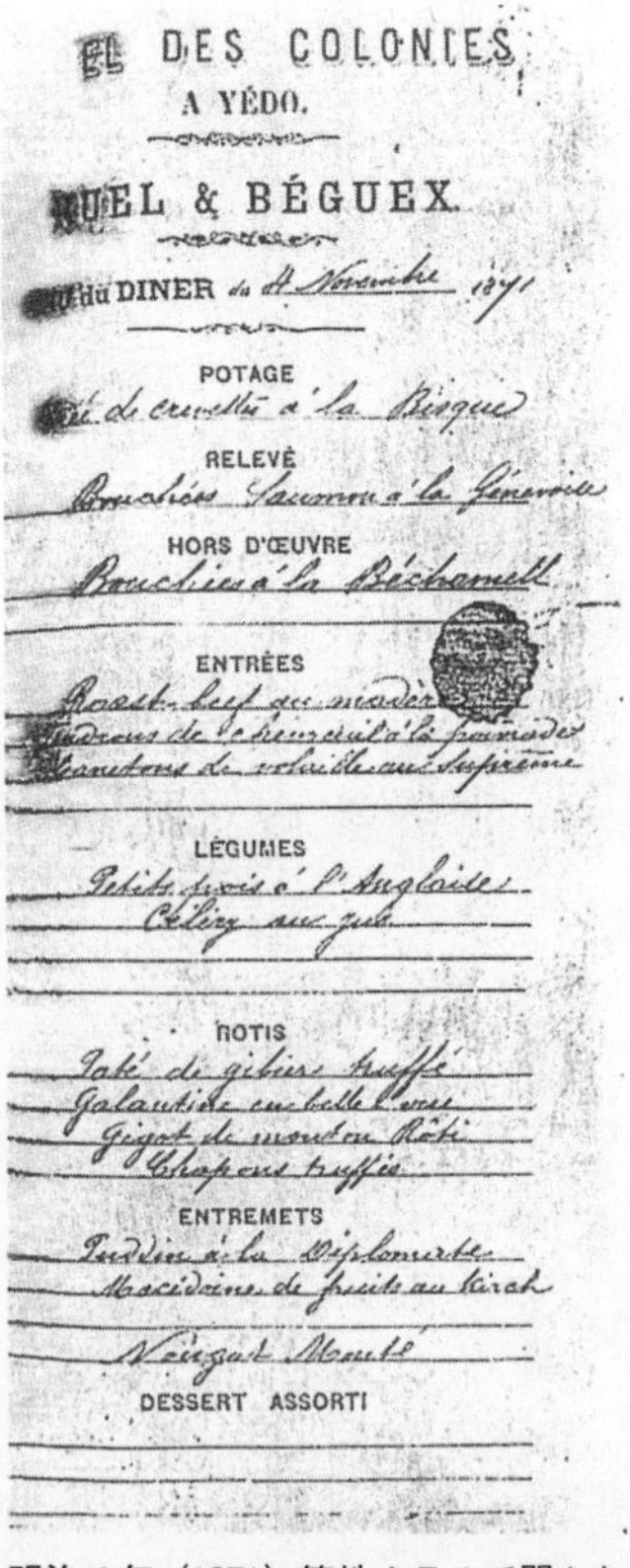
EL DES COLONIES
A YÉDO.
UEL & BÉGUEX
DINER du 3 Novembre 1871
POTAGE
RELEVÉ
HORS D'ŒUVRE
ENTRÉES
Roast-beef au madère
LÉGUMES
Petits pois à l'Anglaise
Céleri au jus
ROTIS
Pâté de gibier truffé
Gigot de mouton Rôti
Chapons truffés
ENTREMETS
Pudding à la Diplomate
Macédoine de fruits au kirch
Nougat Monté
DESSERT ASSORTI

明治４年（1871）築地ホテルで開かれた天長節を祝う晩餐会のフランス語メニュー。（村岡實『日本人と西洋食』春秋社）

襲したものと考えられている［村岡：一九八四］。天長節奉祝の晩餐会という外交儀礼に、西洋料理を明治四年の段階で採り入れている点が重要だろう。

そしてこの路線は、やがて明治国家に定着し、フランス料理が国家の正式な料理様式として採用されることになる。しかし肉を主体とする西洋料理を、国家のものとするためには、遠い昔のことではあるが、同じ皇統に属する天武が定めた肉食禁止令を、形式的にも廃止しておく必要があった。それが明治四年末に行われた天皇肉食再開宣言で、西洋料理を国家レベルで受け容れるための布石であった。

西洋料理受容のためにも肉食の禁忌は、西欧的な日本の近代化の過程で、どうしても払拭しなければならない障壁であった。『明治天皇紀』によれば、明治四年（一八七一）十二月、宮中において肉食禁止令が解かれ、天皇の食事を調製する内膳司に対し、平常の食事に肉を用いることが命じられた。明治維新が王政復古のスタイルを採り、国家としての歴史の一貫性を保つためには、天皇が改めて古代の禁止令を解禁する、という手続きを必要としたのである。

つまり、あくまでも外交上の理由から、西欧列強と伍していくために、西洋料理に必要な「牛羊の肉」を容認したのである。ところで国営の築地ホテルは、明治五年の大火で焼失したが、代わりに翌年開業した民営の精養軒ホテルが、日本における西洋料理のメッカとなった。シェフもフランスのホテルリッツで修業を積んだ西尾末吉が担当し、徐々に西洋料理の日本人プロが育ちつつあった。そしてこのころ、しばしば宮中では西洋料理が試みられ、太政大臣三条実美《さねとみ》以下の重臣に振る舞われるとともに、精養軒のスタッフなどによって、女官たちにもテーブルマナーが教えられていた。

この精養軒は海軍からも手厚い保護を受け、海軍士官は努めて精養軒で西洋料理を食べるよう奨励された。月末の勘定決算の時期に、精養軒への支払い額の少ない士官は注意を受けたという［村岡：一九八一］。各国と交流が多い海軍では、西洋料理を通じて、教養とマナーを身につけさせようとするなど、明治国家は総力を挙げて西洋料理の普及に腐心した。確かな年代は不明であるが、おそくとも明治十年ごろまでには、宮中の正式料理は、日本料理ではなく、フランス料理とすることが定められたのである［原田：一九八九］。

三　西洋料理店の開業と普及

幕末から明治初年に開設されたホテルおよびホテル的施設のレストランが、西洋料理を提供する主な場所であったが、ほぼ並行して個人的な西洋料理店も開業されている。これまで長崎が、その発祥の地で、文久年間（一八六一〜六四）ごろのこととされてきた。

しかし、すでに安政六年（一八五九）に、箱館で料理屋を営んでいた重三郎という人物が、西洋料理店の開業願いを箱館奉行に提出し、容認された可能性が高いことを、前坊洋が指摘している［前坊：二〇〇〇］。もし開店されていれば、箱館の方が早いことになるが、長崎にしても、草野丈吉の自由亭のほかに福屋を嚆矢《こうし》とする説もあり、その確定は難しいだろう。

さらに前坊は、その後、続々と誕生していく西洋料理店を府県ごとに一覧しているが、それによれば、大都市ではほぼ明治一桁代《ひとけただい》、地方都市でもだいたい同十年代に、西洋料理店が開業していることがわかる。個人の西洋料理店にしても、長崎・箱館という場所からも明らかなように、はじめは外国人を相手とするものであったが、やがて日本人客も増えていった。明治十年代の地方都市における西洋料理店は、地方の実業家や高級役人などの利用を見越してのことであった。

ちなみに首都・東京では、明治七年（一八七四）の『新聞雑誌』によれば、築地・数寄屋町・神田・浅草などに、競うように「西洋料理店」が開かれているが、府下第一の評判をとるのは茅場町の海陽亭だったという。その客には西洋人もいたが、徐々に日本人の間で、西洋料理が人気を呼びつつあったことが窺われる。それが大都市で流行をみるのは、明治十年代も後半のことで、これは地方都市における西洋料理店の相次ぐ開業に、ほぼ対応するものといえよう。

明治政府の欧化主義の象徴ともいわれる鹿鳴館の開館は、明治十六年（一八八三）十一月も末のことであり、これに対する批判もあったが、そうした欧化の雰囲気は大都市の庶民層へも、徐々に伝わっていく。明治十八年四月七日の『朝野《ちょうや》新聞』は、花見で賑わう隅田川堤に、これまで西洋料理店はなかったが、この日に新たに開業する店ができたことを、喜ばしいと絶賛している。さらに翌々日の同紙は、司法省内に西洋料理所が設けられて、奏任官以上であれば食堂で洋食を摂ることができると報じている。

また同十九年七月十日の『時事新報』も、慶應義塾の随所に西洋料理人を置き、学生の望みに応じて西洋風の肉食を提供する旨を伝えている。加えて同年九月十五日の『東京横浜日日新聞』は、大阪で洋食が流行し、夥《おびただ》しい数の洋食店ができて、上等で七十銭〜五十銭、中等には三十五銭とする店もあり、この計算でいけば、下等の店では、使い走りの丁稚でも洋食を張り込むことができる、としている。

これを裏付けるものとしては、翌二十年八月二十九日の『時事新報』に、近ごろ洋食が流行し、西洋料理店が著しく増加しているが、コックの絶対数が少ないため、その引き抜きが盛んだとする記事が見える。ただ一般の反応は微妙で、明治十九年十一月二十八日の『東京横浜毎日新聞』には、日本人女性のうちには洋食を嫌う傾向があり、外国人との交際の必要上から、高木兼寛《かねひろ》海軍軍医総監たちが、軍医の夫人やその姉妹などの有志を集めて、毎月三回ずつ洋食会を開くことを決定した旨が掲載されている。

こうした新聞記事から、明治十年代の後半に、西洋料理が徐々に都市生活者の間へと浸透していったことが窺える。先の大阪の丁稚云々の記事の信憑性《しんぴょうせい》はともかく、やはり基本的には、都市部の富裕層とインテリたちが、西洋料理ブームの担い手であったと考えられる。しかも、その西洋料理は、しだいに日本的な変容を遂げつつ、広範な享受者を獲得していった点が重要だろう。

すでに明治十年八月十四日の『郵便報知新聞』は、「やまとだね西洋料理」と称して、「魚、鳥、肉、野菜の類をすべて西洋風の烹方《にかた》になし、眼先を替え鼓舌《したうち》をせしむる料理を調進」する店が出現したことを報じている。また同十八年十一月二十八日の『東京日日新聞』は、新橋の太田楼という和洋料理の老舗は、もともと評判が良かったが、「今度は更に割烹の方に改良を加え、かつ洋風の料理の座敷に畳を敷き、手炙《てあぶ》りの火鉢を引き附けながら、牛炙、鶏羹の洋食を味わうを得る」と記し、婦人・小児などに便利だとしている。

また西洋料理店のみならず、すでに明治五年に、高級役人と思われる敬学堂主人が著した『西洋料理指南』や、戯作者・仮名垣魯文《かながきろぶん》の手になる『西洋料理通』といった料理本が刊行されており、西洋料理に関する知識は徐々に広まっていった。さらに明治十七年（一八八四）に出版された『日本・支那・西洋料理独案内』には、それぞれの国の料理法のみならず、「大口を禁ず」「パンの食べ方」「バタ取り」などといった食事法や礼式などが細かく記されており、文化的な習慣の違いにも気が配られている。

こうして明治維新からほぼ二十年の間に、西洋料理は都市部に根を下ろして地方へと広がり、享受者を外国人から高級役人や豪商へ、さらにはインテリや小金持ちおよびその家族へと広げていった。しかも、畳座敷での西洋料理に象徴されるように、一般へは日本の伝統にすり寄るかたちで、受容されていったことに注目すべきだろう。もちろん、こうした人々も、幕末期の遣外使節団のように、毎日が西洋料理では耐えられないはずであったろうが、何かの折に足を運び、それなりの金銭を投ずれば、自由に西洋料理を楽しむ時代が、安政の開国からほぼ三十年後には訪れていたのである。

四　肉食の展開とその料理法

これまで西洋料理を中心に見てきたが、この問題は厳密には、肉食の普及とは別物であった。ただし西洋料理の前提に、肉食の解禁があったことは、極めて大きな意味を持つ。西洋料理の浸透を受けるような形で、明治前期に進行した肉食の展開も、文明開化の賜物《たまもの》ではあったが、当然そこには、さまざまな変容が伴った。もともと肉食禁止といっても、対象とされたのはウシ・ウマ・サル・ニワトリ・イヌで、古来から日本人が食してきたイノシシとシカ、つまり獣肉は法的にも容認されていた。

それゆえ近世においても、都会には獣肉を扱うモモンジ屋があり、肉の訓読みでもあるシシ類（イノシシ＝猪・カノシシ＝鹿・カモシシ＝羚）は食され続けたのである。家畜であるウシとウマは、何よりも農耕あるいは運搬のための重要な畜力として大切にされたが、倒れたり老いたりした牛馬は、実際には食用に供されていた。

それゆえ近世から、地方でもサクラ鍋やモミジ鍋・ボタン鍋と称して、馬肉や鹿肉・猪肉が食されていた。さらに牛馬処理に携わる被差別民の間では、その解体に伴う内臓の分配権が確立しており、モツ類もきちんと食べ尽くすという食文化を有していたのである［のび：一九九六］。

つまり肉食の伝統は、細々とではあったが、肉食の禁忌が最高潮に達した近世社会を生き抜いてきた。しかし基本的には、やはり肉食を穢れとする人々が大多数を占め、天皇の肉食再開宣言に過剰な反応を示した。明治五年二月には、御岳《みたけ》の御師《おし》たちが天皇の肉食を諫《いさ》めようと皇居に乱入した事件が起きるなど、激しい反対論を展開した人々も少なくなかった［原田：一九八九］。ところが国家が推奨する価値観は、古代に米が肉を排除していったときと同じように［原田：一九九三］、逆にではあるが徐々に社会の根本を大きく染め変えていくことになる。

開国によって、西洋料理の浸透に伴い肉の需要も増えたことから、横浜の外国人に交じって牛肉商売を手がける日本人が現れた。中川屋嘉兵衛がその人で、畜肉処理場を設けて牛肉を外国人に調達していたが、さらに慶応三年（一八六七）六月には、江戸高輪に牛肉店・中川屋を開き、向かいのイギリス公使館へ牛肉を納めていた。

そして中川から牛肉店の権利を買い取った堀越藤吉は、すでに明治元年（一八六八）に芝露月町（東新橋）に牛鍋店を開業して、日本人にも牛肉を提供していた。これに続いて、翌年までには神楽坂の鳥金、蠣殻《かきがら》町の中初、小伝馬町の伊勢重といった牛鍋店が相次いで営業を始めたという［伊藤記念財団編：一九九一］。

こうした状況を受けて、肉食再開宣言が出された明治四年には、有名な仮名垣魯文の戯作『牛店雑談安愚楽鍋《あぐらなべ》』が出版され、牛肉を「高味極まるのみならず開化滋養の食料」と絶賛したことなどから、肉食解禁は一気に進んで牛鍋は人々の人気を集めた。同書には、「びいる」も登場するが、基本的には日本酒で、なかには薄切りにした牛の生肉に山葵《わさび》醬油をつけて、熱燗で楽しむ場面も描かれている。牛の「すき焼」は、大切りのロースを「焼鍋」に敷き、「タレ抜のスウプへみりんと醬油」を落として煮たもので、最後には飯も出される。

いずれにしても、牛鍋は和風の味付けで、明治七年（一八七四）刊の『東京新繁昌記』初編には、肉店の牛鍋には、ネギを合わせて煮る三銭五厘の並鍋と、鍋に脂をぬって煮る五銭の焼鍋があり、上等はいわゆるスキヤキ、並等は牛肉とネギの煮込みであったと判断される。また店構えは、旗を立てているのが上等で、提灯があるのが中等、引き戸が看板を兼ねるのが下等とし、いずれも鮮肉をイメージする朱書で「牛肉」と書かれたという。さらに露地店では、「烹籠《にこみ》」と称して、下等な肉片に竹串を刺して大鍋で煮たものが、一串文久銭二枚で売られており、貧民にも広く食されていたことが窺われる。

つまり、牛鍋は西洋料理と呼べる代物ではなく、あくまでも味噌味や醤油味がベースで、従来のサクラ鍋やモミジ鍋・ボタン鍋の延長線上に位置し、貧民たちの「烹籠」にしても、同様であった。それまで口にすることのなかった牛肉を、文明開化の名の下に食してはみたが、その調理法や味付けは、やはり日本料理の範疇に属したのである。

ちなみに明治八年（一八七五）に開店した東京芝浜松町大神宮鳥居脇の牛鍋屋「たむら」の広告文には、四銭の牛鍋に加えて「ロウス・ビステキ五銭、シチウ三銭、ソップ三銭」が見え、西洋料理が出されていたことがわかる。しかし牛鍋に続いて、鍋と思われる「煖鳥、シャモ」が宣伝されており、酒は剣菱と男山を売り物にしていることから［岡田：一九六八］、あくまでも和様の料理が主力であったと見てよいだろう。

また先に見た西洋料理本とほぼ並行して、『肉料理大天狗』なる料理本が、明治五年三月に官許を受け、京都で刊行されている［加賀文庫蔵］。たしかに西洋料理を標榜《ひょうぼう》し、調理に牛乳やコショウも登場するが、酒・醤油・カツオ出汁も用いられており、料理名も「鞍馬焼＝ロース、虎の巻＝シチユーリ、加茂川＝千切肉カステラ、ひよどり越＝ビフテキ、浦之波＝カウレイ」といったものが並ぶ。

さらに同書末尾には「洋客の仕方ハ格別也、其加減ニてハ本朝の人に食《くわ》るに美《うま》からず。此書ハ此方の人に食して美なるを以て要となす」と記されているように、西洋的な食材と見なされた牛肉を、いかに日本人の好みに合わせて食べるかが、この時期に経営者や料理人が最も腐心したところであった。

さらに肉食の普及に関しては、同じ東アジア世界で穀醤という調味料をベースとしながら、肉を食してきた中国料理の役割を見落とすことはできない。『東京新繁昌記』六編には、西洋料理は「業半《ちゃっぱん》（チャンポン）と全くその味を異にし」とあるが、西洋料理店として知られた日本橋品川町（現・室町一丁目）の万林楼《ばんりんろう》については、「業半料理にして西洋を兼ねる」と記されている。

業半は「ちゃぶや」つまり中国語の卓袱（cho-fu）が日本化した語で中国料理を指し、中国料理と西洋料理を兼業する店もあったことがわかる。また横浜の居留地には大勢の中国人が住んだことから、欧米人の下でコックとして働く者が多く、日本における初期の西洋料理は中国風に近いものであったと考えられている［岡田：一九六八］。

たしかに先の『牛店雑談《ごったに》安愚楽鍋』には、「浜（横浜）で屠《しめ》たてを料理番《ちゃぶや》（＝中国人料理人）がにんじんと混雑煮」にして調理した牛肉を食べさせてもらった芸者が、「こんなうまいものハない」と思ったという話が掲載されている。

また同じく落語家の話では、スキヤキを食べたあとで、ネギを小口にザクザクたっぷりと切り、これと脂肉に熱湯をかけたものが美味いとしている。これには「これが異人のコックといツたらわかりやすめへが、ちやぶ〳〵やの直伝でごぜへス」という説明が付されており、日本人が好んだ牛肉料理に、中国人料理人が深く関与していたことが窺われる。

こうして肉食は、西洋料理とも中国料理とも、もちろん日本料理ともつかないような形で、次第に日本社会に普及していくことになる。

五　西洋料理本と折衷料理

明治初年の文明開化によって、人々の生活が一変したわけではなく、江戸以来のそれが、そのまま継続されていた。しかし近代国家が、西洋的な社会や文化の在り方を目指そうとすると、まず社会の上層から、新しい生活スタイルが採り入れられる。そして食生活においても、部分的に西洋風なスタイルを模倣するような傾向が芽生えてくる。もちろん食生活自体は、本質的に保守的であることから、簡単に西洋料理をそのまま受容することなど、できるはずがない。

あくまでも、従来の食生活のベースに、西洋的な要素を付加していくことで、新たな対応が始まった。その意味では、牛鍋が代表格であったことになるが、明治後期には、その勢いが社会的に加速される。こうして新たなジャンルである折衷料理が、時代のシンボリックな意味合いを帯びて成立した。今日でこそ折衷料理は、和洋中それぞれの長所を生かし、ホテルや結婚式場での宴会料理などに、巧みに採り入れられている。

また最近のレストランや地方のホテルなどでも、あえて折衷料理を売り物にするところも少なくない。刺身を西洋風に盛り付けたり、サラダのドレッシングに、醬油や味噌を加えたり、アボカドやセロリを懐石に用いるなど、和風な西洋料理あるいは洋風な日本料理も珍しくはなくなった。これはヌーベルキュイジーヌの影響で、日本の懐石料理の長所を、フランスの料理人たちが、洗練された感覚で採り入れた結果でもある。

ところが明治中期に登場する折衷料理は、まだ西洋料理が充分にこなされていない段階で、必死に日本料理の西洋化を試みるという努力の結晶であった。例えば、後に触れるような粕漬《かすづ》けのハムやカレー粉入り味噌汁といった極端なものもあるが、基本的には、新しい西洋料理を、伝統的な日本料理に、どのように融合させていくか、という課題への試行が、明治期の折衷料理であった。

これまで見てきたように、明治十年代には、西洋料理の日本化や鍋料理の西洋化が進みつつあったが、時代の進行とともに、その度合いを増していく。勝海舟の三男の嫁でアメリカ人のクララ＝ホイットニーが、明治八年の段階で『クララの明治日記』に、「精養軒の食事はイギリス風、フランス風、日本風の混合で、栄養的でもないし値段も張る」と記したように、最高級の西洋料理店においても折衷料理的な要素が強かった。

また、西洋料理店が地方へも普及していく明治二十年代には、西洋料理に関する知識も広まり始める。これに歩調を合わせるように、明治十八年、そのクララの著書『手軽西洋料理法』が、神奈川県の士族・皿城キンによって翻訳・出版されている。

これには津田梅子の父で築地ホテルの理事を務めた津田仙が序文を寄せ、飲食は健康の基礎としており、海外事情に詳しい知識人たちが、西洋料理の普及に深く関与していたことが知られる。同書は、さすがにアメリカ婦人の手になるもので、本格的な西洋料理法を紹介しているが、ビスケットやケーキ、パイさらにはジャムなど菓子類の記述が多く、その大半を占めている。

そして翌年には、秋本房次郎編『西洋手軽絵入料理指南』が出されており、ここでも食物と養生の関係が強調されており、「東洋人の言に曰く、疾病口より入ると、今西洋料理は健康口より入るなり……鰻の蒲焼を捨て牛肉を取らむ者なり」といった記述から、欧化主義の傾向が色濃く読み取れる。しかし、そこに記された料理には、鰻汁料理や索麺《そうめん》汁料理もあるほか、味付けには醬油も用いられており、「汁種（＝肉汁）」をベースにしたところのみに、西洋料理を名乗る根拠があったように思われる。

しかも、これらの料理法は、明治十七年（一八八四）刊の吉田正太郎編『日本・支那・西洋料理独案内』からの借用で、その記述は、明治二十七年刊の常盤木亭主人著『即席簡便西洋料理法』にも引き継がれている。

ただ同書では、かなりの増補が行われており、「木耳《きくらげ》漬・松茸の芥子《からし》漬・魚肉の麴漬・牛肉の塩漬・秋刀魚《さんま》の麴漬」などが登場する点に意義がある。

これまで見てきたような西洋料理本は、西洋への憧憬を抱く知識人の間で支持されてきたが、明治二十年代末ごろから、多くの版を重ねて、幅広い読者層を獲得するようになる。杉本新蔵著『増補日用西洋料理法』は、明治二十八年（一八九五）に「東京ホテル　山崎武八郎」の校閲を経て刊行されたが、毎年増刷され、同三十四年には八版を重ねている。

その序文には、「今や改正条約の実施近きに在り、而して此著あり」と見え、この前年七月の日英通商航海条約の調印という対等な外交関係の樹立を、西洋料理関係者が強く意識している点が興味深い。料理経験のある著者の杉本新蔵が、欧米歴遊の際に持ち帰った原書と、各国での見聞を基礎に、「本邦人の嗜好を斟酌《しんしゃく》し……通俗平易の語」で書き、醤油の使用や日本風テンプラとするなども可と、西洋料理の和風化を容認している。

また、泉鏡花が編集に関わったことでも知られる博文館の日用百科全書シリーズ全五十冊に、明治二十八年刊第三編『実用料理法』がある。本文二七〇頁のうち、二二二頁が日本料理で、そのほとんどが『豆腐百珍』など近世の料理本からの引用で埋め尽くされている。これに江戸期の卓袱料理・普茶料理二二頁が続き、加えて支那料理一一頁と西洋料理一二頁の記述もある。

ただ西洋料理については、「洋食の心得」のほか、明治十四年刊の『増補略解明治節用大全』からほぼ引用の形で、基本的な料理法が略述されるに過ぎない。しかし本文には、なぜか豚料理として、筍《たけのこ》・独活《うど》・蒟蒻《こんにゃく》に山椒・味噌・酒を加えた山椒みそ煮も登場する。ここでは料理法そのものよりも、豚肉を用いている点が重要で、そこに西洋料理としての意味があったと考えるべきだろう。

さらに翌二十九年には、日用百科全書シリーズの第十三編『西洋料理法』が刊行され、アメリカの料理学校を卒業した佐々木孝が執筆し、帝国ホテル庖丁長・吉川兼吉が序文を寄せている。さすがに西洋料理法が並ぶが、本文二四六頁のうち、スープやローストビーフといった料理法の記述は、六三頁に過ぎず、ほかはブレッド、パイ、プッディング、アイスクリームといった菓子製造法や、飲料および料理用語の解説で占められている。

その序文には、「其需要流行の啻《ただ》に中以上の社会にのみ止まらず、一般社会の普《あまね》く其滋味の如何《いか》に美なるかを味ひ、心身の強壮を謀らむと欲す」とあり、西洋料理の普及が社会の中クラス以上に止まっていたことが窺われる。ここでも養生との関係が繰り返されており、西洋料理と健康つまり栄養をセットとする観念が、当時一般的であったことが読み取れる。いずれにしても、『実用料理法』は明治三十四年で十七刷、『西洋料理法』は同三十七年で十四刷を数えており、明治三十年代に、これらの料理本が広く人々に読まれたことが窺える。

さらに西洋料理本としては最も版を重ねた『西洋料理法』著者の佐々木が、アメリカに学んでいる点にも注目したい。この時期には西洋料理と称しても、料理の本場フランスで学ぶ者はほとんどいなかった。本格的に西洋料理を紹介した『手軽西洋料理法』の著者が、アメリカ人のクララ＝ホイットニーであったことに象徴されるように、日本にとって最も身近だった西洋とは、実にアメリカであった。

また第七節で扱う西洋料理の紹介者・大石禄亭《ろくてい》と村井弦斎《げんさい》は、ともに明治二十年前後にアメリカに留学している。『増補日用西洋料理法』の著者・杉本新蔵も、欧米で見聞し原書を集めたというが、おそらく主要な習得言語は英語で、アメリカ経験も大きな役割を果たしたものと思われる。それは幕末期に洋学の主流が蘭学から英学へと変わったためである。明治三年（一八七〇）の小学規則で、英語・独語・仏語・蘭語の四ヵ国語教育が挙げられた。しかし同五年の学制施行で、中等学校以上の正課に英語が採り入れられ、私立の英学校などでも、英語教育が最も広く行われるところとなった。

そうした英語教育の成果として、明治二十年ごろには私費留学生や洋行する者も増え始めたが、行く先は欧米といっても、専門技術の習得を目的とした官費留学生の時代とは異なり、イギリス・フランス・ドイツなどよりもアメリカが多かった。それゆえ日本の西洋料理は、トップレベルは別としても、一般にはアメリカの料理を移入し、それが料理本などで紹介されたことを指摘しておきたい。こうして明治三十年代に入ると、社会の上層に限られはするが、むしろ間接的には主にアメリカを経由する形で、西洋料理は徐々に家庭へも浸透していったと考えるべきだろう。

六　折衷料理と学校教育

それまで一般における料理法の伝授は、家庭や女中奉公などで行われていたが、文明開化以降、教育の場所と手段が変化していく。それは新たな高等教育の場である女学校や、料理教室もしくは料理講習会、あるいは新聞・雑誌という社会教育を通じて行われるようになるが、いずれも有料であった点が興味深い。

すでに明治十五年には、赤堀峯吉の赤堀割烹教場が開かれており、日本料理のみならず、西洋料理・折衷料理も教授された。なお同二十五年に開校したイギリス人・クラーク夫人の割烹方習練学校には、ガス調理台も設けられており、上流階級の夫人や令嬢を相手とした料理教室や料理講習会が盛んだった、とされている［小菅：一九九八］。

その後、明治三十年代後半に入るころから、折衷料理は、女子の家政教育と雑誌・新聞などのメディアによって、その普及に拍車がかかる。まず女子教育から見ていきたい。華族女学校の創設に参与した下田歌子は、実践女学校創設前年の明治三十一年（一八九八）に、『料理手引草』を刊行した。

そこでは欧米での視察経験を踏まえて、西洋料理を紹介している。また三年にわたってアメリカを視察した桜井女学校（現・女子学院）の創立者・桜井ちかも、同四十三年に、『西洋料理教科書』を執筆している［東四柳・江原：二〇〇三］。

さらに日本女子大学校（現・日本女子大学）は、明治三十四年（一九〇一）に創設された女子高等教育機関で、開学当初から家政学部が設けられていた。ここでは料理の研究・教育が行われており、そのなかで折衷料理も教えられている。これに関しては、ライデン大学に勤務するカタジーナ＝チフィエルトカの論稿があるので、これに拠って見ておこう［チフィエルトカ：一九九五］。

日本女子大学校では、その卒業生が明治三十七年に設立した桜楓会という組織があり、その連絡誌として『家庭週報』を発行していた。特定読者に限られた雑誌であったが、そこには料理に関する記事も多く、例えば明治三十七年刊の第四号には、「西洋料理にはなるべく日本の材料を用ゆる事」として、マカロニの代わりに干しウドンやソウメン、チーズの代用としてカツオ節も可とするなど、西洋料理の折衷化が図られている。この他にも、魚サンドイッチ・肉のゆば包・ソウメンのシチューといったものが並ぶ、としている。

また明治四十二年（一九〇九）出版の調理テキスト『日本女子大学講義　第十四　料理』では、第一部として季節料理二百四十五例が挙げられており、これを分類別にみると、純和風百二十二例（五〇％）・純洋風六十一例（二五％）・折衷六十二例（二五％）となっている。さらに第二部では、家庭の和風・洋風の儀式料理（ハレの料理）が紹介されているが、このうち西洋料理百五十九例を見ると、純洋風七十例（四四％）・純和風八例（五％）・折衷八十一例（五一％）となっており、和洋の融合が積極的に行われていたことを、チフィエルトカは指摘している。

このように料理を実際に担う女性教育において、料理の西洋化が試行されていたが、その享受者は限定的なものであり、かつ社会上層のごく一部にすぎなかった。これに対して、不特定多数の読者を想定した雑誌や新聞が、料理教育に果たした役割は大きかった。

すでに明治六年（一八七三）に『明六雑誌』が発刊され、評論活動の場として、のちには自由民権などのさまざまな主義主張を唱える雑誌の時代が始まる。女性雑誌の嚆矢は、同十七年の『女学新誌』であったが、翌年からは本格的な『女学雑誌』となり、女性教育に啓蒙的な役割を果たした。

その後、いくつかの女性雑誌が創刊され、とくに明治二十年代に入ると、『婦女雑誌』『女鑑』『家庭雑誌（注：同名誌四誌あり）』などが、相次いで刊行されるようになった。はじめ女学校の家事実習は、炊事よりも裁縫に主力が置かれており、むしろ雑誌を中心にして料理法が広く紹介されるようになる。

また同二十六年の『婦女雑誌』五月号には、米津風月堂主人の「牛肉の蒲鉾」「即席ライスカレー」などといった折衷料理も紹介されている。さらに明治十五年に福沢諭吉が発行を始めた新聞『時事新報』にも、同二十六年九月末から「何にしようね」という日本料理を中心とした料理記事が掲載されるようになったという［小菅：一九九八］。

七　大石禄亭と村井弦斎の料理観

明治三十六年（一九〇三）四月、堺利彦が発行編集人となって創刊した『家庭雑誌』は、社会主義的な色彩の濃い女性雑誌であった。ここに大石禄亭は、料理法・料理論を中心に健筆を振るっており、翌三十七年五月発行の『家庭雑誌』第二巻第五号に、「和洋折衷料理」なる短文を寄せている。

そこで紹介された「味噌のサラド」は、マヨネーズソースの卵を味噌で代用したもので、「カレーの味噌汁」では、牛肉などを用いた濃いめの味噌汁にカレー粉を入れて飯にかけるとしており、「白魚のスープ」に牛乳・バター・クラッカーを入れ、「乾餅と卵」でも餅をパンの代わりとして、ポーチド＝エッグ＝オン＝トーストに見立てている。

このほかフライ（二―七、以下：同誌の巻号を示す）・シチュー（二―九）・サラド（二―

十一）・スープ（三―一・三）・サンドイッチ（三―七）・飲料（四―六）・カレー（五―一）等々の話や調理法を披瀝し、すでに明治三十八年の段階で、モックソーセーヂ（＝魚肉ソーセージ、三―九）の製法を思い付いている。この大石の思想は、一種のプラグマチズムで、合理主義による生活改善を志向したものであった。

禄亭こと大石誠之助は、慶応三年（一八六七）、和歌山県新宮に生まれた社会主義者で、明治四十三年（一九一〇）の大逆事件に際し、冤罪を受けて幸徳秋水とともに死刑に処せられた。大石は、同志社で学んだ後、明治二十三年（一八九〇）に渡米し、オレゴン州立大学で医学を学ぶとともに、シンガポール・インドにも滞在して、帰国後には郷里で医業を営んでいた。

アメリカで料理を学び、コックのアルバイトを務め、その経験を生かして、大石は、多くの料理記事を書いたが、その傍ら明治三十七年には、新宮に西洋料理店・太平洋食堂を開いて、「貧民を接待し……家庭料理の稽古をさせ」たという［森長：一九七七］。

こうして大石は、社会主義の立場から、西洋の合理主義と料理法を日本的に採り入れて、人々の生活を改良しようと実践的に考えた。また同じくアメリカに遊学し、帰国後にジャーナリスト・作家として啓蒙活動を行った村井弦斎も、西洋的な立場に立って、日本人の生活を改善しようとした一人だった。村井は、明治三十六年（一九〇三）から一年間、『報知新聞』に「食道楽」を連載した後、『増補注釈食道楽』春の巻・夏の巻・秋の巻・冬の巻の四巻本として発売し大ベストセラーとなった。

新聞小説「食道楽」の主人公は大原満という大食漢《たいしょくかん》の文学士であるが、その友人の中川兄妹がからみ、とくに和洋の料理法に精通する妹・お登和が、料理を実践する重要な役割を果たす。しかし小説に筋があるというよりも、毎回実用的な食談議が繰り返される家庭的実用小説であった。つまり実際の主人公は、料理そのものだけではなく、食品・調味料や料理法・献立あるいはテーブルマナーなどに詳しく、さらには養生論も加わって、全体としては食生活改良論となっている。

とにかく連載開始から評判が高く、二、三回の連載を読んだ大隈重信は、「わしのコックを貸してやるからもっといい料理を書け」と励ました。その派遣は一ヵ月ほどだったので、自分でもコックを雇ってネタを得たが、もともとの料理知識の提供者は、お登和のモデルとなった妻・多嘉子で、大隈の従兄弟《いとこ》・尾崎宇作の娘として生まれ、後藤象二郎夫人の姪にあたる。

彼女は、娘時代を高輪の後藤邸で贅沢に過ごし、高級な料理技術を身につけていたという［村井：一九七六］。つまり明治の上流家庭に基盤があった和洋の料理がもとになっているが、冬の巻の巻末全索引に示された八百五十一種のうち、五百四十五種つまり六四％が西洋料理もしくは折衷料理であった。

『食道楽』全四巻は各巻ともに一部八十銭と高価であったが、初版三千部、重版千部とし、五十刷を超える巻も残ることから、少なくとも全体で十万部以上を売り上げた。これは弦斎の自費出版で、明治三十七年（一九〇四）に第四巻を出して完結させている。その大反響を受けて、すでに明治三十六年には、有楽社が『月刊 食道楽』を創刊し、弦斎をアドバイザー的立場に据えたという［黒岩：二〇〇四］。

いずれにしても明治末年頃には、新聞・雑誌・書籍を媒介として、料理を実践し食道楽を目指す文章が、その読者層から幅広い支持を得ていた、という事実に大いに注目すべきであろう。

弦斎こと村井寛は、文久三年（一八六三）漢学者の家に生まれ、明治の開化のなかで、東京外国語学校に進みロシア語を専攻した。しかし、これを中退してジャーナリストの途を歩み始め、明治十八年（一八八五）から翌年にかけてアメリカに学んでいる。

いわば漢学と洋学の双方の知識があったが、先の大石禄亭と同様、ともに自由民権運動の高揚期に多感なる青年期を過ごし、その衰退期あるいは衰退後に、アメリカ社会を見てきている。そうした意味では、和漢の教養を土台とした上で新しい洋学を知り、アメリカに学んで、西洋合理主義的な思考を身につけた点が注目される。

禄亭や弦斎は、西洋的な合理性を基礎として、ともに趣味的に料理を楽しみつつ、日本の食生活改善を図ろうとした。また弦斎は、趣味人として『釣道楽』『酒道楽』『女道楽』なども著しているが、このうちの『女道楽』は廃娼小説で、女性地位向上論者であったこともおもしろい［黒岩：二〇〇四］。

こうして禄亭が急進的な社会主義を志向したのに対し、弦斎はリベラルな改良主義者にとどまったが、消費者運動や公衆衛生・食品管理などについても、いくつかの提言をしている。禄亭も弦斎も、いわゆる美食家ではなく、料理という家庭生活の基本を重視して、西洋合理主義的な立場から、食生活改善に大いなる啓蒙活動を行ったのである。

八　底流としての日本料理

これまで明治期における肉食と西洋料理の発展について、多くの頁を割いてきたが、女学校で料理を学ぶ女性や、禄亭や弦斎の読者にしても、日本社会全体からみれば、ほんのわずかに過ぎなかった。そこで明治の開化期から振り返って、全体的な視野から、肉食と日本料理のおかれた現実を見直しておこう。

現実には先にも少し触れたように、肉食を穢れと考える人々も少なからずおり、東北地方の農村などでは、肉を食べると口が曲がると信じられていた。また筆者（原田）の学生時代、つまり一九七〇年代はじめに京都の先輩から聞いた話では、古い家ではスキヤキを食べるときに、神棚に半紙を張り、神さまから見えないようにして、肉を食べたという。肉の禁忌は、後にも述べるように、簡単には払拭できなかった。文明開化に伴って人気を呼んだ牛鍋も、ある意味では一時のブームだったようである。

明治六年（一八七三）に来日して、四十年間日本に住み、自ら王堂を号したイギリス人・チェンバレンは、明治二十三年刊の『日本事物誌』で、次のような指摘を行っている。「肉食を避ける習慣は今でもかなり広く残っている。この前の革命（注：明治維新）のころ、牛

店種	主な店名	店数
蒲焼屋	神田川・竹葉亭・大和田・伊豆熊 etc.	35
会席・即席料理店	八百善・平清・中村楼・八百松・花月 etc.	84
西洋料理店	精養軒・三河屋・日本亭・相生亭 etc.	11
茶漬屋	宇治の里・桜川・甲子めし etc.	10
牛肉店	富士山・田中・養生亭・港屋 etc.	27
しやも家	大黒屋・今金・今松・今仙 etc.	20
どぜう汁	埋堀・中橋・数寄屋河岸・浅草駒形 etc.	6
鮨屋	帆かけ・毛抜・みさご・与兵衛 etc.	12
蕎麦屋	冬木・藪・蓮玉庵・長寿庵・らんめん etc.	22
菓子屋	船橋屋・風月堂・栄太楼・塩瀬 etc.	15
汁粉屋	白玉汁粉・おかめ・田舎・梅園・都川 etc.	11
計	（11店種、含：支店）	253

※『改正増補 東京案内』より

明治14年（1881）：東京の著名飲食店一覧

肉と豚肉を食することが取り入れられたが、その嗜好もまもなく下火となった」と記し、初版刊行の同年に、パンの嗜好が下層階級の間に流行したときと同様であった、としている。

この時期を扱ったさまざまな風俗誌では、肉食や西洋料理店が、ことさら脚光を浴びるように記されているが、これを別な角度から検討してみよう。上の表は、明治十四年（一八八一）に刊行され、同十七年に改正増補された児玉永成編の『改正増補東京案内』から、東京府十五区内の種類別の主な飲食店と、その数である。

最も多い飲食店の種類は、江戸時代以来の会席・即席を提供する日本料理屋で、全体の三分の一を占めている。西洋料理店はわずかに十一軒で四％強、これに牛肉店二十七軒に新興のしゃも家を加えても、はるかに及ばない。このほか蒲焼屋をはじめ、茶漬屋・蕎麦屋・鮨屋など、古くからの日本料理屋がほとんどであった。

さすがに二十世紀に入ると、西洋料理店も増え始める。東京市役所編『東京案内』によれば、明治三十九年（一九〇六）時点における東京府下三百二十六軒の飲食店の内訳は、「和様料理二百七軒・西洋料理四十二軒・牛鳥屋七十五軒・支那料理屋二軒」となっている［宮本：一九五四］。このうち西洋料理店は、全体の一三％弱に達しているが、その普及には、ほぼ四十年の歳月を費やさなければならなかったのである。

味噌や醬油といった味覚体系は近かったにもかかわらず、支那料理屋つまり中華料理屋が少なかったのは、たしかに肉や油を多用する料理であったが、異国料理という観点からすれば、やはり西洋のインパクトが強かったためだろう。

加えて明治維新以後の日本に、中国に対する敵視あるいは蔑視《べっし》的な傾向が強かったことと関係するが、これについては、改めて論じることとしたい。ただ、先にも見たように、日本における肉食の展開に、中国料理は重要な役割を果たしており、料理自体は社会的にも受け入れられていた。

国家レベルにおける主役の座を、明治維新以後に、フランス料理に明け渡した日本料理は、一方で膨大な努力を積み重ねていた。旧幕府諸藩料理師範で、維新直後に宮内省大膳職庖丁師範を務めた石井治兵衛は、明治三十一年（一八九八）に、洋装活字印刷で一五五三頁におよぶ『日本料理法大全』を出版している。

同書では、日本料理の沿革から月々の献立および料理法に至るまで、ありとあらゆる角度から日本料理を論じたが、やはり西洋料理と中華料理についても、それなりに頁を割かざるを得なかった［原田：一九八九］。

それは日本料理が、西洋料理と中華料理を呑み込むことで、新たな時代への対応を図る必要があったからである。近世の鎖国という枠内で培養された日本料理は、すでに最高潮に達しており、海外の料理を取り入れるほかなかった。

ただ『日本料理法大全』は、西洋と中国に眼を向けはしたが、やはり日本料理に携わる人々の間では、唯一の聖典として尊重され続けた［江原：一九七四］。また明治期の西洋料理本にしても、日本料理のテキストにしても、木版から活版へと変化はしたものの、内容およびスタイルにおいては、近世料理本の枠をはみ出るものではなかった点が重要だろう。

国家や高度な知識人レベルは別としても、庶民レベルにおいては、日本料理つまり和食が、近代に入っても、最も生活に密着した食事様式であった。明治期以降においても、地方の婚礼には、必ず本膳料理が用いられ続け、その伝統は簡単には変わらなかったことに留意しておく必要がある。

モース・コレクションの『百年前の日本』など、明治期の写真集を見ても、住居はほとんどが木造の日本家屋で、一部の上層を除けば、服装もまた男女とも和服であった。衣食住という生活のベースは、文明開化期以後においても、近世社会のそれが受け継がれ、そのなかで徐々に西洋的な生活様式が根付きつつあったのが、明治という時代であった。

そのなかで、料理文化においては、国家上層からの要請と、西洋文化を吸収した知識人の啓蒙活動によって、少しずつ西洋料理が浸透していった。ただ食生活の近代化を考える際に、見落としてならないのは、軍隊の問題である。とくに肉食の普及は、徴兵制による軍隊生活のなかで出される食事と深く関係する。海軍では、早くから米に代えてパン食を導入しており、西洋食中心で肉料理が多かったという［高森：二〇〇四］。

これに対して、陸軍では脚気《かっけ》予防に玄米を混入したが、野戦の際の飯盒炊爨《はんごうすいさん》などを考慮して米が中心であった。ただ軍隊の移動や戦地での調達を考えれば、缶詰や肉類が重要な副食としての役割を果たしたことを忘れてはならない。

例えば、「第九師団従軍僧見聞記」によれば、明治三十七年（一九〇四）の日露戦争での第九師団某連隊では、八月の盤竜山攻撃や守備、あるいは十一月の旅順攻囲中の食事には、毎日のように鶏肉や牛肉あるいは牛缶が用意されている。また陸軍麻布第一連隊のある兵士の記録には、明治三十三年六月二十七日の昼の献立にカツレツが見え［大濱：一九七八］、軍隊内部での肉食の機会が多いことから、民衆は軍隊で広く肉食の味を覚えた、といっても過言ではなかろう。

こうして明治期を通じて、肉食は次第に普及していった。食肉処理された牛の頭数に限ってみても、明治十年（一八七七）に約三万四〇〇〇頭であったものが、同四十四年（一九一一）には、約二六万一〇〇〇頭と、実に七〜八倍近い伸びを示している。

また明治期の食肉は、はじめほとんどが牛であったが、豚の利用も明治二十年代後半から本格化し、明治二十七年に約三万頭であったものが、同四十四年には約二二万九〇〇〇頭に急増し、大正期に入って、牛肉を抜くことになる［伊藤記念財団編：一九九一］。

さらに西洋料理に用いられる野菜は、ほとんどが明治以降に外国から渡来し、さまざまな品種が栽培されるようになった。トウモロコシ・空豆・エンドウ豆・インゲン豆・萵苣《ちしゃ》・ホウレンソウ・大根・蕪・人参・ジャガイモ・胡瓜《きゅうり》・カボチャ・茄子《なす》など、江戸時代から栽培されているものでも、西洋料理用として、新たに移入され直したものも少なくない。このほかレタス・アスパラ・パセリ・セロリ・キャベツ・タマネギ、さらには中国からのハクサイなども、明治期になって外国から移入され、次第に青果屋の店先に並ぶようになっていった［岡田：一九六八］。

文明開化を標榜した明治期にあっても、社会全体としては日本料理が主流であったが、肉食の普及や西洋野菜の移入によって、徐々に食生活の近代化が進行した。その背景には、日清・日露戦争の勝利によって、軽工業のみならず重工業の発展が見られ、日本経済自体が、かなり裕福になっていったという事情があった。

そうした経済的下地に支えられ、国家の外交政策や軍部の要請、あるいは学校教育や合理主義的ジャーナリズムの啓蒙活動によって、肉食と西洋料理の普及が進んだ。それゆえ大正期に入り、市民社会が成熟さを増した段階において、日本三大洋食が登場したのである。

コラム3　スキヤキ

今日、スキヤキと言えば、薄切りの牛肉を、平たい鍋で焼いて、ネギやシュンギクに豆腐・シラタキなどを添え、醬油や砂糖で味付けながら、生卵に浸けて食べる、というスタイルが確立されている。関西や関東あるいは地域によって、焼く順序や添える野菜が異なることもあるが、基本的には、こうしたパターンが一般的となっている。

一般にスキヤキは、明治の文明開化期に、牛肉食が流行して、牛鍋という食べ方が生まれ、そこから発達したもので、日本を代表する料理の一つとなっている。すでに明治二年（一八六九）に、神戸元町に牛肉スキヤキ店が開店したことが知られている［神戸市史〈本編各説上〉］。もちろんスキヤキは、日本料理といっても、伝統的な懐石料理などとは異なり、新しい感じはするが、やはり優れた日本料理の一つといえよう。牛鍋が、サクラ鍋・モミジ鍋・ボタン鍋などの延長で、明治期にどのように食べられたかについては、第五章第四節で触れたが、ここでは若干の補足を行うとともに、スキヤキとの関係に触れておきたい。

高村光太郎には、大正十一年（一九二二）の『明星』一月号に発表した「米久の晩餐」と題する詩がある。やや長いが、東京は下町・浅草の米久の店で牛鍋を楽しむ雰囲気が伝わってくるので、引用したい。

八月の夜は今米久にもうもうと煮え立つ。／鍵なりにあけひろげた二つの大部屋に／べつたり坐り込んだ生きもの の海。／……／顔とシヤツポと鉢巻と裸と怒号と喧騒と、／麦酒瓶と徳利と箸とコツプと猪口と、／こげつく牛鍋とぼろぼろな南京米と、／……／室に満ちる玉葱と燐とのにほひを／……／ぎつしり並べた鍋台の前を／この世でいちばん居心地のいい自分の巣にして／正直まつたうの食慾とおしやべりとに今歓楽をつくす群集、／……／自分でかせいだ金のうまさをぢつとかみしめる群集、／……／わたしと友とは有頂天になつて、／いかにも身になる米久の山盛牛肉をほめたたへ、／この剛健な人間の食慾と野獣性とにやみがたい自然の声をきき、／……

明治初年の牛鍋のうち、上等なのがスキヤキであったことについては、同じく第四節で述べた通りであるが、牛鍋が最も一般的であった。この光太郎の詩に見られるように、東京の下町では、牛鍋はちょっとした贅沢として、庶民に広く親しまれていた。牛肉を使ったスキヤキの語は、明治初年から用いられていたが、これが関東・関西で一般化したのは、実に大正も十二年の関東大震災以降のことである。また今日のようなスキヤキの食べ方が確立されるのも、決して古いことではなかった。

しかし実は、スキヤキ自体は、江戸時代から存在していた。スキヤキの語源をめぐっては、肉を薄く剥くからだとか、杉板を用いたためだ、とする説もあるが、正しくは農具である鋤《すき》で焼いたことに由来する。すでに享和三年（一八〇三）刊の『素人庖丁　初編』には、「鋤焼」として、唐鋤でハマチを焼く図が載っており、鋤がなければ、薄鍋か板屋貝の殻でも良い旨が記されている。

さらに文政五年（一八二二）刊の『料理早指南　四編』には、雁や鴨の肉を唐鋤で焼き、色が変われば食べて良い、などとしている。また天保三年（一八三二）刊の『鯨肉調

牛鍋は七輪に載せた浅めの鉄鍋が使われた。これは明治初年から続く横浜「太田なわのれん」のもの。角切りの肉は同店のオリジナル。（撮影：寺嶋孝善）

スキヤキの語源は、農具の鋤の上に鳥肉や魚を置いて焼いた料理に由来する。享和３年（1803）の『素人庖丁　初編』に掲載されている図。

味方』にも、鯨肉を使い古して薄くなった鍋で焼く、という紹介がなされている。いずれも味付けには、大根おろし・醤油・トウガラシが用いられるが、薄鍋で魚肉や鳥肉を肉汁とともに味わう料理として、近世後期から広く知られていた。それが明治の文明開化で西洋文化の影響を受け、牛肉を用いることで、新たな日本料理となったのである。

第六章　大正・昭和の市民社会と和食――日本料理の変容と展開

一　市民社会の成立と三大洋食

　脱亜西洋化をめざした近代日本の資本主義は、西欧列強をまねて植民地をもつことで、その発展をもくろんだ。日本における資本主義の形成に大きな役割を果たした日清・日露戦争は、もともと朝鮮における日本の権益を確保するためのもので、後者では、これに満洲の問題が加わった。すでに日清戦争の勝利により、台湾の割譲を行って直接統治が行われており、同じアジアへの植民地支配が始まったのである。

　また日露戦争の結果、満洲の権益を手にして進出を本格化させ、満洲支配への下地を築いた。さらに朝鮮に韓国統監府を置いて保護国とし、その指導権を日本が持つことを承認させて、明治四十三年（一九一〇）には韓国併合を行った。しかもロシアからは賠償金の代わりに、北緯五十度以南のサハリン（樺太）を割譲させ、樺太庁を置いて植民地統治を行った。つまり二度にわたる対外戦争で、朝鮮・台湾・南樺太および満洲への支配権を得たことになる。

こうして日露戦争の後、日本は東洋の強国として、軍備の拡張と重工業の拡大・整備に力を入れ、植民地経営を推進しつつ、経済的基盤の充実に邁進《まいしん》した。もともと近世以来の寄生地主制は、小作制度を背景に米価の低価格を維持するとともに、貧窮農民やそこから生まれる女工などの低賃金労働者によって、資本主義経済を根底から支えた。日清・日露戦争を契機とする産業革命の進展で、伝統的職人はその影をひそめ、都市に集住する工場労働者たちが下層社会を形成するようになった。

すでに明治後期から、労働争議や小作争議も発生していたが、一方で生産と資本の集中化が進み、財閥が生まれて独占資本が形成された。さらに軍拡に対応する形で、鉄鋼・造船・機械などの重工業が盛んになったことから、銀行やさまざまな関連会社が増加して急成長し、そこに勤めるサラリーマンが社会的に登場するようになった。しかも明治末年における義務教育の延長や高就学率の達成は、官公庁などに勤める役人、あるいはジャーナリズムなどで活躍する記者や弁護士・学生などの新たな中間層を生み、その発言は社会的な力を有し始めた。

こうして大正期には、サラリーマンなどの中間層と労働者・農民の無産階級が、政治的に発言力を増して、政党政治をめざす過程で、大正デモクラシーと呼ばれる民主化運動が展開された。その基盤となった都市では人口集中が進み、市民社会が成立した。すでに十九世紀初めには、江戸にその萌芽がみられたが、政治的には市民革命を、また経済的には産業革命を経てはおらず、幕府の圧力に耐えることは難しかった。その意味で、明治維新と近代工業化を経た大正社会は、日本における本格的な市民社会と評することができる。
そうした社会状況の下で、衣・食・住の洋風化に著しい進展があった。明治期とは異なり、大都市郊外に文化住宅が建てられ、都心部には鉄筋コンクリートのビルが出現した。衣服も外で働く男性を中心に、徐々に和服から洋服へと変化し、デパートの登場をみた。また大衆雑誌や新聞・週刊誌も数多く刊行されたほか、やがて大正末年になると、ラジオ放送も始まり、マスコミュニケーションの時代へと突入したのである。

これに伴い、食生活も大きく変化した。日露戦争後ごろから、ビールの需要も拡大し、ソースの国産化が進んで、料理そのものだけではなく、その周辺においても洋風化が進行していった。また都市の中流以上の家庭では、来客時にコーヒーや紅茶を出すことも増えたという。すでに明治末年には、食生活近代化の基礎が着々と整えられていたのである。

明治末期には、ビタミンが発見され、化学調味料の販売が始まったほか、料理の際に、何匁《もんめ》・何合《ごう》という形で計量することも行われた。さらに西洋の栄養学の本格的導入が始まり、大正九年（一九二〇）に内務省の栄養研究所が設けられ、翌十年には栄養学会が創設されて［国民栄養協会編：一九八一］、カロリーが重視されるようになった。

すでに明治期にも、滋養という観念が強調されたことは触れたが、それが漠然とではなく、数値に置き換えられて、栄養という言葉が定着を見た。また化学調味料である味の素は、すでに明治四十二年（一九〇九）に発売が開始されていた。こうして食生活においても、科学的な視点が強調され、料理は新しい段階に入ったことになる。

こうした西洋料理・栄養思想の受容に伴い、肉の消費量も著しく増えたが、なかでも豚肉は、日露戦争などの軍需増大で、牛肉が不足したことから特に脚光を浴びるようになった。豚肉の消費量は、明治十六年（一八八三）に、年間一人わずか四グラムであったものが、大正末期から昭和初年（一九二六）ごろには、五〇〇グラムを超えている［宮崎：一九八七］。こうして急速に肉食が浸透し始め、明治期の和洋折衷料理は、見事に調和を保って、日本式洋食として定着をみたのである。

いわゆる大正期の三大洋食とは、カレー・トンカツ・コロッケで、コロッケの代わりにオムレツとする説もあるが、大正初年には、「コロッケの唄」が大流行した。

〽ワイフもらって／嬉しかったが／いつも出てくる／おかずはコロッケ／今日もコロッケ／明日もコロッケ／これじゃ年がら年中／コロッケ／アッハッハ、アッハッハ／こりゃおかしい

というたわいもないものであったが、これは帝劇で上演された日本オペレッタ「カフェーの夜」で歌われた一節であった。この作者は、帝劇の大株主でもあった益田太郎冠者《かじゃ》で、一時は社長も務めた。彼は、三井の大番頭で大茶人の誉れ高い鈍翁《どんのう》・益田孝の長男でもあった［山本：一九七三］。すなわち大金持ちの道楽として作詞されたもので、一般の食生活の現実とは乖離《かいり》した世界であったと見るべきだろう。

　しかし、この唄が大流行した背景には、洋風料理への憧れがあり、それを多少皮肉ったところに世間に受けた原因があったように思われる。もちろん毎日の総菜がコロッケであったはずはないが、大正という時代の洋食志向を象徴しているように思われる。そこで改めて、この三大洋食について見ていくが、これらが、いずれも日本独自のもので、洋食といっても海外でお目にかかれる代物《しろもの》ではない点が重要である。

　まず筆頭のカレーは、すでに明治初期から料理法が紹介されているが、当初のものは、ネギにリンゴとショウガ・ニンニクなどをバターで炒め、エビやカエルを入れて煮たところに、カレー粉と少量の小麦粉を加えたものだった。小麦粉は入らない場合が多く、スープのようなものをライスにかけて食べていた。それが今日のような肉にタマネギ・ニンジン・ジャガイモが入った日本式カレーになるのは、大正四年（一九一五）以降のことで、昭和に入ると軍隊でも採用されて、国民食的料理としてのカレーライスが定着したという［森枝：一九八九］。

　またトンカツは、先にも触れたように、大正期に入って豚肉が牛肉の消費量を上回ったことから、この時期に新たに生まれた料理である。仔牛の肉などを用いたカットレットを、詰めて発音したもので、もともとはカットした肉に小麦粉をまぶし、多めの油でローストしたものだが、この種の料理は世界に広く分布する。ところが日本のカツレツは、テンプラの手法を採り入れたもので、パン粉を用いた日本風フライ料理であった。肉の代わりに魚のフライ料理が好まれたが、これに豚肉を利用したものがトンカツであった［岡田：二〇〇〇］。

コロッケもカットレットのフランス語コートレットから来たもので、コートは骨付きの背肉の意に過ぎない。ただ、その料理が勾玉形《まがたまがた》をしていたことから、潰したジャガイモに挽肉《ひきにく》を混ぜて形を模し、トンカツと同様に揚げたものをコロッケと称したことに由来するという［山本：一九七三］。

いずれにせよカレー・トンカツ・コロッケという三大洋食は、明治の開化以降、全く新しい味覚体系であった西洋料理を、日本料理のうちに吸収しようとした和洋折衷料理の成果であった。このうちカレーにカツオ出汁を用いたり、トンカツにしてもカツ丼という日本的調味料を用いた日本風の料理に仕立て上げられたりした。こうして洋食自体が、徐々に和風化を遂げ、しだいに和食の範疇に属するものとなっていく。

また基本的に洋食は、コースではなく一品料理として楽しまれた。大正十二年（一九二三）の関東大震災は、東京の食堂や料亭に大きな打撃を与えた。すなわち、こうした一品料理を出すそば屋・うどん屋・飯屋・食堂といった小規模飲食店が、震災後に急増して、都会的な食事スタイルを変えていった［樋口：一九六〇］。また震災後の焼け野原に、大阪などの料理屋が開店し、関西料理が関東へ進出する契機となったとされている。

二　中国料理の受容と展開

もともと中国は、四大文明の一つをになった地だけあって、非常に古くから料理文化が発達をみた。すでに見てきたように、農耕といった一大技術のほかにも、味噌・醤油・豆腐・酒・酢や麺、さらにスシなどといった、中国に由来する食文化が、日本にもたらされ、私たちの食文化に大きな影響を与えてきた。そうした中国料理は、長い歴史的伝統に裏打ちされたもので、実に多彩な広がりをもっている。

また広大な中国は、地域ごとの食料生産形態や料理素材によって、さまざまな料理体系が成立していた。中国には、〝南船北馬〟〝北麦南稲〟の俚諺《りげん》があるが、長江を境として、華北の牛羊肉と乳製品および麦系の粉食と、華南の魚介などの水産物と豚肉および米の粒食といった地域的特色がある。さらには〝南淡・北鹹《かん》・東酸・西辣《らつ》〟ともいわれるように、南の広東料理・北の北京料理・東の上海料理・西の四川料理といった代表料理が知られ、味覚の好みも地域で大きく異なる。

近代の前提をなす近世において、長崎に限られていた中国人の居留は、明治の開国の後、横浜や神戸にも及んだが、もともと彼らは貿易に関わる華僑たちで、その料理の原点は、東の上海系や南の広東系のものであった。さらに開国後の横浜においても、ここに居住したアメリカ人・イギリス人などの使用人は、上海や香港などから連れてきた中国人で、もちろん料理人も例外ではなかった。

明治に入ると、横浜や神戸などでは、貿易業務の拡大に伴い、やがて中国人商人のほかに、大量の中国人労働者が来日した。明治三年（一八七〇）の横浜では、開港当初百人に過ぎなかった中国人が十倍の千人に増加している［西川・伊藤：二〇〇二］。膨大な数の中国人が、貿易の拠点である港町に流入するようになった。

こうして横浜や神戸に中華街が形成されていくが、そこには中国料理店も生まれる。しかし、それはあくまでも中国人を対象としたもので、日本人向けではなかった。また古代以来、中国に対して秀吉のように侵略戦争を企てた者もいたが、基本的には中華思想への信仰があったことも見逃してはならない。

すでに、近世に国学が生まれて、本朝の優越を唱える学者もいたが、大国中国は文化の源泉であったことから、異国趣味としての卓袱《しっぽく》料理が人気を呼んだのである。また正月の屠蘇《とそ》・雑煮・七草粥、あるいは五月の粽《ちまき》にしても、もともとは年中行事として日本に定着した中国伝来の食であった。本書でも、これまで見てきたように、魚醤や穀醬、さらに大饗料理・精進料理以来、中国から伝えられた料理体系は、深く日本の料理文化のなかに根付いていたことを忘れてはならない。

ところが近代の入り口において、イギリスが仕掛けたアヘン戦争による中国の敗北が、従来の中国観を変える一つの契機となった。西欧列強による植民地支配が、日本の支配層に与えた影響は大きく、明治四年（一八七一）には、日清修好条規を結んで、ほぼ対等の国交を樹立したが、やがて西欧列強と同様の途をたどるようになる。

そして、ついに中国の保護下にあった朝鮮、あるいはその領土であった台湾の問題をめぐって、対立関係を深め、日清戦争へと傾斜していく。こうして明治に入り、文明開化の成功によって、西洋への憧憬が加速されると、同じアジアの同胞ながら、近親憎悪的にかつての大国である中国を蔑視する傾向が一般化していった。

もちろん清国も、日本と同様に西洋的近代化を進め、最新式の軍艦を装備した。明治二十四年（一八九一）、清の近代装備を誇る北洋艦隊が、神戸・横浜を親善訪問し、その軍事力を誇示した。七月十四日には横浜港で、皇族・大臣・議員・軍人などを戦艦・定遠に招き、盛大なパーティを催したが、そこには豪華な西洋料理が立食式で用意されたという［西川・伊藤：二〇〇二］。独自の料理体系を有していた和漢とも、対外的には、西洋文明に付随する食事様式にすり寄らざるを得なかったのである。

そうした外交情勢の下では、かつて好評を博した中国料理は低調にならざるを得ず、先に見たように（一九八頁）、明治三十九年（一九〇六）時点の東京には、中国料理店はわずかに二軒を数えるのみであった。おそらくこれは、日比谷の陶陶亭と日本橋の偕楽園のことと思われる。とくに偕楽園は明治十五年（一八八二）開業の高級中国料理店で、同二十八年発行の『実用料理法』の中国料理部に、その献立が収められている。

料理のランクは、上等・中等・並の三種類で、すべて四客以上を条件に、それぞれ一人一円五十銭・一円・七十五銭となるが、上等では、芙蓉燕糸《エンスー》・白汁魚翅《ユイチー》・紅焼鴿子《コーツ》・清湯全鴨・金銭鴿蛋・鵪鶉崧・水鴨片・炸蝦球・東坡肉《トンポーロー》に、点心として焼売と紫菜湯、それに小菜が六種といった内容であった。同書は、長崎の卓袱料理とは異なり、本格的な中国料理で、調度や庭園のしつらえも良く、店員の教育も行き届いており、非常に素晴らしい店だと絶賛している。

すなわち明治期には、横浜などの中国人向けを別とすれば、利用客は貿易関係者か高級役人などに限られ、本格的な中国料理店だけが営業していたことになる。ところが日清・日露戦争の勝利で、明治末年（二十世紀初頭）から、日本の大陸進出が本格化していった。在華《ざいか》紡《ぼう》などといった形で、民間人も大量に中国に出向くようになると、中国料理は、次第に日本人にも身近なものとなってきた。このため大正期になると、一般向けの中国料理店が登場し、関東大震災後に急増してかなりの発展をみせた。

先にも述べたように、それまで中国料理の主流は、横浜を通じて入った南の広東料理系で、広東語の音が用いられていたが、やがて料理用語が北京語の音に変わる。それは大正十五年（一九二六）刊の山田政平『素人に出来る支那料理法』以降で、すなわち北京料理中心へと変わり始めたことを意味する。

その後、同書は日本人による中国料理の基本とされたことから［田中：一九八八］、昭和期に本格化する大陸北部への進出に並行して、日本では広東料理から北京料理への転換が図られた、と見なすことができる。なお山田は、日露戦争後に中国に渡り、漢文学を研究する傍ら、各地を回って中国料理を学んだ。同書は、その実際を雑誌『婦人之友』に連載したものであり［山田：一九二六］、山田が熱心に中国料理の普及に励んだことは評価されてよいだろう。

また山田政平訳注『随園食単』に付された丸本彰造の序文には、大正期における軍隊調理の改善の際に、丸本が中国料理を採用させようとして、その研究に励んだ旨が記されている。いずれにしても満洲などを経由して、日本人が持ち帰った中国料理法が、この時期に広まっていった。こうして中国料理店が急増して、やがて日本人が経営する店も現れるようになった。満洲の植民地化が、中国料理ブームに拍車をかけたといっても過言ではあるまい。

ちなみに横浜の中華街は、戦前には中華ソバ屋が数軒並ぶほどであったが、戦後になって大発展を遂げ、百数十軒の店々が軒を連ねるようになった。世界中で今日、最も多いレストランの種類は、ピザ店も含めればイタリア料理店だといわれるが、客席を構えた店舗としては、中国料理店が最大規模を誇るものと思われる。

それらのほとんどは、華僑の活躍によるものであるが、ヨーロッパなどでは、東南アジア系の人々が見よう見まねで中国料理店を営んでいる場合もある。ただ日本では、過去に中国進出という背景があり、多くの日本人が中国生活の経験を持ったという点で、料理の日本化も著しく、ほかの国々に展開する中国料理店とは、若干事情を異にするものといえよう。

三　朝鮮料理の受容と展開

中国料理に比べて、朝鮮料理はその浸透がさらに遅れたが、この問題に入る前に、朝鮮料理の特徴について触れておきたい。朝鮮半島では、中国大陸からの食文化を受容しつつも、独自の料理文化を形成してきたが、膳や飯・汁と漬物（香の物あるいはキムチ）といった組み合わせなど、日本との共通点も多い。また歴史的には、中国料理のように動物性油脂ではなく、ゴマ油などの植物性油脂を多用するために、味覚的にも日本料理に近い、という特性がある［黄・石毛：一九八八］。

日本との共通性については、中国大陸からの文化の経由地であったとともに、人類学・言語学的にみても、日本と朝鮮半島とは関係が深く、釜・鍋・甑《こしき》などの調理用具にしても、とくに弥生・古墳時代以降に、密接な交流があったことを忘れてはならないだろう。もちろん中国大陸・朝鮮半島・日本列島が、古くからの魚醬に加えて穀醬という調味料の体系が卓越した地域であったことも、食文化の共通性を考える上で重要である。

ただ後にも述べるように、日本へ米を伝えた地域でありながら、朝鮮半島では日本の場合のような米への集中傾斜がみられず、とくに北部では雑穀や豆類が重視され、麵類に代表されるような多様な穀物文化を育んできた［尹：一九九五］。もちろん米に高い価値が置かれることに変わりはないが、米へのモノカルチャーが進展せずに、雑穀食が盛んであったのは、古代国家以来の日本のように政治的に米を偏重してこなかったためと思われる。

いずれにしても今日のように、米飯にスープとキムチ、これに楪《チョプ》といった副食が奇数の皿に添えられるというスタイルが、十二世紀後半以降の高麗時代後期に確立したとされている。また肉食も、それ以前の統一新羅時代に一時衰退したが、契丹の侵入やモンゴルの支配を契機に広く普及し、十五世紀の李朝以降に、食文化が大きな発展を遂げ、豊かな朝鮮料理が完成をみたとされている［尹：一九九五他］。

また、もともと朝鮮料理は辛いものではなく、トウガラシが多用されるのは、十七〜十八世紀以降のことである。すでにキムチ自体は、十三世紀ごろの文献に登場するとされており、おそらく漬物としては、さらに古い歴史を有すると考えるべきだろう［鄭：一九八四］。しかし、このころのキムチには、トウガラシが用いられておらず、決して辛くはなく、塩を用いた発酵による旨味と保存を目的とした漬物に過ぎなかった。

今日の朝鮮料理の象徴ともいえるトウガラシを、日本からの伝来とする口碑があるが、その原産地はメキシコやアンデス付近であった。伝播の経路は不明であるが、すでに中国では明代から使用されており、中国から朝鮮半島へ伝わり、逆に日本へは秀吉の朝鮮出兵の際にもたらされたと考えるべきだろう［鈴木：一九八六］。

すでに述べたように、江戸時代には、朝鮮通信使の接待に朝鮮風の料理が供されたが、一般には定着することはなかった。日本に朝鮮料理店が出現するのは、朝鮮人が朝鮮人のために開いたもので、これも朝鮮の植民地化の問題と大きく関係する。

そもそもイギリスの黒人や中国人に象徴されるように、植民地支配を基本とする帝国主義は、被植民地人民の本国への人口移動を、必然的に伴うものであった。それゆえ朝鮮への進出が本格化する明治後期には、多くの朝鮮人が日本へ訪れるようになった。

日本における朝鮮料理店の第一号は、明治三十八年（一九〇五）に上野にあった韓山楼という店とされている。ただ、すでに明治二十八年に、神戸に日韓楼という朝鮮蕎麦店があり、そこではソウルから来た女性が働いていたという。これに関しては、李建志などの研究があるので、これによって見ておこう［李：二〇〇二］。

李によれば、神戸の日韓楼は、朝鮮蕎麦店といっても私娼を置くような店で、温麺もしくは冷麺などを出していたと考えられるが、基本的には料理屋というよりも風俗店に近かったのではないか、としている。これに対して、上野の韓山楼は、一説に朝鮮楼とするものもあるが［安：一九九二a・九二b・九三］、朝鮮人・李人稙《イシンジク》が開いた正式な朝鮮料理店であった。

李は一九〇〇年、満三十八歳のときに官費留学生として日本を訪れ、東京政治学校（現・日本大学）に学んだ。しかし政治家を志望せずに、ジャーナリストを志向して、帰国後の一九〇六年には『万歳報』の主幹となり、韓国の新聞界に大きな影響を与えた。伊藤博文に連なるものと関係が深く、韓国併合の際には、時の首相・李完用《イワンヨン》の秘書役を果たしている。また韓国における新聞小説を手がけ、『万歳報』に「血と涙」を連載して、作家としても活躍したが、その本質は、日本追随主義であり権力志向が強かったという［李：二〇〇三］。

いずれにしても日本最初の朝鮮料理店・韓山楼は、韓国人留学生や李人稙の周りに集う政治家やジャーナリストが利用しただけであり、したがってその店は李が韓国へ帰国するまでの命で、その系譜が継承されることはなかった。

なお日本における朝鮮料理店に関しては、外村大の最近の研究が最も優れており、『月刊食道楽』から、韓山楼の紹介文を探し出し、その料理内容にも検討が及んでいる。西洋料理もしくは日本料理の影響も一部にはあるが、基本的には朝鮮の伝統的な宴席料理・宮廷料理で、庶民的なものとは異なることを明らかにしている［外村：二〇〇三］。

また同じ記事から、「朝鮮料理は芝にも浅草にも有ったと思う」という記述に注目し、韓山楼が朝鮮料理店の第一号ではなかった可能性を指摘している。高級朝鮮料理店は別としても、大正末年から昭和初年にかけて、大量の朝鮮人が日本に渡ったことから、在日朝鮮人を相手とした朝鮮料理店は増え続けた。一九三〇年代（昭和五〜十四）の大阪では、二千七百人の朝鮮人女給がいたといい、昭和十三年（一九三八）の東京市においても、朝鮮料理店は三十七軒を数えたという［外村：二〇〇三］。

もちろん日本の政治家や役人・文人を客とした高級朝鮮料理店もあり、神田猿楽町の明月館は、ほぼ三分の二が日本人、三分の一が朝鮮人で、朝鮮人留学生も足を運んだという。しかも、この店を訪れた『朝鮮日報』の工商視察団の一人、金乙漢は、『朝鮮日報』昭和四年三月二十三日付の記事で、東京の真ん中に純朝鮮料理店があったことに大いに感激し、キムチやカクトゥギの味に満足したとしている［外村：二〇〇三］。

さらに外村は、一九三〇年代の朝鮮語新聞から、日本における朝鮮料理店の広告を精査し、百六十店の存在を確認している。これらは朝鮮人向けの新聞であり、在日朝鮮人を相手としたものであるが、昭和初年には、かなりの朝鮮料理店が営業していたことが知られる。植民地支配を行った宗主国としては、数多くの朝鮮人を移住させたことから、当然の帰結として朝鮮料理店は増加の一途をたどった。

これまでの研究は、在日朝鮮人が視野に入っていなかったため、この時期における朝鮮料理店の全貌は明らかでなかった。本格的な朝鮮料理を知る政治家や高級役人たちは、基本的には朝鮮蔑視のスタンスを保ちながらも、ときおり数少ない高級朝鮮料理店で、その味を堪能していた。

いずれにしても私たちがイメージするような、焼き肉を中心とする朝鮮料理店が、一般に広まっていくのは、これまで多くの論者が指摘しているように、実に戦後のことであった［鄭：一九九二］。今日でこそ朝鮮料理は、日本人にとっても、かなりポピュラーなものとなったが、もともとは在日朝鮮人の間で育まれてきたもので、それが日本社会に広く受け容れられるまでには、長い年月を必要としたのである。

四　戦前の日本料理と戦中・戦後の食生活

明治期における料理文化の状況については、西洋料理が定着していく過程を中心に見たため、これまで日本料理屋については、充分に触れることができなかった。しかし日本料理が、もちろん主役の座を譲ることはなかった。

すでに料理文化が隆盛を迎えた江戸時代の化政期には、料理屋に芸者が出向き、料理＋女性という新しい遊興システムが生まれていた。それは八百善や百川《ももかわ》などでも、明治まで続いており、その後の東京でも新喜楽などの日本料理屋が、高級料亭として政治家や役人・軍人・文人たちに利用されていた。

また幕末の大坂では、加賀伊《かがい》などの料亭に志士たちが集まっていたが、やがて加賀伊は花外楼と改まり、明治の元勲や豪商などが利用したという。このほか大坂谷町のとんぼも、旦那衆や芸人たちに好まれたといい、日本料理屋は会合や社交の場として、多くの客を集めていた［奥村：二〇〇四］。

たしかに明治十六年（一八八三）に落成した鹿鳴館では、西洋料理が中心であった。しかし翌十七年には、これに対抗する日本料理倶楽部として、岩倉具視の知己を得た奥八郎兵衛が、三井組・小野組といった財閥の協力によって、星岡茶寮《ほしがおかさりょう》を開業している［高田：二〇〇四］。

明治の政財界が、いわば日本料理屋のスポンサーとなって、その隆盛を支えたのである。しかも日本資本主義は、帝国主義的政策の下に、朝鮮や台湾などを植民地としたが、ここにも日本料理を中心とした料亭文化を持ち込んだ。朝鮮では、明治二十年（一八八七）に、前代未聞の高級料亭・井門楼が開業している。

その後、韓国併合がなった明治四十三年（一九一〇）以降になると、日本人を相手とする多くの日本料理屋が開店するようになった。これが朝鮮における朝鮮料理屋自体の展開にも繋がったという指摘がある［朝倉：二〇〇四］。

また中国から割譲させた台湾においても、孫文《そんぶん》が同志と会食したという梅屋敷のほか、瓢亭・朝陽楼・紀州庵などといった日本料理屋が、軍や官公庁・経済界の社交場としての機能を果たしていた。このほか道路・鉄道・港湾などといったインフラ整備に、日本人労働者が多数必要とされたため、女性による接待も行われて、日本的な遊興空間としての料理屋が繁盛を見たという［野林：二〇〇四］。

さらに朝鮮と台湾の温泉もまた、日本の帝国主義が持ち込んだものであった。こうして植民地に経済のみならず、料理屋文化などの遊興システムを浸透させていったが、その最も頻繁な利用者が、植民地政府の高官や政商および軍人などの日本人だったのである。

その後、日本料理が西洋料理を吸収して、今日に連なる和食を完成させた大正期から昭和初期にかけて、料理が社会的視点から本格的に論じられるようになる。大正十四年（一九二五）には、衆議院議員で後に関東庁長官となる木下謙次郎が『美味求真』を刊行し、昭和二年（一九二七）からは、大衆作家・子母沢寛が、『東京日日新聞』に「味覚極楽」の連載を開始した。

また西域探検で知られる西本願寺門主・大谷光瑞は、同六年刊の『食』で、諸外国にも眼を配りながら、日本料理論を多角的かつ体系的に展開している。こうして政治家や小説家・宗教家が、正面から食を論じる時代に入った。それはある意味で、植民地支配による経済の繁栄、つまり日本社会における余裕の表現であったともいえよう。

そうした社会的背景のもとで、日本料理そのものに、さらなる磨きがかかり、江戸以来の料理＋女性という料理屋の遊興システム自体も見直されるようになった。その旗手は北大路魯山人《ろさんじん》で、大正十四年（一九二五）に、赤坂山王台にあった先の星岡茶寮を借り受け、便利堂主人・中村竹四郎とともに会員制の高級料亭として再発足させたのである。

魯山人は、はじめ書家・篆刻家《てんこくか》として知られたが、京都や金沢などで食客としての生活を送り、料理を研究して星岡茶寮の顧問兼料理長となり、美食家として名を馳《は》せた。魯山人の長所は、単なる料理人ではなく、書画・陶芸その他さまざまな美学に関する素養があり、そうしたなかで料理を芸術的に位置づけようとした点にある。

それゆえ魯山人の料理は、それまでの料理屋料理とは大きく異なっていた。献立に中国風の前菜を採り入れたり、季節の素材を重視して複数並べたり、家庭の総菜料理を出したり、意表をついた献立を提供した。また女性による遊興は極力遠ざけられ、料理を純粋に芸術という観点から楽しもうとした。

当然のことながら、魯山人は、空間のしつらえのみならず、料理を盛り付ける器にこだわった。出来合いのものではあきたらず、ついには鎌倉に星岡窯を設けて、工人を雇って自ら作陶に乗り出し、漆芸・金工・日本画にも手を染めた［白崎：一九七一、平野編：一九八〇］。これは利休などによる懐石の手法を、日本料理に復活させたもので、器による演出は、享保期の茶人・近衛家熙《いえひろ》に発想が似ている（一三六頁参照）。

そうした魯山人の料理思想を、日本料理屋の立場から採り入れ、これを発展させたのが湯《ゆ》木貞一《ぎていいち》であった。湯木は昭和五年（一九三〇）、大阪に御鯛茶所吉兆《きっちょう》を開店したが、その後、料理における趣向立てを重んじ、器と盛り付けに気を配り、味付けに工夫を凝らして、イクラやスモークサーモンあるいは牛肉を使用するなど、新たな日本料理を目指した［奥村：二〇〇四］。松花堂弁当を考案したのも湯木で、弁当に器を取り込み、彩りを添えて美味を盛り込むなど、吉兆の料理センスが示されている。

さらに昭和期に入ると、著名な木造建築家が、料理屋の設計を手がけるようになる。吉田五十八《いそや》は、昭和十二年（一九三七）、静岡の料亭・浮月楼の増改築を皮切りに、つぎつぎと料理屋空間の創造に乗り出した［中村：二〇〇四］。

すなわち日本料理と和風建築の本格的な融合が、戦前から図られていたことになるが、この年には、盧溝橋事件が起こり、すでに満洲事変で局地的に行われていた中国との武力衝突が、本格的な全面戦争へと展開した。また国家総動員運動が計画された年でもあり、「時局」という認識が高まり、地域ぐるみの戦時体制が確立されて、生活物資の不足が始まろうとしていた時代だった。

このため昭和初期に高揚した料理文化は、大きな変転を迫られることになる。さらに同十四年（一九三九）になると、米穀配給統制法が公布された。料理屋などでも酒が提供されなくなり、「日の丸弁当」が奨励されて、質より量の食事、質素な生活が強制された。こうした社会状況のなかでは、料理の発展は望むべくもなかった。

やがて同十六年には生活必需物資統制令が公布され、米は配給制度により大人一日二合三勺《しゃく》とされたが、これは明治期の兵食一日六合をはるかに下回るものであった。しかもはじめは七分づきから、五分づき、さらには二分づきと目減りしたうえ、生鮮食料品の魚介類や野菜・果物も配給制となって、食堂の利用にも外食券が必要とされた。

太平洋戦争下では、最低摂取量の熱量二〇〇〇キロカロリー・タンパク質七〇グラムを割り込み、敗戦の昭和二十年には一七九三キロカロリー・タンパク質六五グラムとなり、国民の栄養状態は極度に悪化していった［法政大学大原社会問題研究所編：一九六四］。こうした食料難に対して、食料獲得の努力がなされ、江戸時代の〝かてもの〟研究に帰って、食用野草や昆虫食など非常食の工夫が、盛んに試みられた。

そして昭和二十年（一九四五）八月の敗戦によって、人々はほとんど茫然自失の状態に追い込まれたが、それ以上に日々の食料確保が大事であった。空襲による生活・生産環境の破壊、軍人・民間人の引き揚げによる失業者の大量増加に加えて、凶作による食料不足、インフレの急激な進行などにより、食料不足は深刻を極めた。

さらに翌二十一年の食糧緊急措置令による配給では、栄養水準の維持も怪しい状態に陥った。早くも九月はじめに東京では、有楽町や新橋・渋谷・新宿などの駅前に、ヤミ市が出現し、米の飯やスイトン、肉・卵・リンゴ・トウモロコシなどの食料品が、露店に並ぶようになった。

しかし東京・上野駅での餓死者は一日平均二十・五人で、大阪でも毎月六十人以上の栄養不足による死亡者を出した。昭和二十二年（一九四七）には、ヤミ米を拒否した東京地裁の判事が、餓死するという事件も起きている。

こうしたなかで都会の人々は、超満員の電車や列車で農村へと買い出しに出かけ、米やサツマイモを背負って帰った。すでに昭和二十一年五月十九日には、皇居前広場で、労働戦線統一世話人会主催の飯米獲得人民大会が開かれ、いわゆる食糧メーデーのデモが行われて、〝憲法よりまず飯だ〟などのスローガンが掲げられた。

占領軍の主体となったアメリカは、昭和二十年（一九四五）から同二十六年まで、ガリオア（Government and Relief in Occupied Areas）・エロア（Economic Rehabilitation in Occupied Areas）資金として、総額約二十億ドルの経済援助を行い、その六〇％以上が小麦や米などの食糧輸入に充てられた。しかし食糧不足の解決は難しく、昭和二十三年十一月には、主食の配給が全国平均で二十七日の遅配という最悪の事態に追い込まれており、こうした状況下では〝料理〟は死語に近かった。

そうしたなかで、昭和二十三年のアメリカによる経済安定九原則を受けて、ドッジ・ラインによる厳しいインフレ抑制策が功を奏し始めた。さらに米ソ対立を背景に、昭和二十五年、隣国で起きた朝鮮戦争で、日本はアメリカの兵站《へいたん》基地としての重大な役割を果たした。そして、その特需景気によって、デフレで沈滞していた日本経済は、大きく息を吹き返した。

これによって翌二十六年には、経済水準が戦前レベルまでに回復し、食糧不足も次第に解消の方向へ向かった。そして、この年、サンフランシスコ講和条約が締結され、アメリカを中心とした片面講和ではあったが、いちおう独立国としての承認を得て、新たな時代へと踏み出し、食生活も安定へと向かい、料理復活の兆《きざ》しをみせたのである。

五　高度経済成長期の米食と魚・肉料理

昭和三十一年（一九五六）の経済白書は、〝もはや戦後ではない〟と表現したが、その前年から、オイルショックの起こる同四十八年（一九七三）までの時期に、日本は世界的にも稀にみる高度経済成長を遂げた。この十八年間、日本経済は実質平均で八・四％という高い経済成長率を維持し続けた。

すなわち昭和三十年からの〝神武景気〟、同三十三年からの〝岩戸景気〟を経て、昭和四十一年から四十五年まで続く〝いざなぎ景気〟では、実質平均成長率が一一・六％にも及んだ。その基幹には、著しい重化学工業の発展があり、大企業を中心として、政官財の提携が強化され、新たな国家体制と再生産構造が形成されていくことになる。

この高度経済成長は、単に経済や政治のみならず、人々の生活にも深い影響を与え、日本社会は大きな変転を遂げることになった。この時期の社会変動のなかで、最も大きな変化は、農村の過疎化と都市化の進展であった。専業農家の減少が著しく、農業から工業へと産業構造が変化し、人口は都市へと流入して、都市の中間層が急激に増大した。

この間に経済規模は、実質約五倍に拡大し、たしかに生活は豊かになった。戦前に比べれば貧富の格差が縮まり、社会的規模における貧困からの脱出に成功した。これにより国民の生活水準は上昇し、大衆消費社会が形成されて、食生活や料理にも大きな変化が訪れたのである。

それは食べ物のみならず、家庭における調理のスタイルをも、大きく変えていった。例えば、電気釜の発売は、昭和三十一年（一九五六）のことで、翌年には販売数が百万台を突破し、この年にはガス自動炊飯器も発売されている。

さらに昭和三十一年にアメリカから入ったスーパーマーケットが、同三十七、八年ごろに急速な展開を遂げ、昭和四十年（一九六五）に冷蔵庫の普及率が五〇％を超えて、翌四十一年には低温輸送によるコールドチェーン化が進んだ。

こうして新鮮な野菜や魚・肉、さらにハム・ソーセージやミルク・バター・チーズ、そしてビールや清涼飲料水が、いつでも自由に口に入るようになった。またダイニングキッチンも、昭和三十一年に公団住宅で採用されてから、一般に急速に普及するなど、食生活のスタイルは大きな変貌を遂げたのである。

またテレビ放送開始は、昭和二十八年（一九五三）のことであったが、このときから料理番組が放映され、同三十二年にはＮＨＫの最長寿番組「きょうの料理」が始まった。そしてインスタントラーメンが登場した昭和三十三年には、ＮＨＫのテレビ受信登録数が百万台を突破し、翌年には三百万台、同三十七年には千万台に達する勢いで、半数以上の家庭にテレビが普及したことになる。

またクッキングスクールが、昭和三十年に登場しており、かつて母から娘へと伝えられた料理法は、テレビや教室でも学べるようになったが、いわゆる家庭の味が伝えられることは少なくなった。こうしたシステムでは、放送時間および授業時間といった制約があり、そこでは時間のかかるスローフードが、無意識のうちに除外されていったことに留意すべきだろう。

こうして食生活の洋風化が進み、日本料理自体も著しい変容をみた。その最も大きな点は、米食の減少と魚料理から肉料理へという変化であった。まず米食の問題から見てみよう。昭和三十年（一九五五）には、米の生産量は一二四〇万トンに達して、その後もほぼ同水準を維持し、同四十二年（一九六七）の大豊作で史上最高の一四五〇万トンを記録した。

ところが、これに並行するように起こった栄養改善運動では、白米偏重の是正が叫ばれた。西洋風の食事を理想としたことも手伝って、長い間主食の座を占めてきた米飯は遠ざけられ、年間一人あたりの米消費量は、昭和三十七年（一九六二）に戦後最高の一一八・三キロに達したのをピークに、以後年々減少に向かった。

代わりにパンや麺・スパゲッティなどの消費が拡大すると同時に、副食の比重が増えて、乳製品や肉類・魚類さらには野菜の摂取量が増加した。このため米は、昭和四十二年（一九六七）ごろから市場にだぶつき、米の過剰時代に入ったのである。

すでに同年には、農業人口が全就業者の二〇％を割り込んでいたが、政府の農業政策は稲作を抑制する方向で進んだ。昭和四十五年（一九七〇）に、米の減反と買い入れ制限が始められた。こうして古代以来、実に長い時間をかけて開発・維持されてきた水田の景観は、荒れるに任されるようになった。

また昭和三十年代ごろから、プロパンガスが家庭に普及し始め、都市ガスも同三十七年（一九六二）には、需要家庭が五百万戸を突破した。すでに昭和三十三年（一九五八）、家庭用の換気扇が登場し、同三十五年にはステンレス流し台が発売され、家庭料理の在り方は環境的にも大きく変化していく。

いつでも火が自由に使えることから、焼き物が手軽になり、強力な火力を必要とする揚げ物・炒め物も、面倒なく簡単に調理できるようになった。このため日本的な煮物・和《あ》え物の比重が低下し、西洋風もしくは中華風の料理が食卓に供されるようになった。

また西洋料理・中華料理には、肉類が欠かせないが、現代日本における肉食の普及は、実に興味深い形で進行した。その最も象徴的な食品が、魚肉ソーセージであった。すなわちカマボコ技術を応用し、魚の擂《す》り身に着色して肉に見せかけたソーセージという珍奇なアイデアが、近代における日本の肉食を側面から支えたのである。

明治・大正期における肉食の展開については、前章でもみたが、その後も水準としてはまだ低く、一人一日当たりの肉供給量は、大正十（一九二一）〜十四年の平均で五・七グラムに過ぎず、昭和三十五年（一九六〇）でも九・七グラムで、二桁《けた》に及んでいない［矢野恒太郎記念会編：二〇〇〇］。もちろん畜肉に代わる動物性タンパクは、魚肉でしかあり得なかった。

ところが一九六〇年代から七〇年代にかけて、食生活の洋食化が進むと、食肉の消費が急増するところとなる。肉の供給量は、昭和四十五年に三三・三グラムとなり、同五十五年に六〇・五グラムに達して、今日の八〇グラムという数値に近づいた［同前］。こうした肉食の普及は、高度経済成長を後追いする形で進行した。その背景には、先に見たような料理情報の広がりや食品流通の発達があり、食生活の近代化が著しく進展したが、日本人の食卓では、実際にはまだ魚肉が優位な位置にあった。

そうした魚肉から畜肉への転換を、徐々に準備していく過程で、カマボコ技術を応用した魚肉ソーセージが大きな役割を果たした。魚肉のハム・ソーセージ化という発想は、大正期から存在し、一時は軍事用の食料として開発が企てられたともいうが、その商品化は昭和二十六年（一九五一）以降のことであった。

おりしも昭和二十九年のアメリカのビキニ水爆実験による被曝《ひばく》で、マグロの値段が暴落したことから、処分に困った安価なマグロを魚肉ソーセージとして大量に売り出したところ、爆発的な人気を博した。これを契機に、魚肉ソーセージは驚異的な伸びを示し始める。

その生産量のピークは、昭和四十年（一九六五）で一八八万トンに達したが、これは発売当初の実に八百二十一倍に及ぶものであった。その消費層は、都市部よりは地方、高所得者よりは低所得者に多く、どちらかといえば肉食に馴染みの薄い層に、魚肉ソーセージが受け容れられた。そうした人々にとって、魚肉ソーセージは、まさしく魚ではなく肉として食され、魚肉から畜肉への転換を潜在的に支えたのだといえよう。

また企業的に見ても、伊藤ハム・日本ハムなど畜産系の大手が、魚肉ソーセージの生産に参入したばかりか、丸大食品・マルハなどいくつかの水産会社は、魚肉ソーセージの成功で、畜産事業等に進出し大企業となった点も注目される。

いずれにしても魚肉ソーセージという商品は、カマボコ技術の発達した日本にしか存在していない。後に述べる世界的なヒット商品・カニカマは、魚肉ソーセージの弟分となるが、

江戸時代には、多人数で組織的に捕獲する捕鯨が盛んになっていく。尾州・紀州に始まり、関東・東北・九州に広がっていった。（「肥前国産物図考」佐賀県立博物館蔵）

両者とも漁業大国・日本が生み出した一大発明食品であった。こうして魚肉ソーセージは、すでに近世以前から魚肉の延長線上にあると見なされ、大いに食用されてきた鯨肉とともに、魚食から肉食への変化に、非常に重大な役割を果たしたのである「原田：二〇〇五」。

こうした魚肉ソーセージを、生産量で食肉ハム・ソーセージが追い抜くのは、昭和四十二年のことで、奇《く》しくもこの年は、日本の米生産量が史上最高を誇った年でもある。さらに栄養学的には、動物性タンパク質のうち構成比率で、畜産物が水産物を上回るのは昭和五十年（一九七五）のことであった「農林統計協会編：一九八九」。

以後、この現象が固定化を見るが、昭和六十年ごろでも供給量では、まだ魚介類が肉類を上回っていた。実質的な供給タンパク質量でみると、魚と肉が逆転したのは、意外に遅く実に昭和六十三年（一九八八）のことであった。

鶏については、鶏卵を除き、鶏肉だけを加えても、国民一人当たり肉類および牛乳・乳製品の供給量は、昭和六十二年には一九・一グラムであったが、翌六十三年には二〇グラムとなっている。これに対し魚介類は、同六十二年に一九・二グラムであったが、翌六十三年には一九・六グラムに止まっており、ここで魚と肉の力関係に大きな変化が生じた［農林水産省総合食料局編：二〇〇四］。

だいたい昭和三十五年（一九六〇）ごろには、とくに都市サラリーマン層において、食生活の洋風化が進んで、魚介類や根菜類から、肉類や卵・乳製品・葉物などへと変化し、この時期から、畜産物の比重が増していった。さらに清酒よりもウィスキーなどの方が好まれ、昭和四十三年（一九六八）ごろになると、子供の人気メニューも玉子焼からハンバーグへと変わり始めたが、社会全体としてみれば、ほぼ昭和の終焉《しゅうえん》まで、魚料理が肉料理に勝っていたことになる。

そして戦前まで、一人一石すなわち一六〇キロといわれていた米の年間消費量は、ついに昭和六十一年（一九八六）に、半分以下の七一キロにまで落ち込んだ。これは代わりに、副食物が増えたことを意味し、それまでの焼魚・煮魚・刺身といった魚料理から、卵あるいは鶏・豚・牛といった肉料理へと、比較的カロリーの高い食材が食卓の主役にすわるようになった。

こうして肉食再開を宣言した明治維新から、ほぼ百二十年を経て、肉食は主座を獲得した。まさしく米と魚という日本食のイメージは、食生活の現実とは別に、明らかに一つの健康食としての理念へと化したのである。

六　料理の多様化と外食・中食

昭和四十三年（一九六八）、日本のGNPは資本主義国第二位となり、世界有数の経済大国となった。一九六〇年代が、貧しさからの脱却の時代であったとするなら、一九七〇年代から八〇年代にかけては、オイルショックなどの不況を乗り越えつつ、日本経済が最も繁栄して、生活が裕福になった時代であった。

とくに昭和六十年（一九八五）のいわゆるプラザ合意以降、円高による異様なバブル景気が、平成三年（一九九一）まで続いた。食生活と料理の著しい多様化は、一九七〇年代ごろから、急速に進んだ。なかでも料理を提供する場が大きく変わり、料理屋や旅館か食堂、あるいは家庭以外でも食を楽しむ空間が増えたことが重要だろう。

ファストフードチェーン店やファミリーレストランの登場、さらには弁当やおにぎり・総菜・サンドウィッチという中食《なかしょく》が、コンビニなどから家庭や職場に入り込み、料理の在り方を大きく変えていった。すでに昭和四十二年（一九六七）には、立ち食いソバやスタンド式のカレー屋などが繁盛し、立ち食いは一つのファッションとなり、大阪などでは、縁日にフレンチドッグの店が並んでいた。ところが昭和四十四年（一九六九）、第二次資本自由化が始まると、翌四十五年（一九七〇）に、ケンタッキー・フライドチキンが、大阪万国博覧会の会場でデモンストレーションを行い、第一号店を名古屋に開店させた。そして翌年にはアメリカン・ハンバーガーが本格的に登場し、マクドナルドが東京・銀座に第一号店をオープンさせ、一日百万円の売り上げを記録した。

こうしたファストフードチェーン店の展開によって、外食のファッション化・レジャー化が進行し、食のスタイルが変わったが、これらはすべて外資系の外食産業であったという点に特色がある。ある意味では、アメリカを中心としたグローバリゼーションの波が、日本の食生活にも及び始めた時期といえるかもしれない。

ついに翌四十七年（一九七二）には、国内資本のロッテリアもこれに進出し、外食産業は大盛況を迎えたのに対し、この年から駅弁の売り上げが減少傾向に入った。ケンタッキーやマクドナルドのみならず、ミスタードーナツさらにはピザのシェーキーズなども相次いで店舗を開いた。さらに大資本によるファミリーレストランの営業が本格化していった。

昭和四十五年（一九七〇）、東京都国立市にドライブインレストラン・スカイラークが開店し、翌四十六年にロイヤルが福岡市で郊外型レストランを展開させ、同四十九年（一九七四）にはアメリカのデニーズがイトーヨーカ堂と共同で、デニーズ一号店を東京・上大岡に進出させた。こうしてファストフードとファミリーレストランは、新しい食事のスタイルを創り上げ、外食をごく自然なものと意識させていったのである。

この外食感覚の延長線上に、中食というスタイルが登場することになる。コンビニなどで買った弁当や調理済みの食品を、職場や家庭などで食べる中食は、料理と食事のスタイルを大きく変え、新たな飲食業の分野として急速に市場を拡大した。もともと下町などに多かった総菜屋とは異なり、ラインによる生産ときめ細かな流通機構、およびその管理体制の下で営業が行われている。

すでに地域的なコンビニショップは存在していたが、昭和五十九年（一九八四）に、イトーヨーカ堂系のセブン－イレブンが営業を開始して以降、本格的な全国展開を推進し、やがて弁当や惣菜類が徐々に比重を高めていく。これは一九七〇年代後半からの電子レンジの普及と密接に関係する。すでに昭和五十一年（一九七六）には、ほっかほっか亭第一号店が埼玉県に開店しており、類似店が急増して、手軽で安価な持ち帰り弁当が人気を集めつつあった。

こうした食生活の変化の背景には、女性の社会進出という現象があり、昭和四十五年（一九七〇）には、女性の雇用者数が千万人を突破した。さらに主婦などのパートも急増し、相当数の女性が外で働くようになった。こうしてインスタント食品や冷凍食品、あるいはファストフードやファミリーレストラン・コンビニなどが、女性の家事労働の軽減に大きな役割を果たすとともに、男性の独身もしくは単身者にも、幅広い外食の機会を提供したことになる。

いっぽう家庭の料理においても、テレビの料理番組やビジュアルなクッキングブック、さらに女性雑誌の料理記事も急増して、料理情報が溢れるようになっていった。はじめは実用本位であった料理番組も、昭和四十五年（一九七〇）ごろから、グルメ志向が高まり、一種のグルメブームとなった。タレントを動員した料理ショーや、全国各地への〝食べ歩き〟の番組などでも、味覚や視覚が重視され人気を集めた。昭和五十三年（一九七八）には、いわゆる〝男の台所〟がブームとなり、時間をかけた手作りの料理が趣味と見なされた。そしてこの頃、やっと〝食文化〟という言葉が市民権を得るようになったのである。

七　料理の国際化と海外進出

経済成長が著しかった昭和四十六年（一九七一）には、ワインブームが興って、料理と酒類との相性に関心が寄せられた。また高級アイスクリーム・高級果実も販売されるなど、次第に贅沢志向が進んだ。さらに昭和四十四年（一九六九）ごろから、海外旅行が盛んとなり、フランス・イタリア・スペインなどで本場の料理を楽しむ人が増えた。

また海外で料理を学んだ人々が帰国し、日本のホテルやレストランでも、本格的な欧風料理が味わえるようになった。そして、その延長線上に、いわゆるエスニック料理が登場する。昭和五十八年（一九八三）には、東京・六本木にアラブ料理の専門店が出現しており、これに加えてタイやベトナム・カンボジア・インドネシアなどの料理が、人々の関心を集め始めたのである。

いずれも日本人には馴染みのうすい香辛料を多用するが、昭和六十一年（一九八六）の激辛ブームとも相まって、アフリカや中南米の料理にまで対象が広がり、大都市にはさまざまなエスニックレストランが店を構えるようになった。そして昭和六十一年（一九八六）から始まるバブル経済期には、一段と食の情報化が進み〝グルメ〟志向が顕著になった。

この時期には、独特のインテリアを凝らし、ライブショーなどを組み合わせたトレンディレストランが大流行した。シックで西洋風のインテリアを整え、和風オムレツや高菜チャーハンもしくは中国の薬膳料理などを売り物にしたレストランバーが流行し、潮汁とワインを組み合わせるなど、和洋中折衷のニューメニューが競って開発された。

こうして明治以来の折衷料理が、新たにハイレベルな形で達成され、その営業化に成功したことになる。さらに高級なフランス料理や日本料理を出すホテルや旅館が繁盛し、コース料理が一人六万円という高級店にも客が席を埋めたという。バブル経済期には、食生活に限らず、さまざまな局面で、金が溢れるように流れ、異様な状況が生まれたが、すべての人々が、その恩恵に浴したわけではなかったことも忘れてはなるまい。

このような食生活の多様化は、料理の二極化と均一化を生み出した。レストランや料理屋のアイディアと料理人の研鑽《けんさん》が、極めて高度な料理の大衆化を実現していった。とくに平成三年（一九九一）以降のバブル崩壊、その後のデフレ現象のもとで、今日では低価格化が進んでいるが、すでに贅沢な料理は、必ずしも金持ちの特権ではなくなった。

代わりに経済性・利便性の合理化のもとに、冷凍加工技術の発達とも相まって、安易な料理や工場生産による料理が、市場に溢れるようになった。さらに流通網の拡大とスピード化によって、さまざまな食材が出回るようになったが、大量の保存料を必要とするようになり、添加物が増えて、本来の味覚とは異なるものが提供されている。

加えて巨大資本のチェーン化により、全国どこへ行っても同じ店、同じようなメニューが並ぶようになった。また地方の飲食店も、そうした料理情報に呑み込まれて、画一的な料理品目を用意せざるを得なくなっている。一部で無添加食材や自然食品、地方料理や地域食材が注目されてはいるが、料理の均一化・画一化は、着実に進行しつつある。

ただ、こうした食における〝合理化〟を、生産や流通さらには経済といった巨視的な観点からすると、そこには非常に難しい問題が存在している。一億二千万を超す人間の食料の供給は容易ではなく、その生産・貯蔵・加工・流通の過程においては、農薬や添加剤さらに機械加工などが不可欠な要素を持っている。マクロレベルの食の〝合理化〟には、個性と均一性、鮮度と保存、素材と加工、等々の相反する難問が多いという事実にも眼を向けておく必要があろう。

そうしたいくつもの矛盾を抱えつつ、さらに今日では、食の国際化が著しいという問題もある。世界中の料理が移入されるいっぽうで、日本料理と日本発の食品・食材が、広く海外へも進出を果たすようになった。高度経済成長期を代表するインスタントラーメンは、昭和四十四年（一九六九）には三十ヵ国で人気を呼び、アメリカへの輸出は二千三百万個に上っているが、その改良品であるカップヌードルは、今日ほぼ全世界に広まっている。

また醬油の輸出は、古く江戸時代に遡るが、戦後にアメリカ市場に進出し、昭和四十八年（一九七三）、アメリカに生産工場を設立して、ソイソースとして広く利用されるようになっ

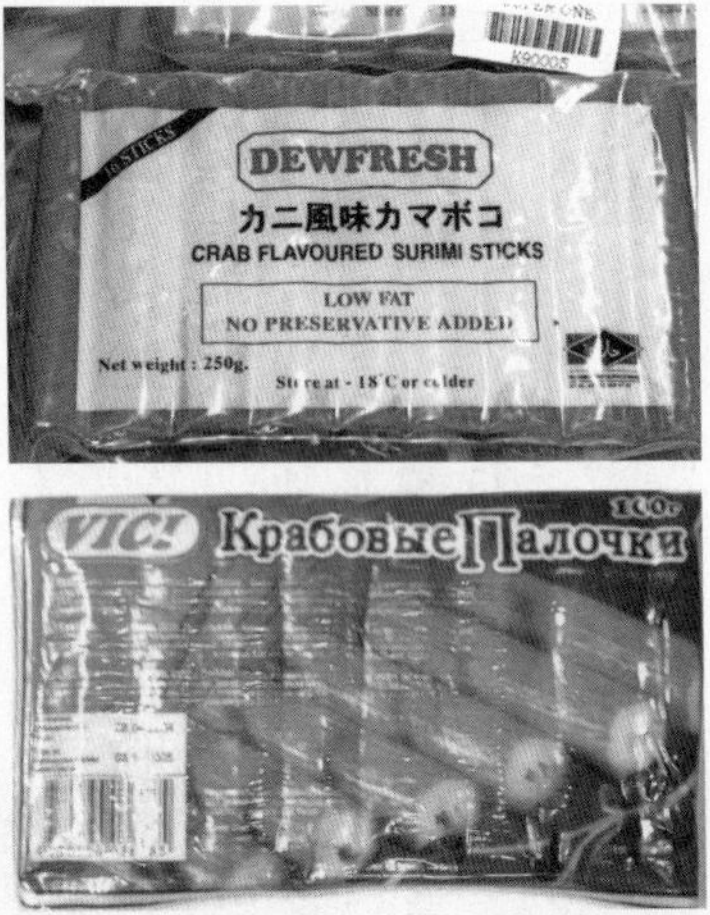

上はミャンマーで売られていたタイ製のカニカマ。下はロシアのサハリンで売られていたロシア製のカニカマ。（ともに著者撮影）

た。また近年の世界的ヒット食品としては、昭和四十七年（一九七二）に発売されたコピー商品カニカマがある。これは先に見たように（二三二頁参照）、魚肉ソーセージを生んだカマボコ技術の応用で、中南米に至るまで世界各地で好評を博している［原田：二〇〇五］。

その後、昭和五十四年（一九七九）には、牛丼の吉野家チェーンが、アメリカ・ロサンゼルスで事業展開を行っている。また同五十五年（一九八〇）を過ぎた頃から、脂肪分の少ない日本食が健康食として脚光を浴び、スシバーをはじめとする日本料理店が、アメリカで人気を集めるようになった。

さらに近年では、回転寿司店やパッケージされた握りズシを並べる店も多く、ヨーロッパやアジア諸国のあちこちでお目にかかることができる。またアメリカなどでは、高級日本食レストランが裕福な客層を集めて、高い人気を獲得している。それどころか本場・中国に、上海などの一部に限られるが、日本の餃子店や豚骨ラーメンチェーンが進出しており、日本

タイ・バンコックの空港にある持ち帰り用のスナックとスシの店「OISHI（オイシイ）」。スシバー的に、つまむこともできる。（著者撮影）

食の海外進出には、実に目覚ましいものがある。

かつての海外の日本料理店は、駐在日本人や長期日本人旅行客と一部の外国人に限られたものであったが、近年では現地外国人の利用者が増え、日本食ブームが世界的に進行している。すでにフランスのヌーベルキュイジーヌには、日本の懐石料理が大きな影響を与えているし、日本料理もフランス料理などから多くを学んでいる。こうして社会の情報化が進み、流通網が極度に発達した日本では、とくに料理自体がボーダレスの状況にあり、さまざまな素材と料理法が採り入れられて、その多様化と国際化が急速に進んでいるのが現状といえよう。

終　章　料理からみた日本文化

一　料理からみた北海道

　もともと北海道は、明治時代まで日本ではなかった。縄文文化が北海道を覆い、サハリンにまで達してはいたが、米と鉄を特色とする弥生文化は、北海道には至らなかった。もちろん弥生期に、本州のみならず沖縄あたりとも交流があったことは知られている。しかし寒冷な気候のために米が実らず、鉄器のみが伝わったことから、北海道や北東北の弥生相当期から古墳時代にかけての文化を続縄文文化と呼んでいる。

　その後、古代国家は、北東北と北海道を支配下におくことはできなかった。奈良・平安期以降の北海道には、南西部に擦文《さつもん》文化が栄えたが、北東部のオホーツク文化は、女真《じょしん》・靺鞨《まっかつ》など大陸系の文化であった。アイヌ文化の源流は、基本的には擦文文化に求められるが、オホーツク文化の影響も受けており、両者の文化交流の所産と考えられる。

　またアイヌの人々は、むしろ南方系と考えられており、その文化にも南方的な要素もみられる。ただ文化に限っては、和人との文化接触が多く、いわゆるヤマト文化の影響も強いが、それ以前からの北方の文化伝播も見落としてはならない。

すでに縄文時代にも、ソバ・アワ・キビ・ムギ類の栽培が行われていた可能性が高いが、擦文時代になると、一定程度の畑作農耕が生産活動の一部を占めるようになった。鎌倉期ごろから、和人との貿易が活発化して、鉄鍋や椀などがもたらされると、縄文以来続いた土器

上：奄美大島、大和村の高倉。茅葺き屋根に高床である（著者撮影）。下：アイヌの高床式倉庫・プー。一家の２～３年分の保存食が蓄えられていたという。なお奄美の高床式倉庫と同じく丸太を切り込んだ階段がある。（風太／PIXTA）

文化が終焉を迎え、住居であるチセと炉を基本としたアイヌ文化が成立をみた。

彼らも、アワやヒエを主要な作物とする焼畑農耕を行っており、奄美や沖縄の高倉に非常によく似た、プーという食物庫を有している。しかし農耕はあくまでも主役ではありえず、主要な食料源は、採集や漁撈および狩猟によるものであった。とくに漁撈や狩猟には、独自の技術を有していた。

それらは北方文化の伝統を受け継ぐもので、噴火湾を中心とした恵山《えさん》文化圏では、離頭銛《もり》やヤス・結合釣り針などを用いた漁撈が盛んで、海の恵みが重要な食料となった。またオホーツク文化でも、海浜の台地部に住居を設け、海獣狩猟のほか、鉤槍《かぎやり》マレックを用いてサケ・マスなど河川の魚類や小動物の狩猟を行っていた。

さらにスルクと呼ばれるトリカブトの毒矢と罠弓アマッポの使用や、イヨマンテのような狩猟儀礼は、高度な狩猟文化の存在を物語るものといえよう。こうした北方系の文化要素は、アイヌ文化にも引き継がれて、彼ら独自の食文化を形成していった。

例えば、アザラシやトドの捕獲や、噴火湾でのクジラ漁も近代まで行われていたし、食味が豊かで栄養価の高い油脂を含むサケ・マスの利用は、トバやルイベといった形で今日にも伝えられる。また動物食のうちでも獣肉の利用は徹底しており、内臓や血・骨に至るまで、すべてを摂取する質の高い肉食文化を誇っていた。

これに関しては、南北朝期に成立した『諏訪大明神絵詞』には、「蝦夷カ千島ト云ヘルハ……人倫・禽獣・魚肉等ヲ食トシテ、五穀ノ農耕ヲ知ス」とあり、農耕の記述に誤りはあるが、やはり稲作は不可能で、狩猟・漁撈に重きがおかれ、食物の価値観や料理の体系は、日本とは全く異なっていた。

やがて慶長九年（一六〇四）に、松前藩が成立し、北海道支配が始まるが、江戸幕藩体制が押さえたのはいわば点と線、つまり漁村と海岸線のみで、アイヌ民族との独占的交易権を基礎とするものであった。支配形式は商場知行制から場所請負制へと変化するが、いずれも海産物の入手を目的としていた。それゆえ、あくまでも海岸線上の漁業拠点を支配したに過ぎず、内陸のアイヌ地に対する権利は持たなかった。

とくに海産物のうちでも、日本料理に欠かせない昆布は、第三章第七節で見たように、室町期以来、最も重要な日本への移出食品であった。さらにサケ・マスのほか、ニシンも身欠きニシン・カズノコなどが料理の材料として重用された。しかも大量のニシンから生産される〆粕《しめかす》などの魚肥は、近世後期には、金肥として日本の農業生産を助けてもいた。いわば近世には、半分だけ日本に属した北海道が、日本料理の根底部分を支えていたのである。

さらに明治二年（一八六九）、札幌に開拓使が設置されて、北海道が日本国家の下に組み入れられると、アイヌ民族の土地が取り上げられて、大規模な和人の移住が始まった。すなわち明治政府は、北の大地の本格的な開発に着手し、まず農耕と軍事を兼ねて屯田兵を組織したほか、民間からの移住も相次いだ。ただし屯田兵とはいっても、水田ではなく畑地の開墾が任務で、米を作ると処罰されて営倉に入れられたという。

政府ははじめ、クラークなどの御雇い外国人の意見を容れて、畑作と酪農を主体とする経営を目指した。しかし北海道移住民の稲作志向は強く、民間人の中山久蔵が、努力の末に明治六年（一八七三）、耐寒性の強い赤毛種の栽培に成功した。すると瞬く間に、米は北海道中に広がり、明治後期には、稲作推進へと政策方針が転換された。その結果、北海道は、近年では全国一、二を争うまでの米の生産地に成長したのである。

ところがアイヌ民族は、北海道編入とともに広大な土地を取り上げられ、狩猟・漁撈から農業への変更を余儀なくされた。日本政府は明治九年（一八七六）に、毒矢の使用を禁止し、翌々年には北海道狩猟規則を制定した。またサケ・マスの曳網《ひきあみ》漁以外をすべて禁じて、アイヌ民族の伝統的な食料獲得活動に制限を加え、ついに明治二十二年（一八八九）には、食料分として認められていた鹿猟をも禁止した。

しかし、もともと狩猟や漁撈を中心に生業を営んできたアイヌ民族にとって、これまでとは別の経験知を必要とする農業への転身は容易ではなかった。しかも与えられた土地は地味が劣悪で、やがて彼らは、そのほとんどが都市への流民と化していった。

こうしてアイヌ民族の伝統的な食生活を否定し、生業の手段を強引に奪って、彼らを窮乏の極致へ追いやったことから、同三十二年（一八九九）には、北海道旧土人保護法を成立させざるを得なかったのである。

そのいっぽうで、北海道開拓のために、日本全国各地からさまざまな民間人が移住して、それぞれの出身地の食生活を持ち込んだ。冠婚葬祭などのハレの食事には、例えば北陸出身者は、餅や鮓、なかでも石川なら鱒鮓・富山なら鯖鮓、あるいは四国なら五目寿司とウドンといった形で、出身地域の郷土料理が出された。

こうした食文化の地域差は、とくに正月の雑煮に顕著に見られ、餅の形や味噌・醤油などによる味付けのほか具も異なった。また近年では、札幌などの大都市には、サラリーマンの転勤族が多いが、やはり各地域の食文化が持ち込まれている。

一般に北海道の食といえば、大豆・小豆・ソバ・インゲン・ジャガイモなどの畑作物や、ウシやヒツジなどの食肉および乳製品を中心とした酪農製品、さらにはサケやカニ・イカ・ホタテ・ウニなどの魚介がイメージされる。

畑作物と酪農製品は、植民地さながらに西欧的な農法を、政府主導で北海道に植え付けた所産であるが、魚介類は、アイヌ民族あるいはそれ以前からの歴史性の高い食品で、肉食を忌避した日本料理の伝統に沿うものであった。

もともとは北方的な食文化の影響が強かった北海道にも、中世・近世を通じて和人が進出して南方的な要素を強め、魚介を核とした和食文化の一翼を担うようになっていった。さらに近代には、日本の一部となった後、バター・チーズ・牛乳・肉あるいはジャガイモ料理といった洋風食品の普及、つまり新しい和食の形成に、北海道という地域が、大きな役割を果たしたことになる。

しかし今日、日常的なレベルにおいては、スーパーやコンビニなど流通システムによる食材の均一化や、レストランチェーンの全国展開によるメニューの画一化、あるいはテレビや料理雑誌などマスメディアの影響で、北海道におけるかつての食生活の特徴は薄れつつある。むしろ確実に、今日の和食文化圏に組み込まれている。

二　料理からみた沖縄

沖縄は、北海道の対極に位置し、気候的にも正反対の条件下にあるが、その歩みは北海道と相似形をなしている。もともと沖縄には、南アジア系の旧石器文化が存在していたが、やがて先島《さきしま》諸島を除く地域に、縄文文化の強い影響を受けた貝塚文化が広がった。これは弥生相当期にも続き、その末期には補助的な農耕も行われたが、地形的な制約から主要な生産とはなり得ず、海浜部に集落を設け、浅瀬のイノーを中心に漁撈活動を主に行っていた。

とくに貝塚文化後期には、列島の弥生人とも交流があり、南海産のオオツノハタガイで作った貝輪が、北海道伊達市の有珠《うす》善光寺前の有珠10遺跡から出土している。これは沖縄から北海道に及ぶような、物資の移動や部分的な文化の伝播があったことを意味するが、弥生の農耕文化は知っていても、気候および地形的な条件から、北海道と沖縄には水田稲作が受容されることがなかった。

その後、十一〜十二世紀ごろには、貝塚文化が終焉を迎えて、集落は内陸に移動し、農耕が本格化していった。その結果、階層社会が形成され、豪族の拠点である城《ぐすく》を中心としたグスク文化が成立をみた。さらに地域の支配者である按司《あじ》が登場し、水田稲作も展開していったことから、社会的剰余が蓄えられて大型グスクの時代を迎えた。

やがて沖縄本島には、北山《ほくざん》・中山《ちゅうざん》・南山《なんざん》の三国が出現し、これを中山が統一して、十五世紀前半に琉球王国が誕生し、やがて奄美諸島・先島諸島へも支配の枠を広げた。またグスク時代から、日本との文化的・経済的交流がいっそう盛んとなり、人的にも混血化が進み［安里・土肥：一九九九］、沖縄社会の日本化が進行したが、あくまでも独自の国家を形成していた。

北海道では、アイヌ民族がゆるやかな結合しか持たなかったのに対して、沖縄では琉球王国が成立を見た。このため古代・中世においては、北海道は異域、沖縄は異国ということになる。しかし律令国家や鎌倉・室町幕府を挟んで、その後の南北の政治的歩みは、驚くほど似かよう。

再び強力な統一国家である江戸幕府が成立すると、北では一六〇四年（慶長九）、松前藩に蝦夷地交易の独占権が認められ、幕府を通じた支配体制が完成をみた。そして南では、その五年後の一六〇九年（慶長十四）、薩摩藩が徳川家康の許可を得て琉球王国を征服し、その支配下においた。しかしすでに琉球王国は、中国と冊封《さっぽう》関係にあり、中国の庇護下にあった。このため近世の沖縄は、中国と日本に両属する形となった。

先にみた北海道における点と線との支配も、全部ではなくいわば半分だけであった。沖縄もまた二重支配という意味では、やはり半分だけ日本であったことになる。こうした関係が、北海道では開拓使設置の一八六九年（明治二）まで続いたが、沖縄は一八七九年（明治十二）の琉球処分まで続き、日清両国の交渉によって、日本の一部になった。こうして明治初年に、南北の地は、はじめて日本に正式に属することになったのである。

ここで食生活の問題に戻れば、グスク時代以降において、たしかに稲作は行われていたが、水の引ける平地は少なく、しかも珊瑚礁と海水のため、生産力的には厳しい状態にあった。康熙《こうき》二十二年（天和三・一六八三）に記された中国の冊封使・王楫《おうしゅう》の『使琉球雑録』には、いつも米を口にできるのは国王と貴族などで、庶民は甘藷《かんしょ》を食べている、といった旨の記述がある。

また一八五四年（安政元）に、沖縄を訪れたロシアの作家・ゴンチャロフも、『日本渡航記』で、ほぼ同様の観察を行っている。民衆にとって、重要な食料となったのは甘藷であり、米は貴重な食料であったことが窺われる。

その後、サトウキビの栽培も行われたが、砂糖製造を目的としたもので、はじめは琉球王国、後には薩摩藩が財源として重視した。このため作付面積は増加したが、逆に農民の食料生産を圧迫し、サトウキビを売って、甘藷を主食とするような状況を創り出してしまったのである。

いずれにしても沖縄は、水田に恵まれなかったが、近世に米を中心とする日本の幕藩体制に組み入れられると、検地が行われ田地奉行が置かれた。こうして稲作が政治的に奨励されたが、基本的には、その生産に不向きな条件が多かった。しかし、そうした日本化が進行したため、理想としては、膳椀に飯・味噌汁という和食的なスタイルが好まれた。

また琉球王国の政治家・蔡温《さいおん》は、農業にも造詣が深く、尚啓二十二年（享保十九・一七三四）に『農務帳』を著し、農業の振興を図ったが、それは基本的には日本的な路線を選択したものであった。例えば蔡温は、ほとんどが水利の悪い天水田であったことから、溜池を掘って水を確保することを説くなど、水田農耕を重視している。

このことは、結果的に水田の田芋や淡水魚類も、重要な食料として利用するところとなった。しかも魚類に眼を向ければ、沖縄は周りを海で囲まれており、とくに珊瑚礁のリーフでは、容易に小魚類を確保することができる。

いずれにしても、近海で獲れる魚介類などが豊富で、海産物に恵まれており、なかでも本島南部では、糸満を中心に漁業が著しく発達している。なお八重山などの島々では、ジュゴンの肉も食用としており、北海道のトドやアザラシの肉と対をなす点も興味深い。

さらに沖縄の食文化における特色は、家畜による肉食文化にある。沖縄の本草書『御膳本草』には、さまざまな家禽・野禽・水禽・家獣類が登場するが、その筆頭はブタとヤギで、肉・脂・肝臓・肺臓・心臓・腎臓・肚（胃）・腸・蹄・血など、部位ごとの記事があり、豊かな肉食文化の存在が知られる。

今日でも沖縄では、テビチ（豚足煮）やナカミ汁（小腸の汁）・ミミガー（耳）、さらには血イリチー（血の炒め物）といった豚肉料理が盛んで、ヒジャーと呼ばれる山羊料理の刺身や汁なども好まれ、家庭で広く食されている。ブタとヤギは最も重要な食肉獣で、かつては家々で広く飼われ、祭りや祝い事の際に供されたのである。

このうちブタについては、本島中部の北中城《きたなかぐすく》に残る豪農の中村家住宅に、フールと呼ばれる豚舎を兼ねたトイレがある。これは人間の糞尿でブタを飼育するためで、衛生上の理由から廃止された。しかし極めて合理的なシステムで、広く東南アジアや韓国の済州島にも分布し、そのルーツは中国に求められる。

またブタの顔の皮と耳や足、あるいは腸などを利用する内臓料理のほか、油炒めであるチ

上：沖縄本島中部の北中城に残る豪農・中村家の豚舎を兼ねたフールと呼ばれるトイレ。下：韓国・済州島のブタを飼育するためのトイレ。（ともに著者撮影）

ヤンプルーも中国系のものである。また中国に広く見られる豆腐《とうふ》のチーズも、沖縄には豆腐餻《よう》として伝わるが、製造過程で泡盛や糯米麴を用いることから、独自な風味を醸し出した逸品となっている。

こうした中国料理の影響は、もちろん明代に中国の冊封体制下に入って加速した。御冠船《うかんせん》料理と称する琉球王朝の代表的な宮廷料理は、もともと冊封使をもてなしたもので、はじめは中国から料理人が来て作ったとされている。

その後、近世琉球では、先に農業の面で見たように、摂政・尚象賢《しょうしょうけん》や蔡温による政治改革の過程で、日本文化を摂取する路線が推し進められた。このため中国料理を主体とした御冠船料理は、ほとんど継承されなくなった。実質的な支配者である薩摩藩の影響の下で、日本料理が採用され、琉球に勤務する薩摩藩の役人には、本膳形式の日本料理でもてなすようになった。

また史料的には、地方有力者の家での祝儀膳や、最も重要な弔い膳の献立が残るが、それらは専門の男性料理人が担当し、琉球料理を主体にしつつも、日本料理をかなり採り入れたもので、本膳形式で出されている。素材には、海産物が多いが、肉類もブタ・イノシシ・ウシ・ニワトリ・ジュゴンなどが用いられている。

沖縄の民家では、ラオスなどに残る三石炉《みついしろ》が用いられていたが、民俗文化的には、これらの地域に共通性が多く（川野和昭氏のご教示による）、古くは東南アジア系の料理法がベースにあったものと思われる。もちろん沖縄でも、地域に応じた料理法が模索されたが、その際に、主にはじめは中国料理、のちには日本料理を巧みに採り入れて、独特な沖縄料理を形成していった点に注目すべきだろう。

例えば、沖縄料理では昆布が多用され、クープイリチーなどの料理が知られるが、その消費量は日本で最も多い地域に属する。すでに述べたように、昆布は三陸以北の北海道付近で

上：ラオスの焼畑小屋にある三石炉。下：沖縄本島南城市志喜屋の三石炉。手前の銭は火の神を祀る供え物。（ともに著者撮影）

しか採れないが、近世には長崎貿易で中国への俵物として輸出されたことから、沖縄にも伝わった。それを沖縄では、代表的な料理にまで育て上げたのである。

また独特の製法を有する泡盛は、技術的にはタイ・ベトナムなど、東南アジアに広がる蒸留酒に由来するが、その発酵には中国やタイのモチ麹とも日本的なバラ麹とも異なる黒麹が用いられている。この他にも、索麺《そうめん》を用いたソーメンチャンプル、豚肉を使った沖縄ソバ、魚醤を利用したスクガラスなどが知られる。日本および中国・東南アジアからの影響を受けつつも、多くの工夫を凝らし、沖縄独自の料理文化を築いたという特色がある。

いずれにしても沖縄は、北海道と同じように、近世以降に政治上の問題から、日本への歩み寄りを強め、近代に入って中国との交渉の結果、日本に編入されたのである。しかし北海道とは異なり、近代における人々の移動は、きわめて緩やかで、かつ地域の歴史に持続性が強かった。それゆえ料理文化においても、米や味噌・醤油をベースとして、和食とは近い関係にありながらも、もともと有していた豊かな肉食文化を、みごとに融合させた点に注目すべきだろう。

ただ沖縄は、第二次世界大戦時に日本国内で唯一の戦場となった地域で、戦後はアメリカによる統治が長く続いた。このため輸入関税も異なり、食料品も雪崩《なだれ》込んで、アメリカ的な料理文化が大きな影響を与えている。すなわちステーキなど牛肉に強い嗜好があり、ポークミートなどの缶詰を多用する傾向が強い。

例えばポークミートを味噌汁の具としたり、あるいはスライスして油で焼き、玉子焼きを添えたポーク玉子を主菜とする料理が家庭に根付いている。また近年では、コンビニでポーク玉子おにぎりが地域商品として人気を集めている。

北海道に比べれば、沖縄料理には独自の地方色が認められるが、長い歴史で見た場合、二つの地域とも、もともとは、それぞれ南や北に連なる地域の食文化の延長線上にあった。ところが中世ごろから、両者とも日本との繋がりを強め、近世に至ると、事情は異なるが、まさに半分ずつ、日本に組み入れられた。その過程で、日本料理の影響が及び、近代に入って、共に肉食との関わりの深い和食のスタイルを根付かせたのである。

三　食と文化の国際性

ここで再び和食とは何か、という問いに戻せば、その歴史と地域性を振り返ったおかげで、かなり実態が見えてきたと思う。このことは日本とは何か、という問いも同じで、はじめから形の定まった和食あるいは日本があるのではなく、その内容や概念は、時代によって大きく変化してきたことがわかる。

要点を繰り返せば、今日、和食という概念で括《くく》られるパターンは、米の飯に味噌汁と漬物があれば、どのような主菜でも良いことになる。ただ米の飯との伝統的な相性の問題から、味噌・醬油系の調味料を用いた料理法が重視される。

つまりビーフステーキ・ハンバーグステーキなどでも、大根おろしなどを用いて醬油味とすれば、その頭に〝和風〟の二文字を付すことが許される。しかし共にデミグラスソースのままでも、米の飯に味噌汁と漬物を添えれば、和食としても通用するだろう。

米をはじめさまざまな栽培植物は、そのほとんどが海外からもたらされたものである。牛馬にしても、たかだか古墳時代に日本に移入されたに過ぎない。それらを自らの風土に根付かせ、自らの歴史伝統に馴染ませて、さまざまな変容を加えつつ、先人たちは独自の生活文化を築いてきた。

日々の食行動は、人間の生存に不可欠であるため、食の生産・加工・調理・飲食というサイクルが、際限なく繰り返されてきた。そうした努力の結果として、今日、和食という体系つまり日本料理が成立をみた。その意味で、和食さらには日本料理という世界的にも質の高い食事の文化体系を、われわれは持つに至ったのであり、それこそが日本の歴史的な所産だったのである。

ところで人間の食行動における最大の特色は、共食と料理にある［石毛：一九八〇］。共食は、家族もしくは集団単位で、一緒に食事をする行為を指す。これは動物的身体能力としては劣る人間が、言語を媒介とした共同作業で、食物を獲得したり、分業によって生活を営むことで、自らの生存を維持する集団的・社会的動物であることに由来する。

それゆえ人間は、一人では生きられない社会的存在であるからこそ、しばしば帰属する集団単位で食事をし、そこで共同意識を再確認するのである。孤食あるいは個食といった概念は、つい最近のもので、歴史的には極めて新しい。もちろん例外的には存在したが、現代における食のシステムは、膨大な分業体系に裏打ちされており、眼には見えにくい。そして個人もまた、そうした社会的分業の担い手となっているところから、集団の食事から遠ざかりつつあるが、それは食の原型からの逸脱を意味する。つまり共食の機会が減少し、料理の手順は外部化されていく。

　また料理は、もともと腐敗および細菌・寄生虫などの侵入を防ぐ熱処理に原型があるが、人間の頭脳に付随する味覚が、その発達を促したと考えられる。さらにいつ、どのようにして食べるか、という問題と関連して、さまざまな儀礼が生まれるが、それらは古い時代にあって、生命維持に必要な食に関わることが多かった。そうしたなかで、より高度な味覚を求めて、さまざまな料理が工夫されてきたものと思われる。

　この場合、食物獲得の方法や、その加工・保存の技術、さらには調理すなわち料理のシステムも、すべて情報つまり文化として蓄積されることから、それら自体の入手の過程も含めて、交易・交流という問題が大きな役割を果たしてきた。それは地域を超えて、やがて言語の異なる人々との間でも頻繁に行われるようになった。つまり国際化のなかで、食と文化の技術や情報がやりとりされることになる。

　歴史的に振り返ってみても、食や文化といった事柄は、幅広い国際的な交流のなかで、さまざまな融合・変容を繰り返しつつ、それぞれの国々ごとに独自な展開を遂げてきた。それが固有の食や文化を創り上げるのであり、そうしたものとして和食という料理文化が、時代の変遷を受けつつも、海外との文化交流の結果、一定のスタイルとして結実した。その際に、日本という島国は、閉ざされているようにも見えるが、実は海を通じた開かれた空間として、さまざまな文物や料理文化を受け容れてきたのである。

先にも述べたように、あえて和食のイメージを収斂《しゅうれん》させようとすれば、飯＋味噌汁＋漬物といった米を中心とする食事体系ということになるが、これも弥生どころか、せいぜい中世までにしか遡らない。お隣の朝鮮半島の白菜キムチやトウガラシ利用にしても、やはり十六世紀くらいまでであろう。もちろん米と魚という食事文化は、東アジア・東南アジアに広く共通するものであったが、日本では異様に米に執着する料理体系が重要な位置を占めたのである。

いわゆる日本型食生活において、米の占める重要性は、簡単には変わらないだろうが、その比重は徐々に低下しつつある。韓国は、日本ほどは米に固執しなかったが、近年ではやはり米離れ現象が起きている。一九九〇年代に、韓国は安定的な米の自給を実現したが、食生活の西洋化が進み、米の消費量が低下して米余り状態にあるため、二〇〇三年から減反政策を実施するという報道が行われている［朝日新聞：二〇〇二］。

朝鮮半島の米は、日本の植民地時代に、台湾とともに産米政策という形で、米の増産が奨励された。台湾では、蓬莱米《ほうらいまい》という新種を開発し栽培したが、サトウキビによる製糖が重視されたのに対し、朝鮮半島では、大正七年（一九一八）の米騒動以後、産米増殖計画が実施され、米穀モノカルチャー化が進んで、大地主による土地集積を促進させたという歴史がある。

また第六章第四節で、朝鮮半島と台湾における日本料理屋の進出について触れたが、植民地支配という政治経済システムは、食文化においても日本的価値観を押しつけた。植民地を持てば、本国にも黒人や中国人の多いイギリスのように、必然的に被植民地から人と文化が流入する。

そうした政治的力学関係から、植民地においては、宗主国の文化が価値の高いものとされる。しかし、いったん宗主国に住みついた人々は、政治的変化のなかで徐々に経済力をつけ、余裕が生じた時点で、潜在的に伝承された祖国の食文化を押し広める。まさに戦後における朝鮮料理の発達が、その好例といえよう。

もちろん政治経済以外にも、文化的な交流の結果、伝統的とされる料理の内容を変容させることもある。二〇〇四年の秋、久しぶりにプサンを訪れ、伝統的民族料理を強調する韓食堂で、韓定食を注文したら、刺身とテンプラのほか、ベトナム風生春巻きまでもが並んだ。もともと韓国では、日本料理を昔は倭食《ワシク》、最近では日食《イルシク》と呼び、中国料理を華食《ファシク》といって採り入れたが、最近では、それ以外の国々の食文化も浸透しつつある。

さらに韓国には、日本からカマボコや紙状海苔、これに加えて海苔巻き・オデンのほか、刺身も入っている。海苔に胡麻油を塗ったり、刺身にコチジャンを用いたりするなどの適応が図られている。逆に、日本の家庭の食卓に何気なくキムチが並ぶように、食文化自体が、国境を越えて自由に交流するのは当然のことといえよう。

また中国料理においても、意外なほど西洋料理が入り込んでいる。中国料理では、西洋料理を蕃菜として、格下に見つつも、これを採り入れて新しいメニューを開発してきた。すでに二十世紀初頭における中国料理の献立に、猪拾《チューパー》・吐糸《トースー》が見えるが、これはPork Chop（ポークチョップ）・Tost（トースト）のことで、また芙蓉蟹《フヨウハイ》もOmelet（オムレツ）にヒントを得たものであるという［山田：一九二六］。

こうしてみると、食や文化といったものが、さまざまな地域間での交流の結果、それぞれの国々で、取捨選択が行われ、そこで独自の発展を遂げてきたことがわかる。逆にいえば、食や文化といったものが、一国の内部で完結することなどあり得ない。

それらを取捨選択していく過程でベースとなるものが問題だろう。その核となるのが、その国の歴史であり、文化伝統だと考えられる。その意味では、日本の場合、弥生以降、とくに律令国家期に形成された米文化の基調が、いわゆる日本的な食事体系の核を形成した。しかも肉を排除したことから、魚が米と強く結びつき、魚醬と系譜を同じくする穀醬が味のベースとなった。さらに中世に昆布とカツオ出汁、つまりグルタミン酸とイノシン酸の味覚が主体となったが、それは米に服従するものであった。やはり基本的に和食とは、米を中心とし、出汁と穀醬を利用する食文化の体系と規定することができる。

四　和食と日本文化

和食を成立せしめた大きな要因は、米の生育に適したアジアモンスーン地帯のなかでも、とりわけ日本が米に特化した歴史を持ったことにある。しかし、このことは、日本人がいつも米を食べてきた米食民族であることを意味しない。むしろ米食悲願民族といった方が適切で［渡部：一九九三］、米を食べることを念頭に、歴史を動かしてきたのだといえよう。

もちろん民族概念は、きわめて歴史的なものであって、はじめから米食を悲願してきたわけでもなく、米以外の肉や雑穀などで食生活を成り立たせてきた人々も、決して少なくはなかった。狩猟や雑穀の文化、飢餓の問題、下層民の食生活などを考慮するとき、一概に米中心の文化と、日本文化を規定してしまうことには無理がある。

しかし料理様式としては、大饗料理に始まり、精進料理・本膳料理・懐石料理といった日本料理の体系と発展があり、それらが日本の食文化を代表するものであったことを疑う余地はない。それぞれの時代に、海外との交流も含めて、文化的伝統を異にする人々あるいは集団のぶつかり合いの結果、さまざまな取捨選択を経て、日本文化の一部として独自の料理様式や食事のスタイルが確立をみた。

それゆえ政治権力の志向に基づく社会的生産や経済システムの在り方が、食文化を根底から規定する。それぞれの時代背景のもとで、いくつかの料理様式が生まれ、そして新たなスタイルへと変貌していったのである。和食とは、そうした歴史過程の所産として形成されたもので、その内容や概念は、時代によって異なる。

しかも文化としてみた場合、必ずしも自国の伝統の単純なる発展ではありえなかった。海外からの文化要素が、想像以上に深く関与している。春日大社や平安神宮あるいは伏見稲荷など、朱もしくは赤と白壁の神社造りが、日本文化の伝統だと思い込んでいる人々も少なくない。しかし仏教では寺院に極彩色の装飾が施されたため、神仏習合の結果、神社にも彩りが採り込まれたにすぎない。本来的に神社は素木《しらき》造りで、伊勢神宮や出雲大社のような無地が基本であった。

ところが、和辻哲郎や亀井勝一郎たちは、大和の古寺を、侘《わ》び・寂《さ》び的な概念で評価し、極彩色の剝げ落ちた法隆寺や唐招提寺・薬師寺などを絶賛した［和辻：一九一九、亀井：一九四三］。もちろん彼らは、仏教が極彩色を好んだことや、外来の文化であったことを頭のなかでは理解しつつも、あえてそれらを直視せず、大和の古寺を日本的なものとして、日本文化の象徴であるかのように論じた。そうしたほとんどモノトーン的な古寺像は、古代の現実とはかけ離れたものでしかなく、近代的な美意識や観念の所産と見なすべきだろう。

また侘び・寂びは、もともと中世的な隠者風の価値観に由来するが、戦国末期から元禄期にかけて、精神性に重きをおく一部の茶の湯や俳諧の世界で、観念的に昇華された美意識にすぎない。むしろ当時の主流は、桃山文化・寛永文化の彩り鮮やかな豪華絢爛《けんらん》さにあり、そうした雰囲気は元禄文化の一部にも引き継がれている。

侘び・寂びの象徴でもある千利休や松尾芭蕉が、広く評価されたのは同時代よりも後のことであった。日本の歴史においても、文化の評価をめぐって、しばしば逆転現象が起きているが、それ以上に海外から移入された文化要素が、日本文化のなかで大きな役割を果たしてきたことが重要だろう。第二章第四節でも触れたが、外来宗教である仏教が、土着宗教である神道に与えた影響には絶大なものがあった。

また食のみならず、衣・住といった日本の生活文化についても、海外からの文化要素を抜きに語ることはできない。まず衣料については、織物技術のうちでも織機が縄文晩期には伝わったと考えられており、すでに『魏志』倭人伝の時代から絹織物の存在が知られる。これらは中国大陸や朝鮮半島経由であっただろうが、それ以前の動物被服の問題を視野に入れれば、北方からの伝播を考えなければならない。

アイヌの人々による魚皮の利用を別としても、動物の皮を衣料とするための皮なめしは、文献的には五世紀末に、朝鮮半島から馬の脳を用いる技術が伝来し、国家レベルの工房でも採用されていた。しかしアイヌ民族には、これにツングース系の糞尿を用いる技巧が伝わる［佐々木：一九九二］。北方由来の皮なめし技術が、五世紀以前あるいは以後においても、民間レベルでは盛んに用いられていた可能性も高いと考えられる。

さらに衣服にしても、古代律令国家では衣服令で、その詳細が定められており、中国的な衣服制度の影響が強かったことが窺える。さらに中世に一般化する袴は、西洋のズボンとは逆に、東回りで日本に伝わったもので、両者とも中央アジアの騎馬民族による二部形式の衣服スタイルに起源を持つ。衣料・衣服という生活文化においても、中国・朝鮮といった西からの文化だけではなしに、北方経由の文化要素もまた日本文化の形成・発展に大きな役割を果たしたのだといえよう。

次に住居にしても、全く同じような事情がある。もともと日本の住居には、半地下式と高床式という二つの系譜があった［杉本編：一九八四］。半地下式は北方文化の要素が強く、高床式は南方文化の影響を受けたものとされる。アイヌ民族の住居であるチセは南方的で、彼らの倉庫プーは、先にも述べたように、構造的には奄美・琉球のものに近似する。南方的な住居文化が、ヤマトを通過して、北海道に及んだと考えられる。

また前近代の日本においても、一般庶民の住居は、多くが北方的な半地下式であった。すでに古代に、役所や寺院建築の場合に、礎石立ての中国風建築が採り入れられた。しかし中世においても、寺院および貴族や一部の武士たちを除けば、ほとんどが掘っ立て柱の半地下式であった。

現在に繋がるような礎石立ての高床式が、庶民に普及するのは、中世末から近世にかけてのことだった。住居文化においては、北方や南方からの影響が長く続き、そこに中国・朝鮮経由で、新たな建築技術が入って、日本家屋の構造が成立を見たのである。

基本的に生活文化は、さまざまな国際交流の結果として生み出されたもので、海外からの刺激なしに、独自の発展を遂げることはなかなか難しい。とくに情報が国際的なレベルで飛び交うような現代社会においては、衣で言えば、ズボンやスカートといった西洋的衣服が一般化し、衣料には世界各地の素材が用いられている。

また住居にしても、西洋化が進んで、畳の部屋が減少しイスとテーブルの生活が定着して、鉄筋コンクリートによるマンションやアパートが主流をなしつつある。もとより文化というものが一つの国で完結する、ということなどあり得ない。日本の内部における地域文化も同様で、さまざまな地域との交流の結果、取捨選択されたものである。むしろ、そうした技術や文物などの交流と交易によって、地域文化の展開が保証されたというべきだろう。

もともと海外あるいはさまざまな周辺地域との交流が、日本文化を築いた大きな原動力であった。もちろん、われわれの先人が、海外から入って来たものを、日本的に作り上げ、独創的な生活文化として築き上げたことは誇ってよい。そうした意味において、米を中心とした食文化の体系である和食も、間違いなく日本文化の結晶である。

しかし、その背景には、さまざまな国々の料理との、深い交流があったことを忘れてはならない。食は紛れもなく文化であるが、われわれをとりまく、もっとも身近な生活文化は、国際的な文化交流の結果、選択され創造されて来たものばかりであった。

ここに日本文化、というものを考える重要な視点がある。われわれは日本文化というと、伝統という言葉にとらわれ、閉鎖的で排他的なイメージを持ちがちであるが、伝統自体が風土と歴史によって築かれたという事実が重要である。しかも華道や茶道あるいは書院造りなど、いわゆる日本的な伝統文化が成立するのは室町期のことで、和食もそうした伝統の一つであった点に留意する必要があろう。

和食という文化は、実に長い歴史の過程で、米という主軸を核としながら、さまざまな国々からの多様な産物や、調理の技術を摂取して、我が国で徐々に形成された料理の体系である。そしてそれは、とりもなおさず日本歴史の所産であり、生活文化に限らず、芸術や宗教・思想といった体系も含めて、日本文化そのものの本質を端的に物語る好例なのである。

補　章　平成・令和の食――メモ風に

本書の元となった『和食と日本文化』の刊行は二〇〇五年十一月のことであり、今日に至るまでにほぼ二十年の歳月が流れている。そこで最後に、この間における料理史の展開をメモ風に概観し追加しておきたい。

まず食に関する情報媒体の変化が挙げられる。パソコンの普及とブロードバンド・インターネット接続の開始によって、さまざまな世界中の情報が居ながらにして入手できるようになった。とくに二〇一〇年代に入ってスマートフォンが登場すると、この傾向に拍車がかかり、ぐるなびや食べログなどの飲食店情報や、クックパッドといった料理レシピなどが簡単に閲覧できるようになった。しかも料理やサービスなどに対する感想や批評などがサイト上に自由に書かれ公開されて、「いいね！」という同意までもが求められるようになった。さらに二〇〇四年誕生のフェイスブックをはじめとするＳＮＳの発達は、個人レベルでの情報発信を可能とし、実に身近なレベルでの食情報が交換されるようになった。なかでもインスタグラムでの写真や動画の投稿は、〝インスタ映え〟なる新語を生み、料理においてもとりわけ見栄えという問題が重視されるようになった。

これと併行する時期に、国家的な観光政策を受けるような形で、インバウンドと呼ばれる外国人観光客が大量に日本を訪れた。大都市の有名店のみならず地方の隠れた飲食店などが提供する料理の写真が、位置情報やコメントつきで世界中に拡散されていった。それが連鎖的に広がる形で客数は増加の傾向をたどり、スシやテンプラだけではなく、トンカツやラーメンさらには地方のソウルフードまでもが、食の楽しみとして国際化した。

こうしたグローバル化のなかで、移動の自由は、二〇一九年末に、中国武漢で発生した新型コロナウィルスを、瞬く間に世界中にばらまくところとなった。令和に入るや、新型コロナによる世界的パンデミックが、インバウンドを一時的に減少させただけでなく、国内の飲食業界に大打撃を与えた。感染防止のために人的交流は避けられ、会食は禁止の対象となった。ホテルなどのパーティ（とくにビュッフェ形式）や料理店での会食のほか居酒屋での飲み会が忌避されるどころか、家庭内に感染者が出ると、家族の共食さえもが難しくなった。苦しい飲食業界に対し、政府は補助金を出したが、廃業に追い込まれた店も少なくなかった。代わりにスーパーや弁当屋は総菜販売の売り上げを伸ばしたが、個別のパック包装化を余儀なくされた。

そうしたなかで既存の飲食店は、テイクアウトを増やして対応した。これをより積極的に推進させたUber Eatsや出前館などのフードデリバリー業は、著しい成長を遂げた。直接足を運ばずとも、専門店やチェーン店の料理が家で楽しめるとあって、コロナ禍ではもっとも簡便で安全な食事の楽しみ方となった。外食の徹底した内食化といえよう。二〇二三年五月、新型コロナの感染症五類への指定移行によって、ようやく会食は解禁の方向へ向かい、料理屋や居酒屋はどうにか息を吹き返したが、フードデリバリー業界は、一定の需要を定着させつつある。またインバウンドも復活し、最近では増加傾向にある。

すでに一九八〇年代にファミリーレストランが黄金期を迎え、やや遅れて登場したコンビニでも弁当や簡易総菜が需要を高め、街にはキッチンカーが登場して、平成年間には食事の外食化や中食化が著しく進んだ。またスーパーマーケットや百貨店の食料品売り場でも総菜販売に力を入れたほか、レベルの高い冷凍調理済食品が売れ行きを伸ばし、従来にも増して家庭における調理作業は減少していった。さらに食事における副菜の比重が高まり、米飯の消費量は減少の一途をたどったが、いっぽうでオニギリが人気を呼んで、かろうじて米の消費を支えているという。

なおテレビでは、食にまつわるドラマや大食い・食べ歩きなどのグルメ番組のほか、飲食に関係するCMが大量に流され、インターネットと合わせれば、驚くほど膨大な量の食情報が氾濫している。これは雑誌など他のメディアでも変わらない。多くの人々が食に関心を抱くようになり、グルメ志向は全国規模で確実に強まっている。とはいえ、牛肉などの高級食材を買い求め、高級な料亭や旅館で豪華な料理を楽しむ人々は一部に過ぎない。

むしろいっぽうで、食の困難者のための子ども食堂が各地で急増し、満足な食事を口にできない貧困家庭が多数存在しているのが実情である。昭和後期のいわゆる一億総中流時代に起こったグルメブームとは異なり、経済的不平等を背後に抱え、両極化した形でのグルメ時代に突入したとすべきだろう。しかも日本の食料自給率は、二〇二二年度のカロリーベースで三八％という低さにも拘わらず、二〇二〇年度の廃棄食料（食品ロス）は全体で五二二万トンにも及んでおり、厳しい食料事情は一向に改まっていない。これが二〇二〇年代における日本の食状況の実情なのである。

おわりに

またも仕上がった原稿を、前夜に編集部にメールの添付ファイルで送り、いくつかの書類を成田で投函する、ということを繰り返した。今回は、私が企画したミャンマー旅行で、ヤンゴン・バガン・マンダレーを回る六日ほどの短い旅である。

来てみた印象では、ラオスほどではないが、ベトナムに較べれば、まだまだ開発途上にある。しかし、どこか私の体内に残る懐かしい記憶が、そこには溢れている。今日見たバスの車窓からの農村風景や、一時間ほど歩き回った市場や町家の光景は、子供のころの、つまり高度経済成長以前の日本に雰囲気がよく似ている。

それはちょうど二十年前のソウルでも想い起こしたし、十年近く前に中国・内モンゴル自治区のフフホトを歩いていてもそう感じた。また一昨年のラオスでは、さまざまな年齢の村の子供たちが、日本と全く同じジャンケンや石蹴り・陣取りなど、集団で無邪気に遊んでいるのを見て、いつの間にか五十年近くも昔の風景が脳裡に蘇《よみがえ》った。

十年ほど前に歩き回った東欧は、ヨーロッパのなかでも比較的古い風物を留めているが、地方の町や村を歩いていても、日本と同じという印象は残らなかった。そうした体験から、とくに東南アジアの風土や文化といったものが、日本を含めて実によく似ていると思っている。

おそらくそれは、多少の形態の差はあれ、稲作という食料生産をはじめ、住居や衣服といった生活習慣、さらには仏教などの宗教意識に関わるものであろうが、具体的なシステムはなかなか見えてこない。この問題は私にとっても重要な課題の一つで、もうしばらくアジアを見つめていきたい。

そしてまた発展途上の国々は、人々の心根においても、牧歌的で温厚な部分を大いに残している。日本は、アジアのなかで驚異的な近代化に成功し、豊かで便利な国になった。それはたいへん素晴らしいことであるし、有り難いことだと心底思う。しかし精神的には、大きく歪《ゆが》んでいる。経済性や利便性の代償に、とてつもない社会的ストレスが、日本社会には広く蔓延している。

イジメや犯罪あるいは精神病が、社会のあちこちに溢れている。年中無休あるいは二十四時間営業の店を必要とする生活、さらには性風俗産業の氾濫《はんらん》や中高年の自殺など、さまざまなストレスのなかで、子供たちまでもが、神経をピリピリさせながら暮らしている。海外を歩いていると、そうした日本の異様さに気づかされる。そして今、韓国や台湾などが、同じような途を選択しつつあることに、若干の危惧を覚える。

そうした社会の異様さは、現在の日本の食生活状況を象徴している。驚くほど低い食料自給率の下で、三〇～四〇％に及ぶ廃棄食料を出しながらも、飽食・美食に明け暮れ、サプリメントに異様に依存し、過度な健康食品志向にとらわれている。そして食生活のなかで、料理そのものが見えにくい状況にあり、外部化に拍車がかかっている。正直なところ料理の行方が見えない。

話をミャンマーに戻せば、ここの料理は、確かに中国料理・インド料理の影響を受けてはいるが、蒸し暑い気候のなかで、体力維持のための栄養確保や食品の衛生との関連から、油やピーナッツを多用する独自のミャンマー料理の体系が成立している。これは長粒米の飯にもよく合って、実に美味しい。ただ、この料理文化も周辺地域との文化交流の結果、成立し発展したものである。

もともと文化とは、さまざまな交流の上に築かれるものであり、料理とてその例外ではない。ある意味で本書は、日本料理が紛れもなく日本文化の一部であることを、歴史的に検証したに過ぎない。歴史を振り返ってみると、それが異文化との交流の上に成立したことに、改めて気付かされる。それはおおむねどの国でも同じだろう。

『江戸の料理史』（中公新書、一九八九年）に始まる料理史研究に、区切りをつける意味で、本書を書き上げた。すでに十年ほど前、『木の実とハンバーガー――日本食生活史の試み』（日本放送出版協会、一九九五年）を書いてはみたが、いくつか不満を抱いていた。その後、放送大学の『日本の食文化』を担当したことで、料理史に対する展望が広がった。一気に日本料理の通史を書いてみたくなって、昨年五月に取りかかり、半年ほどの中断はあったが、どうにか脱稿できた。

本書は、あくまでも料理という文化的側面に重心を置いたもので、ここでは社会中・下層の食生活には、あえて触れなかった。料理に限定してはみたが、それにしても通史を書くことが、いかに難しいことであるのか、久々に実感した。これでもう料理史を書くことはないだろう。

昔から回り道は得意であったが、遠回りをすればするだけ、余分な仕事が増え、時間がかかる。それはそれで楽しく有意義なことではあるのだが、これで本当に目的地まで行けるのだろうか？　という不安が頭をかすめる。そうした恐れを抱きながらも、生来の怠惰ゆえ、マイペースで一つずつ区切りを付けながら、かすかに見えてきた自分の仕事に励みたいと思う。

最後に、本書がなるにあたって、小学館出版局プロデューサーの島本脩二氏には、たいへんお世話になった。また本書の執筆（休筆）中に、日本村落史の泰斗で恩師の木村礎先生が永眠された。先生は、不肖の弟子の仕事を、おそらく厳しい眼で見つめられ、「まだそんなことばかりやっているのか」と天国からの声が聞こえてくるが、「わがままをお許し下さい。今の私には、これも大切な仕事の一つなのです」と頭を下げるほかはない。

二〇〇五年二月二十六日　　無数のパゴダが夕陽に映える　バガンにて

原田信男

（同三月七日京都日文研ハウスにて補訂）

学術文庫版あとがき

本書は、二〇〇五年に小学館から刊行した『和食と日本文化——日本料理の社会史』を文庫化したものである。もともとはサブタイトルに示したように、社会史という観点から日本料理の歴史をまとめる点に主眼があり、とくに日本文化のなかにおける料理の位置を意識的に考えてみたいという気持ちが強かった。私の食文化史を通史として叙述したいという思いは、一九九五年に『木の実とハンバーガー——日本食生活史の試み』(日本放送出版協会、その後二〇一〇年に若干の加除修正を行って角川ソフィア文庫から『日本人はなにを食べてきたか』として刊行)で、いちおう実現はしていたが、まだ「試み」の領域にまでも達していなかった。通史を書くのは想像以上に難しく、つくづく勉強不足を認識させられた。

その後、料理史に絞って再チャレンジを試みたのが本書で、北京と香港で中国語訳が出版されるとともに、日本でも現場の料理人の方々が本書を繙いてくれているという話を耳にして嬉しく思った。内容的にも多少は膨らみを持たせられたのではないか、と秘かに自負している。そんななか今回、本書を講談社学術文庫に収めて戴けることになった。ただ編集部からはタイトルを『日本料理史』にしたいという要望があった。そこで文化論的な部分はそのまま残し、思い切って導入部分を全面改稿し、日本料理史としての体裁を整えることとした。

具体的には、「はじめに」を料理という観点から書き直し、「序章」で食べるという行為の意義を確認した上で、料理とは何かを問うとともに、料理そのものが文化や社会の流れとどのような関係にあるのかを論じてみた。これでいちおうは『日本料理史』というタイトルに、ふさわしい構成になったのではないかと思う。また今回、刊行後に気付いたいくつかのミスを訂正すると同時に、ほぼ二十年後の文庫化ということで、この間の研究の進展や自らの知識の蓄積に応じ、それなりに納得のいく形で加筆を行った。さらに「平成・令和の食」を補い、簡略ながらも現在まで見通したことで、本書を私の日本料理史研究の決定版としたい。なお参考文献もわずかながら追加した。

それにしても通史は難しい。自らの不勉強を思い知らされると同時に、史観の一貫性が求められるからである。その後の通史的な著作としては、二〇〇六年の『コメを選んだ日本の歴史』(文春新書)があるが、これは料理を正面から扱わずに叙した食文化史で、本書と好対照をなす。もちろん部分的には内容の重複もあるが、料理よりも食と社会との関係に重点をおいた通史で、併せてご一読戴ければ幸いである。本書については、今回、講談社学術文庫に収めて戴いたおかげで、一人でも多くの読者に、気軽に手にとって戴ける機会が増えたことが嬉しい。

いずれにしても本書は、食の生産の現場でもある村落史の中近世を専門としてきた立場から、日本を相対視しようと、ヨーロッパや東南アジア・中央アジアの地域を歩いてきた経験をもとに、日本の料理史を見渡した成果である。その内容については読者各位からの容赦ないご批判を戴きたいと考えている。なお本書の文庫化にあたっては、講談社学術文庫編集部の青山遊・武居満彦両氏に大変お世話になった。記して感謝したい。

二〇二四年四月五日

武蔵橘杉風庵にて　原田信男

参考文献

赤坂憲雄・原田信男他編　二〇〇二・〇三　『いくつもの日本』全七巻　岩波書店
朝倉敏夫　二〇〇四　「朝鮮の日本料理屋」⇒高田公理編：二〇〇四
安里進・土肥直美　一九九九　『沖縄人はどこから来たか』ボーダーインク
朝日新聞　二〇〇二（平成一四）一〇月二四日朝刊［東京版：以下同］
朝日新聞　二〇〇五（平成一七）七月二〇日朝刊
網野善彦　一九八四　『日本中世の非農業民と天皇』岩波書店
荒尾美代　一九九九　『ポルトガルを食べる。』毎日新聞社
安宇植　一九九二a・九二b・九三　「料亭『朝鮮楼』の主・李人稙（上）・（中）・（下）」『季刊青丘』第一一・一二・一五号　青丘文化社
石毛直道　一九八〇　「なぜ食の文化なのか」（同編『人間・たべもの・文化』平凡社）
石毛直道　一九八二　『食事の文明論』中公新書
石毛直道他　一九九〇　『魚醤とナレズシの研究』岩波書店
伊藤旭彦　一九六九　「足利義満の公家化」『書陵部紀要』第二一号　宮内庁書陵部
伊藤記念財団編　一九九一　『日本食肉文化史』伊藤記念財団
今谷明　一九九〇　『室町の王権』中央公論社
今谷明　一九九一　「足利義満の王権簒奪過程」（小川信先生古稀記念論集『日本中世政治社会の研究』続群書類従完成会）
岩井宏實・日和祐樹　一九八一　『神饌』同朋舎出版

江原恵　一九七四『庖丁文化論』講談社
大石圭一　一九八七『昆布の道』第一書房
大谷光瑞　一九三一『食』大乗社支部
大濱徹也　一九七八「解説・兵士の世界」同編『近代民衆の記録　八　兵士』新人物往来社
岡田章雄　一九六八「文明開化と食物」『近代日本風俗史　五』雄山閣出版
岡田哲　二〇〇〇『とんかつの誕生』講談社
岡山県古代吉備文化財センター編　一九九五・九六『南溝手遺跡一・二』岡山県文化財保護協会
奥村彪生　二〇〇四「料理屋の料理」⇒高田公理編：二〇〇四
乙益重隆　一九七八「弥生農業の生産力と労働力」(『考古学研究』第二五巻二号　考古学研究会)
亀井勝一郎　一九四三『大和古寺風物誌』天理時報社（『亀井勝一郎全集』第九巻　講談社　一九七一)
川出清彦　一九七八『祭祀概説』学生社
川本重雄・小泉和子編　一九九八『類聚雑要抄指図巻』中央公論美術出版
菊池勇夫　一九九七『近世の飢饉』吉川弘文館
熊倉功夫　一九八三『南方録を読む』淡交社
倉林正次　一九六五「大臣大饗」(同『饗宴の研究（儀礼編)』桜楓社)
黒岩比佐子　二〇〇四『「食道楽」の人　村井弦斎』岩波書店
黄慧性・石毛直道　一九八八『韓国の食』平凡社（平凡社ライブラリー　二〇〇五)
国民栄養協会編　一九八一『日本栄養学史』秀潤社
小菅桂子　一九九八『にっぽん台所文化史　増補』雄山閣出版
小山裕久　二〇〇四「料理屋の現代的展開」⇒高田公理編：二〇〇四

佐々木史郎　一九九二「北海道、サハリン、アムール川下流域における毛皮及び皮革利用について」（小山修三編『狩猟と漁労』雄山閣出版）
佐原真　一九八七「煮るか蒸すか」『飲食史林』第七号　飲食史林刊行会
佐原真　一九九一「最古の献立・箸の起源」『VESTA』第七号　味の素食の文化センター
滋賀県文化財保護協会編　一九九七『粟津湖底遺跡一』滋賀県教育委員会
渋沢敬三　一九四九「延喜式内水産神饌に関する考察若干」（同『祭魚洞襍考』岡書院　一九五四）
白崎秀雄　一九七一『北大路魯山人』中央公論社
杉本尚次編　一九八四『日本のすまいの源流』文化出版局
鈴木晋一　一九八六『たべもの噺』平凡社
鈴木晋一　一九八九『たべもの史話』平凡社
雑司が谷遺跡発掘調査団編　二〇〇三『雑司が谷一』豊島区教育委員会
高田公理編　二〇〇四『料理屋のコスモロジー』ドメス出版
高森直史　二〇〇四『海軍料理おもしろ事典』光人社
田中静一　一九八八「日本化した中国の食と料理」熊倉功夫他編『外来の食の文化』ドメス出版
谷端昭夫　一九八八『近世茶道史』淡交社
チフィエルトカ、カタジーナ　一九九五「近代日本の食文化における『西洋』の受容」『日本調理科学会誌』第二八巻一号
筒井紘一　二〇〇二『懐石の研究』淡交社
都出比呂志　一九八九『日本農耕社会の成立過程』岩波書店
鄭大聲　一九八四『朝鮮の食べもの』築地書館

鄭大聲　一九九二『食文化の中の日本と朝鮮』講談社現代新書
寺沢薫・知子　一九八一「弥生時代植物質食料の基礎的研究」（橿原考古学研究所紀要『考古学論攷』第五冊　奈良県立橿原考古学研究所）
外村大　二〇〇三「戦前期日本における朝鮮料理業の展開」『味の素食の文化センター　食文化研究助成　成果報告書』国会図書館納本済
外山政子　一九九二「『炉』から『カマド』へ」『助成研究の報告　二』味の素食の文化センター
中村利則　二〇〇四「料理屋の空間」⇓高田公理編：二〇〇四
西川武臣・伊藤泉美　二〇〇二『開国日本と横浜中華街』大修館書店
西弘海　一九七九「奈良時代の食器類の器名とその用途」（奈良国立文化財研究所学報第三五冊『研究論集五』）
西山松之助　一九五九『家元の研究』校倉書房
農林水産省総合食料局編　二〇〇四『食料需給表　平成十五年度』農林統計協会
農林統計協会編　一九八九『農業白書附属統計表（昭和六三年度版）』同会刊
野林厚志　二〇〇四「台湾の日本料理屋」⇓高田公理編：二〇〇四
のびしょうじ　一九九六「江戸時代の内臓食」『季刊・リバティ』第一六号　大阪人権博物館（リバティおおさか）
萩原秀三郎　一九八七『稲を伝えた民族』雄山閣出版
林屋辰三郎　一九七一「茶書の歴史」（同他編『日本の茶書　一』平凡社）
原田信男　一九八九『江戸の料理史』中公新書
原田信男　一九九三『歴史のなかの米と肉』平凡社選書（平凡社ライブラリー　二〇〇五）
原田信男　二〇〇三『江戸の食生活』岩波書店

原田信男　二〇〇五「魚肉ソーセージと日本の肉食文化」園田英弘編『逆欠如の日本生活文化』思文閣出版
原田信男　二〇二〇『「共食」の社会史』藤原書店
東四柳祥子・江原絢子　二〇〇三「解題　近代日本の料理書（一八六一～一九三〇）」『東京家政学院大学紀要　人文・社会科学系』第四三号
樋口清之　一九六〇『日本食物史』柴田書店
平田萬里遠　一九八五「江戸時代における外国料理の書」石毛直道編『論集　東アジアの食事文化』平凡社
平田萬里遠　二〇〇四『近世飲食雑考』個人社
平野雅章編　一九八〇『魯山人著作集　第三巻　料理論集』五月書房
法政大学大原社会問題研究所編　一九六四『太平洋戦争下の労働者状態　日本労働年鑑　特集版』東洋経済新報社
前坊洋　二〇〇〇『明治西洋料理起源』岩波書店
松下幸子他校注　一九八二「古典料理の研究（八）――寛永十三年「料理物語」について」『千葉大学教育学部研究紀要』第三一巻第二部
水田紀久　一九八一「『豆腐百珍』の著者曽谷学川」『飲食史林』第三号　飲食史林刊行会
溝口優司　二〇二〇『［新装版］アフリカで誕生した人類が日本人になるまで』SB新書
宮崎昭　一九八七『食卓を変えた肉食』日本経済評論社
宮塚利雄　一九九九『日本焼肉物語』太田出版
宮本常一　一九五四「飲食と生活」『明治文化史　生活編』（「近代の飲食と生活」と解題して、『宮本常一著作集　二四　食生活雑考』未来社　一九七七）

村井弦斎著・村井米子編訳　一九七六『食道楽』新人物往来社
村岡實　一九八一『日本のホテル小史』中公新書
村岡實　一九八四『日本人と西洋食』春秋社
森枝卓士　一九八九『カレーライスと日本人』講談社
森枝卓士　一九九八『アジア菜食紀行』講談社
森末義彰・菊地勇次郎　一九六五『改稿　食物史』第一出版
森長英三郎　一九七七『禄亭　大石誠之助』岩波書店
安本教傳　二〇〇〇「『食』の倫理のために」同編『食の倫理を問う　講座　人間と環境六』昭和堂
矢野恒太郎記念会編　二〇〇〇『日本国勢図会　一九九九年版』国勢社
山田政平　一九二六『素人に出来る支那料理』婦人之友社
山本嘉次郎　一九七三『日本三大洋食考』昭文社出版部
尹瑞石　一九九五『韓国の食文化史』ドメス出版
ランガム、リチャード　二〇一〇『火の賜物』依田卓巳訳　NTT出版
李建志　二〇〇二「朝鮮料理『韓山楼』主人・李人稙」『京都ノートルダム女子大学　研究紀要』第三二号
李建志　二〇〇三「朝鮮に小新聞を！」『文学』第四巻第一号　岩波書店
李春寧　一九八九『李朝農業技術史』飯沼二郎訳　未来社
渡部忠世　一九九三『稲の大地』小学館
和辻哲郎　一九一九『古寺巡礼』岩波書店（『和辻哲郎全集』第二巻　岩波書店　一九六一）

参考史料

『吾妻鏡』前編・後編　黒板勝美編　一九三二・三三　吉川弘文館
『牛店雑談安愚楽鍋』仮名垣魯文著　興津要編『明治開化期文学集（一）』一九六六　筑摩書房
『宇都宮家式条』佐藤進一他編『中世法制史料集』第三巻　一九六五　岩波書店
『宇津保物語』一・二・三　河野多麻校注　一九五九　岩波書店
『江戸買物独案内』中川五郎左衛門撰　花咲一男編『江戸買物独案内』一九七二　渡辺書店
『江戸流行料理通』栗山善四郎著　吉井始子編『翻刻　江戸時代料理本集成』第一〇巻　一九八一　臨川書店
『延喜式』前編・中編・後編　黒板勝美他編　一九八一　吉川弘文館
『大草流膳部聞書』静嘉堂文庫蔵本（東京都世田谷区）
『小倉山飲食集』乾只勝著　松下幸子他校注「古典料理の研究（九）」『千葉大学教育学部研究紀要』第三二巻第二部　一九八三
『嗚呼矣草』田宮橘庵著　日本随筆大成編輯部編『日本随筆大成』〈第一期〉第一九巻　一九七六　吉川弘文館
『御触書寛保集成』江戸幕府評定所編　高柳真三他編　一九七六（初出：一九三四）岩波書店
「和蘭人宴会図」林子平画　同著『前哲六無斎遺草』一八九五　仙台叢書出版協会
「阿蘭陀屋敷冬至の祝」大田南畝著　日本随筆大成編輯部編『日本随筆大成』別巻六　一九七九　吉川弘文館
『女鑑』目次一覧：近代女性文化史研究会編『近代婦人雑誌目録総覧』第二巻　一九八五　大空社

『槐記』山科道安著　千宗室監修『茶道古典全集』第五巻　一九五六　淡交新社
『改正増補東京案内』児玉永成編『改正増補東京案内　史蹟名勝天然記念物概観』一九九二覆刻　龍渓書舎
『海鰻百珍』著者未詳　吉井始子編『翻刻　江戸時代料理本集成』第五巻　一九八〇　臨川書店
『菓子話船橋』船橋屋織江著　鈴木晋一他編『近世菓子製法書集成　一』二〇〇三　平凡社
『歌仙の組糸』冷月庵谷水著　吉井始子編『翻刻　江戸時代料理本集成』第三巻　一九七九　臨川書店
『かたこと』正宗敦夫編纂校訂『片言：附補遺　物類称呼　浪花聞書』一九七八　現代思潮社
『勝海舟の嫁クララの明治日記　上・下』クララ＝ホイットニー著　一又民子他訳　一九九六　中央公論社
「葛原家文書」和歌山県史編さん委員会編『和歌山県史　中世史料　二』一九七五　和歌山県
『家庭雑誌』堺利彦編　由分社（のち家庭雑誌社）一九〇三・四〜〇七・八、一九〇九・四〜〇九・七月　覆刻：全一二冊　一九八六〜八七　不二出版
『家庭週報』日本女子大学校桜楓会（明治三七創刊）
「兼光卿記抄紙背文書」東洋文庫蔵［網野、一九八四］より
『鹿の子餅』武藤禎夫校注『安永期　小咄本集』一九八七　岩波書店
『河内屋可正旧記』壺井可正著　野村豊他編　一九五五　清文堂出版
『甘藷百珍』珍古楼主人著　吉井始子編『翻刻　江戸時代料理本集成』第五巻　一九八〇　臨川書店
『寛天見聞記』著者未詳　森銑三他監修『燕石十種』第五巻　一九八〇　中央公論社
『魏志』倭人伝・『後漢書』東夷伝・『隋書』倭国伝　石原道博編訳『新訂魏志倭人伝・後漢書倭

伝・宋書倭国伝・隋書倭国伝』中国正史日本伝（一）一九五一　岩波書店
『貴賤上下考』三升屋二三治撰　三田村鳶魚編『未刊随筆百種』第一〇巻　一九七七　中央公論社
『喫茶往来』楢林忠男校注『日本の茶書　一』一九七一　平凡社
「牛肉の蒲鉾」「即席ライスカレー」『婦女雑誌』［小菅、一九九八］より
『京極御息所褒子歌合』萩谷朴編『平安朝歌合大成』第一巻　一九七九　同朋社出版
『食道楽』村井弦斎著　覆刻：薄井恭一他　解説『増補註釈食道楽』一九七四　柴田書店
『蜘蛛の糸巻』山東京山著　日本随筆大成編輯部編『日本随筆大成』〈第二期〉第七巻　一九七四
　吉川弘文館
『蜘蛛の糸巻追加』天野三郎兵衛父某著　吉川弘文館編『百家説林　正編　上』一九五〇　吉川弘
　文館
『桑名日記』渡辺平太夫著　森銑三他編『日本庶民生活史料集成』第一五巻　一九七一　三一書房
『慶長・元和日記』慶応義塾図書館蔵写本［平田、二〇〇四］より
『鯨肉調味方』畳屋蔵版　吉井始子編『翻刻　江戸時代料理本集成』第八巻　一九八〇　臨川書店
『月刊　食道楽』小川煙村編　有楽社　明治三八・五（第一巻第一号）〜同四〇・八（第三巻第九
　号）［覆刻：『食道楽』全五巻　五月書房］
『建武式目』佐藤進一他編『中世法制史料集』第二巻　一九六九　岩波書店
『建武記二条河原落書』笠松宏至他校注『中世政治社会思想　下』一九八一　岩波書店
『航海日記』柳川当清著　日本史籍協会編『遣外使節日記纂輯　二』一九七一覆刻（初出：一九二
　八）東京大学出版会
『皇太神宮儀式帳』胡麻鶴醇之他校注『神道大系　神宮編一』一九七九　神道大系編纂会
『航米日録』玉虫左太夫著　沼田次郎他校注『西洋見聞集』一九七四　岩波書店

「神戸市史〈本編各説上〉」岩波書店編集部編『近代日本総合年表』第四版　二〇〇一　岩波書店
『小梅日記』川合小梅著　村田静子他校注『小梅日記　二』一九七四　平凡社
『紅毛雑話』森島中良著　杉本つとむ解説『紅毛雑話・蘭説弁惑』一九七二　八坂書房
『合類日用料理抄』無名子編　吉井始子編『翻刻　江戸時代料理本集成』第一巻　一九七八　臨川書店
『古語拾遺』西宮一民校注　一九八五　岩波書店
『古今名物御前菓子図式』風雅亭主人撰　鈴木晋一他編『近世菓子製法書集成　二』二〇〇三　平凡社
『古今料理集』著者未詳　吉井始子編『翻刻　江戸時代料理本集成』第二巻　一九七八　臨川書店
『古事記』青木和夫他校注　一九八二　岩波書店
『古事談』黒板勝美編『国史大系　宇治拾遺物語　古事談　十訓抄』一九六五　吉川弘文館
『御膳本草』渡嘉敷通寛著　横山学校注「琉球国食療書『御膳本草』」『生活文化研究所年報　第一輯』一九八七　ノートルダム清心女子大学生活文化研究所
『今昔物語集』一～五　山田孝雄他校注　一九五九～六三　岩波書店
『蒟蒻百珍』嗜蒻陳人著　吉井始子編『翻刻　江戸時代料理本集成』第五巻　一九八〇　臨川書店
『昆布売』笹野堅校訂『大蔵虎寛本　能狂言　上』一九四二　岩波書店
「婚礼献立」常陸国豊田郡元石下村新井家文書
『西鶴織留』井原西鶴著　野間光辰校注『西鶴集　下』一九六〇　岩波書店
『榊原芳野家蔵書目録』東京大学図書館稿本
『五月雨草紙』喜多村香城著　森銑三他監修『新燕石十種』第三巻　一九八一　中央公論社
『七十一番職人歌合』岩崎佳枝他校注『七十一番職人歌合　新撰狂歌集　古今夷曲集』一九九三

岩波書店
『七十五日』著者未詳　山田清作編　一九二三　米山堂［稀書複製会：第三期第一一回］
『侍中群要』目崎徳衛校訂　一九八五　吉川弘文館
『卓袱会席趣向帳』禿帚子著　吉井始子編『翻刻　江戸時代料理本集成』第四巻　一九七九　臨川書店
『実用料理法』藤本藤蔭編『日用百科全書』第三編　博文館（明治二八刊）
『自遊従座居』猪尾庵眠鼠著　東京都立中央図書館加賀文庫蔵（安永九刊）
『酒飯論』国立国会図書館蔵（塙保己一編『群書類従』第一九輯・飲食部　続群書類従完成会本は図なし）
『精進魚類物語』塙保己一編『群書類従』第二八輯・雑部　続群書類従完成会
『正倉院文書』東京大学史料編纂所編『大日本古文書』編年一～二五　一九六八覆刻　東京大学出版会
『女学雑誌』覆刻：明治三一・一〇『複刻日本の婦人雑誌　二』全八冊　一九八六　大空社
『食道記』奥村久正編述　長谷川鑄太郎編『校註　料理大鑑　第五輯』一九一五　料理珍書刊行会
『続日本紀』一～五　青木和夫他校注　一九八九～九八　岩波書店
『諸国名産大根料理秘伝抄』著者未詳　吉井始子編『翻刻　江戸時代料理本集成』第五巻　一九八〇　臨川書店
『諸国名物御前菓子秘伝抄』著者未詳　鈴木晋一他編『近世菓子製法書集成　一』二〇〇三　平凡社
『使琉球雑録』王楫著　島尻勝太郎他編『日本庶民生活史料集成』第二七巻　一九八一　三一書房
『素人に出来る支那料理』山田政平著　一九二六　婦人之友社

『素人庖丁　初編』浅野高造著　吉井始子編『翻刻　江戸時代料理本集成』第七巻　一九八〇　臨川書店
『新猿楽記』大曾根章介他校注『古代政治社会思想』一九七九　岩波書店
『新聞雑誌』『朝野新聞』『東京日日新聞』『毎日新聞』『郵便報知新聞』『時事新報』［内川芳美他監修『明治ニュース事典』全八巻　一九八三～八六　毎日コミュニケーションズおよび朝倉治彦他編『明治世相編年辞典』一九六五　東京堂出版による］
『随園食単』袁枚著　山田政平訳注　一九五五　第一出版
『諏訪大明神絵詞』信濃史料刊行会編『新編　信濃史料叢書　第三巻　諏方大明神画詞』一九七一　信濃史料刊行会
『西宮記』故実叢書編集部編　一九九三　明治図書
『斉民要術』田中静一他編訳　一九九七　雄山閣出版
『西洋衣食住』片山淳之助（福沢諭吉）著　慶應義塾編『福沢諭吉全集』第二巻　一九五九　岩波書店
『西洋事情　初編・外編・二編』福沢諭吉著　慶應義塾編『福沢諭吉全集』第一巻　一九五八　岩波書店
『西洋手軽絵入料理指南』秋本房次郎編　東京秩山堂　国立国会図書館蔵（明治一九刊）
『西洋料理教科書』［東四柳・江原、二〇〇三　より］
『西洋料理指南』敬学堂主人著　雁金書屋　国立国会図書館蔵（明治五刊）
『西洋料理通』仮名垣魯文編　木村毅編『明治文化全集　第八巻　風俗編』一九六八（初出：一九三八）日本評論社
『西洋料理法』佐々木孝編『日用百科全書』第一三編　博文館（明治二九刊）

『仙台下向日記』升屋平右衛門著　原田伴彦他編『日本都市生活史料集成　八　宿場町篇』一九七七　学習研究社
『宗五大草紙』塙保己一編『群書類従』第二二輯・武家部　続群書類従完成会
『増補日用西洋料理法』杉本新蔵著　大倉書店　味の素食の文化ライブラリー蔵（明治三四刊）
『増補略解明治節用大全』都筑法尭編　東京金松堂　国立国会図書館蔵（明治一四刊）
『続水鳥記』大田南畝他著　江戸叢書刊行会編『江戸叢書　巻之七』一九六四　名著刊行会
『即席簡便西洋料理法』常盤木亭主人著　大阪青木崇山堂　国立国会図書館蔵（明治二七刊）
『台記』一～三　増補史料大成刊行会編　一九六六　臨川書店
「第九師団従軍僧見聞記」佐藤巌栄著　大濱徹也編『近代民衆の記録　八　兵士』一九七八　新人物往来社
『醍醐天皇御記』和田英松編『宸記集　上』一九七四　芸林舎
『大般涅槃経』加藤観澄訳『国訳一切経』経疏部一二・一三　一九三〇　大東出版社
『太平記』一～三　後藤丹治他校注　一九六〇～六二　岩波書店
『高橋氏文』安田尚道他編『古語拾遺・高橋氏文』一九七六　現代思潮社
『茶道便蒙抄』山田宗偏著　井口海仙他編『茶道全集』第一二巻　一九七七覆刻　創元社
『茶のさうし』松尾芭蕉著　大谷篤蔵他校注『芭蕉句集』一九六二　岩波書店
『茶湯献立指南』遠藤元閑著　吉井始子編『翻刻　江戸時代料理本集成』第三巻　一九七九　臨川書店
『中外抄』山根對助他校注『江談抄　中外抄　富家語』一九九七　岩波書店
『厨事類記』『世俗立要集』『武家調味故実』『四条流庖丁書』『大草殿より相伝之聞書』『庖丁聞書』（『群書類従』第一九輯・飲食部　続群書類従完成会）

『朝鮮日報』［外村、二〇〇三］より
『長伝書』日置謙編『増訂　加能古文書』一九七三覆刻　名著出版
『釣道楽』『酒道楽』『女道楽』村井弦斎著［黒岩、二〇〇四］より
『徒然草』西尾実校注『方丈記　徒然草』一九五七　岩波書店
『庭訓往来』石川松太郎校注　一九七三　平凡社
『手軽西洋料理法』クララ＝ホイットニー著　皿城キン訳　東京江藤書店　国立国会図書館蔵（明治一八刊）
『伝演味玄集』諸星半六郎著　松下幸子他校注「古典料理の研究（四）」『千葉大学教育学部研究紀要』第二七巻第二部　一九七八
『典座教訓』大久保道舟編『道元禅師全集　下巻』一九七〇　筑摩書房
『東京案内』上・下　東京市役所編（明治四〇刊）朝倉治彦解説　一九七四　明治文献
『東京新繁昌記』服部誠一著　龍渓書舎編集部編　一九九二覆刻　龍渓書舎
『豆腐百珍』何必醇著　吉井始子編『翻刻　江戸時代料理本集成』第五巻　一九八〇　臨川書店
『当流節用料理大全』四条家高嶋氏撰　吉井始子編『翻刻　江戸時代料理本集成』第三巻　一九七九　臨川書店
『兎園小説』滝沢馬琴他著　日本随筆大成編輯部編『日本随筆大成』〈第二期〉第一巻　一九七三　吉川弘文館
『長崎夜話草』西川如見著　飯島忠夫他校訂『町人嚢　百姓嚢　長崎夜話草』一九四二　岩波書店
「何にしようね」『時事新報』［小菅、一九九八］より
『浪華百事談』著者未詳　森銑三他監修『新燕石十種』第二巻　一九八一　中央公論社
『南蛮料理書』著者未詳（森田四郎右衛門書写）鈴木晋一他編『近世菓子製法書集成　二』二〇〇

三　平凡社
『南方録』立花実山編　伝南坊宗啓著　西山松之助校注　一九八六　岩波書店
「肉食せざるべからず」（無署名＝福沢諭吉著）明治一五（一八八二）一二月一五日『時事新報』慶應義塾編『福沢諭吉全集』第八巻　一九六〇　岩波書店
「肉食之説」築地牛馬会社広告文＝福沢諭吉著　慶應義塾編『福沢諭吉全集』第二〇巻　一九六三　岩波書店
『肉料理大天狗』京都自然洞版　東京都立中央図書館加賀文庫蔵（明治五官許）
『日用食性』曲直瀬玄朔著　吉井始子編『食物本草本大成』第一巻　一九八〇　臨川書店
『日葡辞書』土井忠生他編訳　一九八〇　岩波書店
『日本永代蔵』井原西鶴著　野間光辰校注『西鶴集　下』一九六〇　岩波書店
『日本奥地紀行』イザベラ＝バード著　高梨健吉訳　一九七三　平凡社
『日本教会史　上』ロドリゲス著　一九六七　土井忠生他訳　岩波書店
『日本支那西洋料理独案内』（抄）吉田正太郎著　熊倉功夫他校注『風俗　性』一九九〇　岩波書店
『日本事物誌』チェンバレン著　高梨健吉訳『日本事物誌　一』一九六九　平凡社
『日本書紀　上・下』坂本太郎他校注　一九六七・六五　岩波書店
『日本女子大学講義　第一四　料理』［チフィエルトカ、一九九五］より
『日本渡航記』イワン＝アレクサンドロヴィチ＝ゴンチャローフ著　高野明他訳『ゴンチャローフ日本渡航記』一九六九　雄松堂書店
『日本料理法大全』石井治兵衛著　明治三一刊　一九七七覆刻　新人物往来社
『年中行事絵巻』小松茂美編　一九八七　中央公論社

『農務帳』蔡温著　山田龍雄他編『日本農書全集』第三四巻　一九八三　農山漁村文化協会
『祝詞』倉野憲司他校注『古事記　祝詞』一九五八　岩波書店
『バード日本紀行』イザベラ＝バード著　楠家重敏他訳　二〇〇二　雄松堂出版
『万歳報』（一九〇六頃・朝鮮）［李、二〇〇三］より
『伴大納言絵詞』小松茂美編　一九八七　中央公論社
『百年前の日本』小西四郎他編　一九八三　小学館
『富貴地座位』著者未詳　中野三敏編『江戸名物評判記集成』一九八七　岩波書店
『福翁自伝』福沢諭吉著　慶應義塾編『福沢諭吉全集』第七巻　一九五九　岩波書店
『福寿草』福寿堂（朋誠堂喜三二カ）中野三敏編『江戸名物評判記集成』一九八七　岩波書店
『赴粥飯法』道元著　大久保道舟編『道元禅師全集　下巻』一九七〇　筑摩書房
『婦人之友』［山田、一九二六］より
『普茶料理抄』未達著　吉井始子編『翻刻　江戸時代料理本集成』第四巻　一九七九　臨川書店
『筆のすさび』菅茶山著　日本随筆大成編輯部編『日本随筆大成』〈第一期〉第一巻　一九九三　吉川弘文館
『風土記』秋本吉郎校注　一九五八　岩波書店
『武徳編年集成』上・下　木村高敦著　一九七六　名著出版
『兵範記』一～四　増補史料大成刊行会編　一九六五　臨川書店
『本草綱目』上・下　李時珍撰　一九七四　香港：商務印書館
『本朝食鑑』全五巻　人見必大著　島田勇雄訳注　一九七六～八一　平凡社
『梵網経』加藤観澄訳『国訳一切経』律部一二　一九三〇　大東出版社
『枕草子』池田亀鑑他校注『枕草子　紫式部日記』一九五八　岩波書店

『万葉集　下巻』佐佐木信綱編　一九五五　岩波文庫
『作意妖恐懼感心』著者未詳　東京都立中央図書館加賀文庫蔵（天明三刊）
『名語記』経尊著　北野克編　一九八三　勉誠社
『明月記』藤原定家著　難波常雄他校注　一九七〇覆刊　国書刊行会
『明治天皇紀』第二　宮内庁書陵部編　一九六九　吉川弘文館
『名飯部類』杉野権右衛門著　吉井始子編『翻刻　江戸時代料理本集成』第七巻　一九八〇　臨川書店
『明六雑誌』覆刻：第一号〜第四三号　明治七／三〜同八／一一　一九七六　立体社
『矢田部日記』鵜沼わか編『モースの見た北海道』一九九一　北海道出版企画センター
『病草紙』小松茂美編『餓鬼草紙　地獄草紙　病草紙　九相詩絵巻』一九八七　中央公論社
『大和本草』貝原益軒著　益軒会編纂『益軒全集　巻之六』一九一一　益軒全集刊行部
『山上宗二記』横井清編注『日本の茶書　一』一九七一　平凡社
『山内料理書』『食物服用之巻』『式三献七五三膳部記』『料理物語』（『続群書類従』第一九輯下・飲食部　続群書類従完成会）＊なお寛永一三年『料理物語』写本は、松下幸子他校注「古典料理の研究（八）」（『千葉大学教育学部研究紀要』第三一巻第二部　一九八二）
『養生訓』貝原益軒著　石川謙校訂『養生訓・和俗童子訓』一九六一　岩波書店
『養老律令』井上光貞他校注『律令』一九七六　岩波書店
「米久の晩餐」高村光太郎作　尾崎喜八他編『高村光太郎全詩集』一九六六　新潮社
『万の文反古』井原西鶴著　神保五彌他校注『井原西鶴集　三』一九七二　小学館
『令義解』前編・後編　黒板勝美編　一九六六　吉川弘文館
『料理塩梅集』塩見坂梅庵著　松下幸子他校注「古典料理の研究（二）」『千葉大学教育学部研究紀

要』第二五巻第二部　一九七六
『料理切形秘伝抄』著者未詳　吉井始子編『翻刻　江戸時代料理本集成』第一巻　一九七八　臨川書店
『料理献立集』松会開版　吉井始子編『翻刻　江戸時代料理本集成』第一巻　一九七八　臨川書店
『料理山海郷』博望子著　吉井始子編『翻刻　江戸時代料理本集成』第四巻　一九七九　臨川書店
『料理集』橘川房常著　松下幸子他編「古典料理の研究（七）――橘川房常著・料理集について」『千葉大学教育学部研究紀要』第三〇巻第二部　一九八一
『料理珍味集』博望子著　吉井始子編『翻刻　江戸時代料理本集成』第四巻　一九七九　臨川書店
『料理手引草』［東四柳・江原、二〇〇三］より
『料理早指南　四編』醍醐散人著　吉井始子編『翻刻　江戸時代料理本集成』第六巻　一九八〇　臨川書店
『料理秘密箱』シリーズ（器土堂著『万宝料理秘密箱　前編・二編』『万宝料理献立集』『大根一式料理秘密箱』『新著料理柚珍秘密箱』『鯛百珍料理秘密箱』）吉井始子編『翻刻　江戸時代料理本集成』第五巻　一九八〇　臨川書店
『料理方伝書』下総国葛飾郡元栗橋村松本家文書
『料理綱目調味抄』嘯夕軒宗堅著　吉井始子編『翻刻　江戸時代料理本集成』第四巻　一九七九　臨川書店
『類聚雑要抄』塙保己一編『群書類従』第二六輯　雑部　続群書類従完成会（参照：早稲田大学デジタル、上下二冊本）
『和歌食物本草』著者未詳　吉井始子編『食物本草本大成』第二巻　一九八〇　臨川書店
『和漢精進料理抄』吉岡著　吉井始子編『翻刻　江戸時代料理本集成』第二巻　一九七八　臨川書

店

『倭名類聚抄』源順著［一〇巻本］静嘉堂文庫蔵本影印『松井本　和名類聚抄』一九七五　古辞書叢刊刊行会

『倭名類聚抄』源順著［二〇巻本］国立国会図書館蔵本『倭名類聚抄　元和三年古活字版　二〇巻本　附関係資料集』一九七八　勉誠社

ら

ラーメン　3, 21
李時珍　140
琉球料理　256
柳亭種彦　153
隆弁僧正　88
料理切手　154
ルイベ　247
冷凍食品　238
ロイヤル　237
鹿鳴館　177, 223
ロッテリア　237
ロドリゲス　112

わ

ワインブーム　239
和菓子　142, 158
和食　3-6, 20-21, 24, 34, 38, 65, 93, 100, 157-158, 199, 212, 224, 250-251, 253, 258-261, 264-265, 269
渡部平太夫　162
侘び茶　109-110, 112, 125-128, 136
和風出汁　66
和風料理　4
和洋折衷料理　192, 210, 212
椀　66, 70, 72

庖丁人　86, 95, 105
庖丁流派　105-106, 124-125, 140
ボーロ　142
墨書土器　72
星岡茶寮　223
ボタン鍋　180, 182, 202
ほっかほっか亭　238
ホテルリッツ　175
堀越藤吉　181
本膳料理　99-101, 104-106, 110, 112, 121, 128, 130-131, 134, 173, 199, 265

ま

巻ズシ　115
マクドナルド　237
鱒鮓　249
益田孝　210
益田太郎冠者　210
升屋　146
升屋平右衛門　157
（松尾）芭蕉　135, 266
松平定信　149
松平宗衍　146
松本房次郎　186
丸本彰造　216
丸物神饌　54
造酒司 みきのつかさ　63
ミケ　53
未醤　63-66
ミスタードーナツ　237
源頼朝　88
源行方　83
向付　128
結びコンブ（結び昆布）　66, 99
村井弦斎　188, 193-195
明月館　221
明治天皇　173
銘々膳　66-67, 69, 72
モミジ鍋　180, 182, 202
百川 ももかわ　146, 222
モモンジ屋　180
森島中良　161
諸星吮潮斎　140

や

八百善　152-154, 160, 222
焼米　41
八種唐菓子⇒はっしゅとうがし
安原貞室　95
柳川当清　168
山科道安　136
山田宗徧　127
山田政平　216
山内三郎　106
飲茶 ヤムチャ　91
遊々館　154
湯木貞一　225
洋食　4, 172, 177-178, 187, 211-212
洋風料理　211
吉川兼吉　187
吉田五十八　226
吉田正太郎　186
吉野家　242
「米久の晩餐」　202
米津風月堂主人　192

日本式洋食　210
日本料理倶楽部　223
日本料理の祖　61
乳酸発酵　113-115
ニョクマム　26
庭積神饌　54-55
ヌーベルキュイジーヌ　185, 243
農産神饌　55
苔汁　135

は

パークス　173
ハイヌウェレ型神話　44
箱ズシ　115
箸　71-73
土師器 はじき　41, 70
陸田種子 はたけつもの　43
畠山義綱　104
初鰹　147
八種唐菓子 はっしゅとうがし　81, 92, 164
浜納豆　63
林子平　161
早鮨　130
バラ寿司　115
ハリス　173
万林楼 ばんりんろう　183
引肴　130
醤院 ひしおいん　63
主醤 ひしおのつかさ　62
ヒジャー　254
人見必大　141
姫飯　55
百味飲食 ひゃくみのおんじき　57-58, 81
兵庫有秀　105
平底土器　34
葉盤神饌 ひらでしんせん　54-55
飛竜頭 ヒリョウズ　158
ファストフード　236, 238
ファミリーレストラン　236-238
フィレッテ　163
プー　247, 268
奉膳 ぶぜん　60-61
福沢諭吉　168, 171, 192
福屋　176
浮月楼　226
藤原家長　83
藤原家成　82
藤原忠実　84
藤原忠通　78
藤原基実　78
藤原基経　78
藤原山蔭　105
藤原頼長　84
普茶料理　160, 164
仏供　57-59
鮒鮓（フナズシ）37, 113, 115
船橋屋　154
古田織部　136
ベギュー　173
北京料理　213, 216
ペリー　168, 173
北条時頼　88
望太欄　146
庖丁　54, 82-83, 95, 106
庖丁式　86
庖丁書　125

チャンプルー　255
中国の薬膳料理　240
調菜人　95
朝鮮楼　220
長続連　104
ヂョッカル　26
楪 チョプ　218
築地ホテル　173, 175, 185
ツケアゲ　165
津田仙　185
釣針型神話　44
鶴の庖丁　86
帝国ホテル　187
デニーズ　237
テビチ　254
点心　215
典膳　60
典座 てんぞ　97
奠茶　93
天皇肉食再開宣言　174
テンプラ（天麩羅）　5, 21, 119, 159, 163-165
道安　125
豆醢　63-64
唐菓子 とうがし　82
陶佳良　71
道元　97
闘茶　108
豆腐餻　256
豆腐料理　159
栂尾茶　108
特殊神饌　57-58
土錘　30-31
トバ　247
弔い膳　256
鳥金　181
トンカツ　3-4, 211-212
とんぼ　223

な

内膳司　60-61, 66
直会 なおらい　53
中川屋嘉兵衛　180
中食 なかしょく　236
ナカミ汁　254
中山久蔵　249
膾 なます　62, 82, 128, 130
生熟れ　37
ナレズシ　37, 113-115
南蛮菓子　119, 142, 158, 162
南蛮料理　158-159, 162
ナンプラー　26
南坊宗啓　127
新嘗祭　48, 54-55
握りズシ　115, 242
二宮大饗　77
肉食禁止令　50-51, 174-175
肉食の解禁　179
肉食の禁忌　90, 157, 172, 174
「肉食之説」　171-172
肉食の普及　172, 179, 183, 200, 232
肉醬 にくびしお　64
西尾末吉　175
西川如見　158
二条河原落書　98
日韓楼　219
日本式カレー　211

スカイラーク　237
数寄大名　125
杉本新蔵　186-188
鋤焼　204
スキヤキ　5, 21, 183, 196, 202-203
スクガラス　258
スシ　5, 21, 113-115, 213, 242
鮓　38, 82, 113, 249
隅田党　104-105
スローフード　230
宋胡録 スンゴロク　137
清少納言　85
生饌　56
精養軒（ホテル）175
西洋野菜　201
蒸籠　95
石錘　30-31
舌状尖頭器　30
折衷料理　184-185, 189-190, 192, 194, 240
セブン-イレブン　238
膳　66-67
尖底土器　34
千宗旦　125, 127
（千）利休　110-111, 125-128, 136, 266
膳部　60-62
ソイソース　241
素麺供御人　94
即席　150-151, 197
素三牲　91
素食　90, 92
素饌　56-57
曽谷学川　144
蕎麦捻頭 そばボーロ　158

た

大饗 だいきょう　77-79, 83-84, 86
大饗料理　77-78, 82, 85-86, 89, 93, 99, 265
大嘗祭　48-49, 54-55
大将大饗　77
大臣大饗　77-78
大膳職　60, 61-64, 66
台盤　67, 68, 72, 78, 93
台盤神饌　54
大名茶　125-128
高木兼寛　178
高坏　54, 67, 70
高橋氏　61-62, 105
高村光太郎　202
滝沢馬琴　155
武野紹鷗　109
立ち食い　163, 236
立花実山　127
水田種子 たなつもの　43
谷文晁　152
食べ歩き　239
玉鋺 たまのまり　70
玉虫左太夫　168
玉盌 たまもい　70
血イリチー　254
チェンバレン　196
吃点心 チディエンシン　91
千葉介常胤　88
茶の湯　20, 101, 108-112, 122, 125-128, 141-142, 266
茶礼　93, 108

刺身　4, 79, 83, 86, 130, 184, 254, 263
サツマアゲ　165
散飯 さば　57-58
鯖鮓　249
散供神饌　54
三大洋食　210-212
山東京山　146, 165
サンバル　26
サンパン　57
三方　56
強肴 しいざかな　128
塩辛　26, 64, 113-114
塩杯　71
式三献　101
式正　110
式正の膳　130, 132
式正料理　141
宍醤　64
四条家薗部流　125, 139
四条大納言隆房　88
四条隆重　106
四条流　105-106
四川料理　213
七五三　100-101
七五三の膳　105, 130
卓袱料理　160, 162, 187, 214
子母沢寛　224
下据神饌　54
下田歌子　190
しゃも家　198
上海料理　213
祝儀膳　256
自由亭　176
獣肉食　30, 62
獣肉料理法　123
熟饌　56
珠光　109
種子農耕　25
葅 しょ　64
醤　63-66, 93
少庵　125
正月大饗　77
松花堂弁当　225
ショウゴン（荘厳）　59
尚象賢　256
精進　90
精進供御人　94
精進物　57, 91-95
精進料理　20, 90-95, 100, 108, 110, 159, 160, 164, 265
嘯夕軒宗堅 しょうせきけんそうけん　141
縄文農耕　33
食礼　107, 125
ショッツル　26, 64, 113
食料自給率　273, 276
白酒 しろき　55
新喜楽　222
進士氏　105
進士美作守　101
進士流　105-106
神人共食　54
神饌　53-59, 81, 85-86
親鸞　76
水産神饌　55
素火腿 スーフォトゥイ　92
須恵器　41, 70

キムチ　26, 218-219, 221
宮廷料理　220, 256
牛鍋　171, 181-182, 196, 202-203
牛肉食　162, 171, 202
牛肉料理法　162
饗応神饌　54
共食　16-17, 260
「きょうの料理」　230
供覧神饌　54
魚醤　25, 63-64, 114
魚醤文化圏　64
魚肉ソーセージ　193, 232-233
クープイリチー　257
草野丈吉　176
クサヤ　26, 64
薬喰い　172
主菓餅　くだもののつかさ　62
口切り献立　126
クッキングスクール　148, 230
葉椀　くぼて　54
クラーク夫人　189
クララ＝ホイットニー　185, 188
栗山善四郎　152
グルメ志向　238
黒酒　くろき　55
黒楽茶碗　136
激辛ブーム　239
ケンタッキー・フライドチキン　236-237
鯉の庖丁　86
香辛料　138, 159, 239
交趾　コーチ　137
穀醤　26-27, 63-66, 159, 183, 214, 218
穀醤文化圏　64
甑　41, 218
個食　260
孤食　260
児玉永成　197
コチジャン　263
小西氏　105
小西周防守　101
近衛家熙　136
小堀遠州　125
五目ズシ　115
五目寿司　249
コロッケ　210-212
「コロッケの唄」　210
強飯　55
根菜農耕　24
ゴンチャロフ　253
蒟蒻供御人　94
コンビニ　236-238, 250, 259
昆布・コンブ　24, 65-66, 98-100, 248, 257, 264
金平糖　142, 158

さ

蔡温　253-254
菜食料理法　90
細石刃　30
堺利彦　192
酒井抱一　152
杯　71
桜井ちか　190
サクラ鍋　180, 182, 202
佐々木孝　187
佐々木道誉　108

88
小笠原政清　107
沖縄料理　257, 259
奥八郎兵衛　223
折敷 おしき　67-69, 78
押しズシ　115
御師宿 おしやど　156
御染御供　57-58
御成　100-101, 104-106, 126, 131
オニギリ　113, 115

か

匙 かい　72
醢 かい　64
改敷　136
外食　236-238
会席　111, 150-151, 197
懐石　110, 128, 184
会席料理　111, 150, 154, 156, 160
懐石料理　20, 108-111, 121-122, 125-126, 128, 136, 150, 185, 243
回転寿司　3, 242
（貝原）益軒　141
海陽亭　177
偕楽園　215
加賀伊　222
花外楼　222
化学調味料　209
懸盤　67
鹿食免 かじきめん　172
膳夫 かしわで　60
カステラ・加須底羅　142, 158
カタジーナ＝チフィエルトカ　190-191
片椀　71
堅魚煎汁 かつおいろり　65
カツオ出汁　21, 65, 100, 182, 212, 264
カツオ節　66, 99-100, 191
カットレット　211-212
カップヌードル　241
割烹方習練学校　190
カツレツ　200, 211
かてもの　227
仮名垣魯文　178, 181
カニカマ　233, 242
狩野亨吉　158
カブラズシ　113
亀田鵬斎　152, 155
唐粉　94
唐粉供御人　94
唐鋤　204
唐納豆供御人　94
浮石糖 カルメラ　158
カレー　3, 21, 92, 192, 210-212
川合小梅　162
韓山楼　219-220
広東料理　213, 216
ガンモドキ　159
木菓子　79, 82
亀足　100
北大路魯山人　224-225
橘川房常　162
喫茶　91, 93, 108
喫茶喫飯　93
吉兆　225
器土堂　144
木下謙次郎　224

索　引

あ

相嘗 あいなめ　53
赤堀割烹教場　189
赤堀峯吉 あかぼり　189
足利義氏　88
足利義輝　101, 104
足利義政　78
阿曇氏 あずみし　61-62
鐙屋 あぶみや　133
アミノ酸発酵　113
有平糖 アルヘイト　158
泡盛　256, 258
アンチョビソース　26
イカナゴ醤油　26, 64
イザベラ＝バード　170
石井治兵衛　198
イシル　26, 64, 113
李人稙 イシンジク　220
和泉屋市兵衛　154
伊勢重　181
伊勢屋宗三郎　150
市河寛斎　155
一汁三菜　110, 125, 128
斎田 いつきだ　49
乾只勝 いぬいただかつ　139
居御菜 いのおんな　86
(井原) 西鶴　129-133, 142
井門楼　223
煎汁 いろり　63, 65, 100
磐鹿六雁命 いわかむつかりのみこと　61-62
隠元 いんげん　160
インスタント食品　238
インスタントラーメン　230, 241
御冠船料理 うかんせんりょうり　256
保食神 うけもちのかみ　43
海幸・山幸　44
白蛤 うむき　62
梅屋敷　223
栄養学会　209
栄養研究所　209
エスニック料理　5, 239
エドワード＝モース　170
宴会料理　184
宴席料理　220
遠藤元閑　126
欧風料理　239
大石禄亭　192
大草公以　106
大草流　106
大窪詩仏　152
大隈重信　194
大田南畝　152, 161
大谷光瑞　224
太田楼　178
大槻玄沢　160
垸飯 おおばん　87-89, 99
垸飯沙汰人 おおばんさたにん

KODANSHA

本書の原本『和食と日本文化』は、二〇〇五年に小学館から刊行されました。

原田信男（はらだ　のぶを）

1949年生まれ。史学博士。明治大学大学院博士後期課程退学。現在，国士舘大学名誉教授。主な著書に『江戸の料理史』（サントリー学芸賞受賞），『歴史のなかの米と肉』（小泉八雲賞受賞），『中世村落の景観と生活』（学位論文），『江戸の食生活』『食をうたう』『「共食」の社会史』『食の歴史学』『日本人はなにを食べてきたか』『義経伝説と為朝伝説』『豆腐の文化史』など多数。

講談社学術文庫

定価はカバーに表示してあります。

日《に》本《ほん》料《りょう》理《り》史《し》

原《はら》田《だ》信《のぶ》男《を》

2024年7月9日　第1刷発行

発行者　森田浩章
発行所　株式会社講談社
東京都文京区音羽2-12-21 〒112-8001
電話　編集（03）5395-3512
販売（03）5395-5817
業務（03）5395-3615
装　幀　蟹江征治
印　刷　株式会社広済堂ネクスト
製　本　株式会社国宝社
本文データ制作　講談社デジタル製作

ISBN978-4-06-535678-4

「講談社学術文庫」の刊行に当たって

これは、学術をポケットに入れることをモットーとして生まれた文庫である。学術は少年の心を養い、成年の心を満たす。その学術がポケットにはいる形で、万人のものになることは、生涯教育をうたう現代の理想である。

こうした考え方は、学術を巨大な城のように見る世間の常識に反するかもしれない。また、一部の人たちからは、学術の権威をおとすものと非難されるかもしれない。しかし、それはいずれも学術の新しい在り方を解しないものといわざるをえない。

学術は、まず魔術への挑戦から始まった。やがて、いわゆる常識をつぎつぎに改めていった。学術の権威は、幾百年、幾千年にわたる、苦しい戦いの成果である。こうしてきずきあげられた城が、一見して近づきがたいものにうつるのは、そのためである。しかし、学術の権威を、その形の上だけで判断してはならない。その生成のあとをかえりみれば、その根は常に人々の生活の中にあった。学術が大きな力たりうるのはそのためであって、生活をはなれた学術は、どこにもない。

開かれた社会といわれる現代にとって、これはまったく自明である。生活と学術との間に、もし距離があるとすれば、何をおいてもこれを埋めねばならない。もしこの距離が形の上の迷信からきているとすれば、その迷信をうち破らねばならぬ。

学術文庫は、内外の迷信を打破し、学術のために新しい天地をひらく意図をもって生まれた。文庫という小さい形と、学術という壮大な城とが、完全に両立するためには、なおいくらかの時を必要とするであろう。しかし、学術をポケットにした社会が、人間の生活にとってより豊かな社会であることは、たしかである。そうした社会の実現のために、文庫の世界に新しいジャンルを加えることができれば幸いである。

一九七六年六月

野間省一

日本人論・日本文化論

2392
神野志隆光著
「日本」国号の由来と歴史
「日出づる処の天子」の意味は？　「倭」「やまと」と「日本」の関係は？　平安時代から宣長を経て近代まで、「日本」の誕生とその変奏の歴史を厳密な史料読解で示す。新出資料「祢軍墓誌」についての補論も収録。

電P

2405
アレックス・カー著
犬と鬼　知られざる日本の肖像
日本は一九九〇年代、バブル崩壊を引き金に本質的に失敗した。経済、環境、人口、教育……。慢性的かつ長期的な問題を抱えるこの国の行き先は？　日本をこよなく愛するVISIT JAPAN大使が警告する。

電P

2538
中橋孝博著
日本人の起源　人類誕生から縄文・弥生へ
日本列島の旧石器時代はいつからか？　縄文から弥生への移行の真相は？　明治以来の大論争を、古人類学の第一人者が最新人類学の到達点から一望検証。何がどこまでわかり、残される謎は何か、明快に解説する。

電P

2576
鈴木克美著
金魚と日本人
十六世紀初頭、中国からやってきた小さな黄金色の魚が、江戸時代に大ブームを巻き起こす！　日本初の金魚論文や図版などの稀少史料をもとに、なぜ日本人がこれほど金魚好きか考察。「金魚学」の決定版！

電P

2618
熊倉功夫著
日本料理文化史　懐石を中心に
「懐石」と「会席」は何が違うのか。利休の「一汁二菜」「一汁三菜」はなぜ正統となったのか。和の食、その精髄たる懐石料理の誕生から完成、後世への継承の歴史に日本文化のエッセンスを見出す論考。

電P

2644
神崎宣武著
日本人の原風景　風土と信心とたつきの道
山と森林の列島に棲む日本人。その恵みの何を利用し、何を畏れ、人生の節目にどう生かしてきたのか。近世から高度成長期を経て、見失われた日本人の暮らしと人生の豊穣の意味を探る。

電P

文化人類学・民俗学

1717

日本文化の形成

宮本常一著（解説・網野善彦）

民俗学の巨人が遺した日本文化の源流探究。生涯の実地調査で民俗学に巨大な足跡を残した著者が、日本文化の源流を探査した遺稿。畑作の起源、海洋民と床住居など、東アジア全体を視野に雄大な構想を掲げる。

電P

1769

神と自然の景観論　信仰環境を読む

野本寛一著（解説・赤坂憲雄）

日本人が神聖感を抱き、神を見出す場所とは？　人々を畏怖させる火山・地震・洪水・暴風、聖性を感じさせる岬・洞窟・淵・滝・湾口島・沖ノ島・磐座などの自然地形。全国各地の聖地の条件と民俗を探る。

1774

麵の文化史

石毛直道著

麵とは何か。その起源は？　伝播の仕方や製造法・調理法は？　厖大な文献を渉猟し、「鉄の胃袋」をもって精力的に繰り広げたアジアにおける広範な実地踏査の成果をもとに綴る、世界初の文化麵類学入門。

1808

人類史のなかの定住革命

西田正規著

「不快なものには近寄らない、危険であれば逃げてゆく」という基本戦略を捨て、定住化・社会化へと方向転換した人類。そのプロセスはどうだったのか。遊動生活から定住への道筋に関し、通説を覆す画期的論考。

電P

1809

石の宗教

五来《ごらい》　重《しげる》著（解説・上別府　茂）

日本人は石に霊魂の存在を認め、独特の石造宗教文化を育んだ。積石、列石、石仏などは、先祖たちの等身大の信心の遺産である。これらの謎を解き、記録に残らない庶民の宗教感情と信仰の歴史を明らかにする。

電P

1820

日本神話の源流

吉田敦彦著

日本文化は「吹溜まりの文化」である。大陸、南方諸島、北方の三方向から日本に移住した民族、伝播した文化がこの精神風土を作り上げた。世界各地の神話と日本神話を比較して、その混淆の過程を探究する。

電P

文化人類学・民俗学

1830
小松和彦著
日本妖怪異聞録
妖怪は山ではなく、人間の心の中に棲息している。滅ぼされた民と神が、鬼になった。酒呑童子、妖狐、天狗、魔王・崇徳上皇、鬼女、大嶽丸、つくも神……。日本文化史の裏で蠢いた魔物たちに託された闇とは？
電

1887
吉野裕子著
山の神 易・五行と日本の原始蛇信仰
蛇と猪。なぜ山の神はふたつの異なる神格を持つのか？神島の「ゲーターサイ」、熊野・八木山の「笑い祭り」などの祭りや習俗を渉猟し、山の神にこめられた意味と様々な要素が絡み合う日本の精神風土を読み解く。
電P

1957
波平恵美子著
ケガレ
日本人の民間信仰に深く浸透していた「不浄」の観念とは？　死＝黒不浄、出産・月経＝赤不浄、罪や病等、さまざまな民俗事例に現れたケガレ観念の諸相を丹念に追い、信仰行為の背後にあるものを解明する。
電P

1985
B・マリノフスキ著／増田義郎訳（解説・中沢新一）
西太平洋の遠洋航海者 メラネシアのニュー・ギニア諸島における、住民たちの事業と冒険の報告
物々交換とはまったく異なる原理でうごく未開社会のクラ交易。それは魔術であり、芸術であり、人生の冒険である。原始経済の意味を問い直し、「贈与する人」の知恵を探求する人類学の記念碑的名著！
電P

2047・2048
J・G・フレーザー著／吉岡晶子訳／M・ダグラス監修／S・マコーマック編集
図説 金枝篇（上）（下）
イタリアのネミ村の「祭司殺し」と「聖なる樹」の謎を解明すべく四十年を費して著された全十三巻のエッセンス。民族学の必読書であり、難解さでも知られるこの書を、二人の人類学者が編集した［図説・簡約版］。

2123
岡田　哲著
明治洋食事始め とんかつの誕生
明治維新は「料理維新」！　牛鍋、あんパン、ライスカレー、コロッケ、そして、とんかつはいかにして生まれたのか？　日本が欧米の食文化を受容し、「洋食」が成立するまでの近代食卓六〇年の疾風怒濤を活写。
電P

文化人類学・民俗学

2137
中沢新一著（解説・沼野充義）
東方的
モダンな精神は、何を獲得し何を失ったのか？　偉大な叡智は、科学技術文明と近代資本主義が世界を覆い尽くす時が真の危機だと告げる。四次元、南方熊楠、シャーマニズム……。多様なテーマに通底する智恵を探る。

電P

2142
大久保洋子著
江戸の食空間　屋台から日本料理へ
盛り場に、辻々に、縁日に、百万都市江戸を埋め尽くしたファストフードの屋台から、てんぷら、すし、そば、鰻の蒲焼は生まれた。庶民によって生み出され支えられた、多彩で華麗な食の世界の全てがわかる一冊。

電P

2171
石毛直道著
世界の食べもの　食の文化地理
日本、朝鮮、中国、東南アジア諸国、オセアニア、マグレブ。諸民族の食を探求し、米、酒・麵・茶・コーヒーなど食べものから見た世界地図を描く。各地を探検した〈食文化〉研究のパイオニアによる冒険の書。

電P

2211
舟田詠子著
パンの文化史
日本語で書かれた、ほぼ唯一の、パンの文化人類学。膨大な資料と調査に基づいて古今東西のパン食文化を一望。貴重な図版写真も多数収録。世界中で多種多様に継承されたパンの姿と歴史と文化が、この一冊に。

2216
吉田　元著
日本の食と酒
日本人は何を食べていたのか。中世の公家日記と寺院文書からその食生活を再現し、酒・醬、味噌、納豆などの製法から日本の食文化を最も特徴付ける発酵文化の歴史を跡付ける。これが日本食の原型だ！

電P

2226
宮本常一著（解説・赤坂憲雄）
イザベラ・バードの旅　『日本奥地紀行』を読む
明治初期、「旅に生きた英国婦人」が書き留めた日本人の暮らしぶりを読み解いた、著者晩年の名講義録。なにげない記述から当時の民衆社会の世相を鮮やかに描き出す、宮本民俗学のエッセンスが凝縮。

電P

文化人類学・民俗学

2254
日本探検
梅棹忠夫著（解説・原　武史）

知の巨人は、それまでの探検で培った巨視的手法で己れの生まれた「日本」を対象化し、分析する。「文明の生態史観序説」と『知的生産の技術』の間に書かれ、梅棹学の転換点となった「幻の主著」がついに文庫化！

電P

2283
地名の研究
柳田國男著（解説・中沢新一）

諸外国とくらべて地名が膨大な国、日本。有名な「大きな地名」よりも、小字などの「小さな地名」に着目した柳田の真意とは。利用地名、占有地名、分割地名それぞれの特徴とは。地名学の源流となった名著。

電P

2307
妖怪学新考　妖怪からみる日本人の心
小松和彦著（解説・高田　衛）

山に、辻に、空き地に、ビルの隙間や、あなたの「うしろ」にも――人あるところ、妖怪あり。人びとの不安や恐れが生み出す「妖怪」を通して日本人の精神構造と、その向こう側にある「闇」の領域を問いなおす。

電P

2314
カレーライスと日本人
森枝卓士著

インド生まれのカレーが、いまや日本の食卓の王座についているのはなぜか？　カレー粉のルーツをイギリスに探り、明治以来の洋食史を渉猟し、「カレーとは何か」を丹念に探った名著。著者による補筆を収録。

電P

2316
四國《しこく》徧禮《へんろ》道《みち》指南《しるべ》　全訳注
眞念著／稲田道彦訳注

貞享四年（一六八七）刊の最古のお遍路ガイドが現代によみがえる！　旅の準備、道順、宿、見所……。江戸期の大ロングセラーは情報満載。さらに現代語訳と詳細地図を付して時を超える巡礼へと、いざ旅立とう。

電P

2342
日本の神々
松前　健著

イザナギ、イザナミ、アマテラス、そしてスサノヲ。歴史学と民族学・比較神話学の二潮流をふまえ、神々の素朴な「原像」が宮廷神話へと統合される過程を追い、信仰や祭祀の形成と古代国家成立の実像に迫る。

電P

2344
魚の文化史
矢野憲一著

イワシの稚魚からクジラまで。世界一の好魚民族といわれる日本人の魚をめぐる生活誌を扱うユニークな書。誰でも思いあたることから意表を突く珍しい事例まで、魚食、神事・祭礼、魚に関する信仰や呪術を総覧！ 電P

2347
霊山と日本人
宮家　準著

私たちはなぜ山に手を合わせるのか。神仏や天狗はなぜ山に住まうのか。修験道研究の第一人者が日本の山岳信仰を東アジアの思想の一端に位置づけ、人々の生活と関連づけながらその源流と全体像を解きあかす。 電P

2357
神紋総覧
丹羽基二著

出雲大社は亀甲紋、諏訪神社は梶の葉紋、八幡神社は巴紋……。家に家紋があるように、神社にも紋章＝「神紋」がある。全国四千社以上の調査で解きあかす〈神の紋〉の意味と歴史、意匠と種類。三百以上収録。 電P

2359
日本古代呪術
吉野裕子著（解説・小長谷有紀）

陰陽五行と日本原始信仰

古代日本において、祭りや重要諸行事をうごかした原理とは？ 白鳳期の近江遷都、天武天皇陵、高松塚古墳、大嘗祭等に秘められた幾重にもかさなる謎を果敢に解きほぐし、古代人の思考と世界観に鋭くせまる。 電P

2462
漬け物大全
小泉武夫著

世界の発酵食品探訪記

梅干しからキムチ、熟鮓《なれずし》まで、食文化研究の第一人者による探究の旅。そもそも「漬かる」とは？ 催涙性の珍味「ホンオ・フェ」とは？ 日本列島を縦断し、東南アジアで芳香を楽しみ、西洋のピクルスに痺れる。 電P

2478
精霊の王
中沢新一著（解説・松岡心平）

蹴鞠名人・藤原成道、金春禅竹の秘伝書『明宿集』。中世の技芸者たちが密かに敬愛した宿神とは？ 諏訪で再発見する縄文的なものとは？ 甦る人類普遍の精神史。『石神問答』を超える思考のオデッセイ！ 電P

文化人類学・民俗学

2479
ヨハン・ホイジンガ著／里見元一郎訳
ホモ・ルーデンス 文化のもつ遊びの要素についてのある定義づけの試み

「人間の文化は遊びにおいて、遊びとして、成立し、発展した」――。遊びをめぐる人間活動の本質を探究、「遊びの相の下に」人類の歴史を再構築した人類学の不朽の大古典！　オランダ語版全集からの完訳。電P

2497
島　泰三著
はだかの起原 不適者は生きのびる

人類はいつ裸になったのか？　本当に自然淘汰の結果なのか？　保温・保水に有利な毛皮を失い、圧倒的に不利な裸化がなぜ起こったのか？　遺伝学・生物学などを参照しつつ、ホモ・サピエンスの起原を探る。電P

2521
奥富敬之著
名字の歴史学

日本人は、いつから名字を名乗るようになったのか？地名、階層、職制、家系など多彩な要素を組み込み、それぞれが何かを表現する名字。「名づけ」の成り立ちとその変遷をたどる考察で日本の歴史を通観する。電P

2537
松村一男著
神話学入門

西洋の通奏低音として言語、宗教、科学、自然などあらゆる事象と絡み成りたつ「神話」。その伝播と変節の探求の歴史を、マックス・ミュラー、デュメジル、レヴィ＝ストロースら六人の事蹟からたどる。電P

2550
長沢利明著
江戸東京の庶民信仰

多様な願望が渦巻く大都市にこそ、多彩な民間信仰がある。就職祈願は赤羽に、離婚成就は四谷に、お酒を断つなら虎ノ門。貧乏神から飛行機の神まで、聞き取りと現地調査を尽くした江戸東京の貴重な民俗誌。電P

2558
青井博幸著
ビールの教科書

知らずに飲めるか！　著者自ら工場を構えた経験をもとに、歴史、製法、国ごとの特徴、種類の見分け方、そして何よりおいしい飲み方を完全指南。一度きりのビール人生、この一杯に生きるすべての人へ贈ります。電P